新编市场营销实务

主　审　惠俊艳
主　编　王　蕾
副主编　（以姓氏笔画为序）
　　　　王玉卓　张　策　张平平
　　　　周环宇　郭　荣　戴冬情
参　编　苏　佳　史新艳

中国人民大学出版社
·北京·

前　言

本书以市场营销的实际工作为逻辑起点，基于对企业营销人员职业岗位能力的分析，选取市场营销典型工作任务，构建了知识模块、任务实践和实战演练有机融合的教材内容框架；对知识性内容采用任务驱动模式，对实务性内容采用项目导向模式，对就业岗位所必需的知识讲清讲透，对非必需知识点到为止，使课程的应用性得到更有效的体现。本书主要包含市场营销概述、分析市场营销环境、市场营销调研、分析消费者市场、制定市场营销战略、制定市场营销战术等内容。本书有以下三大特色：

1. 在内容上，突出以实际工作任务为引领

本书遵循企业市场营销典型工作任务引领教材策划的思路，根据市场需求，针对职业工作岗位，通过工作任务分析，优化教学内容，注重工作过程与教学过程的互渗互融，有针对性地培养学生的营销职业能力和综合素质。

2. 在结构上，突出以能力为导向

本书以实践知识为焦点，以理论知识为背景，将市场营销的知识学习与技能培养置于实际情景之中。根据市场营销任务领域的岗位职业能力要求，建立了基于市场营销任务领域的项目课程，并以项目为依托、以任务为载体，将市场营销中不易表达和传授的隐性能力转换为可感知和易理解的信息，传递给学生，并内化为学生的关键能力，实现“知行合一”的目的。

3. 在形式上，突出以学生自主学习为中心

本书尽力向学生提供条理化、图表化的方法、流程，便于学生记忆和在实践中运用，并提供了大量实例，通过举例与实践，便于学生自学。每个任务后面给出思考与练习，每个项目后面给出单元检测，便于学生自我检测理论学习效果。每个项目后的实战演练，给出既定的演练要求，让学生自己提出策划思路或写出策划文案，充分体现实用性和实战性。

本书可作为高等职业院校市场营销及相关专业的教材或参考书，也可作为市场营销从业人员的参考书。多所高校的一线老师参与了本书的编写讨论工作，山东工业职业学院王蕾老师担任主编牵头组织编写，张策和王玉卓以及山东轻工职业学院郭荣、江西工业贸易职业技术学院周环宇、石家庄财经职业学院戴冬情、安徽商贸职业技术学院张平平老师担任副主编，山东工业职业学院苏佳和呼和浩特职业学院史新艳参编。最后由王蕾老师对全书进行统稿和总审。

本书在编写过程中对教材编写模式进行了大胆的改革和创新，难免存在不足之处，敬请读者提出宝贵意见。

编者

2018 年 5 月

目　录

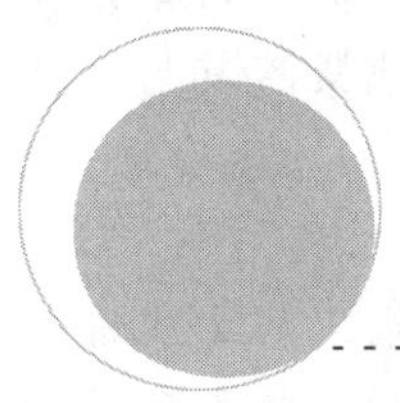

项目一 市场营销概述

学习目标

知识目标

- 掌握市场的概念和市场营销的概念。
- 掌握市场营销的核心概念。
- 掌握企业营销观念的演变。

能力目标

- 初步具有市场营销意识。
- 初步具有分析企业营销观念的能力。

素质目标

- 培养学生的创新性思维。
- 培养学生良好的团队合作观念。

先导案例

《小苹果》为什么这么火？

图 1-1 《小苹果》

"你是我的小呀小苹果儿，怎么爱你都不嫌多，红红的小脸儿温暖我的心窝，点亮我生命的火，火火火火……"火得根本停不下来！2014 年的夏天，筷子兄弟的《小苹果》（见图 1-1）席卷大江南北，引领全民热潮，成为继《忐忑》《江南 style》之后的又一神曲。它这么火，真的科学吗？

一、神曲式基因，接地气

作为电影《老男孩之猛龙过江》曝光的第一支歌曲，《小苹果》一经推出就荣登多个音乐排行榜榜首。原因何在？说得通俗点就是接地气。纵观以往走红的神曲不难发现，《小苹果》继承了神曲一贯简单的“洗脑基因”，主打亲民风，以朗朗上口的歌词和简单明快的曲风“麻痹”听众的听觉神经，直白地表达了现代人的内心情感，听完三遍自动记忆。据蓝汛 CCIndex 监测平台显示，《小苹果》受到浙江、江苏、河南网民最热烈的追捧，三地分别推出地方版的《小苹果》。山东、北京、河北等地紧随其后，洗脑全国的节奏势不可挡。

二、病毒式营销，引爆网络

从传播方式上来说，神曲基本遵循一致的路径，首先在电脑端、移动端以病毒式进行一级传播；随后走入大街小巷，进入广场舞阵营的二级传播；最后由点到面，打下良好的群众基础和广阔的传播空间。《小苹果》也不例外，目标明确，下手快、准、狠。首先由网友自制的恶搞小苹果视频引领视觉冲击的第一波；接下来的《三里屯快闪》《女神广场舞》等病毒引导视频以撒网的方式传播到街头巷尾，渗透到人们的生活；最后，明星和网络大 V 的追捧效仿将神曲推向高潮。通过对“小苹果 MV”的搜索，蓝汛 CCIndex 监测平台监测立体式传播状态图罗列了《小苹果》相关的高频搜索关键词，如图 1－2 所示。

图 1－2 《小苹果》相关的高频搜索关键词

三、“审丑”和“审美”结合，迎合市场

如果你对筷子兄弟的印象还停留在“老男孩”的文艺气息里，那一首《小苹果》绝对会让你瞬间清醒。它很好地跟筷子兄弟的品牌风格做了匹配，简单来说，就是有一点恶搞，再带一点“贱贱的”感觉，另外还有一点点励志的效果。从 MV 来看，《小苹果》很好地印证了一点，那就是“审丑”和“审美”有同样的市场需求。《小苹果》MV 大量运用了“反串”“韩国美女”“简单易学的夸张舞步”等元素，夺人眼球。MV 后半段的温情戏冲淡了太过浓郁的俗套气息，让人在观赏红绿配亮瞎眼的装扮、妖娆动感舞姿的同时有所缓冲。

如图 1－3 所示，蓝汛 CCIndex 监测平台发布的感知网络数据显示，萌萌哒军营版《小苹果》的出现点燃了网民对该神曲关注的极大热情，由于访问量瞬时增大，网络感知

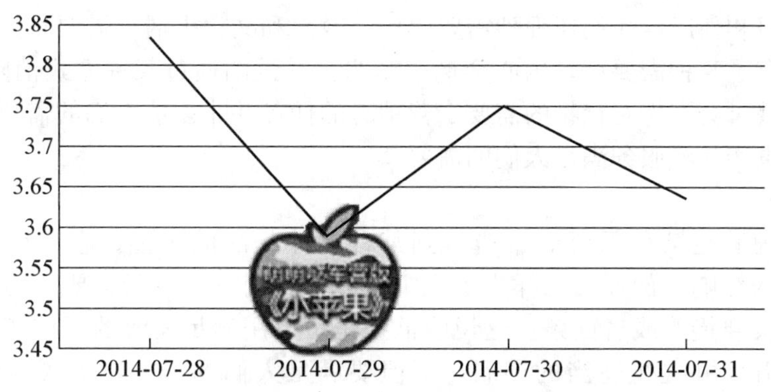

图 1-3 《小苹果》网络感知速度

速度从 7 月 28 日的 3.83Mb/s 降低至 7 月 29 日的 3.58Mb/s。

“第一个苹果，改变了物理界。第二个苹果，改变了科技界。第三个苹果，改变了神曲界。”网友的“神解读”一语道破天机，神曲界从此增添了一道绚丽的彩虹。

资料来源：赛迪网．蓝汛 ChinaCache 揭秘：《小苹果》这么火科学吗？[OL]. 2014-08-14.

分析思考：

小苹果为什么会火？你从中得到什么启示？

任务一 市场与市场营销

任务引入

王刚是刚毕业的大学生，在就业形势如此严峻的今天，他决定自己创业。他和另外五位同学通过各种渠道筹措了十万元资金想大展拳脚，但是究竟进入哪个市场？经营什么项目？如何经营？他们很迷茫。他们对营销学的知识知之甚少，他们应该怎么办呢？

任务：了解市场营销的内涵。

任务分析

摆在王刚等刚毕业的大学生面前的共同课题是：想创业，但是不了解市场以及营销学的相关知识。因此，当前要解决的关键问题是：了解市场营销学的内涵。

知识链接

知识点 1：市场营销的核心概念

为理解市场营销的概念，有必要讨论与之相关的几组概念。这三组概念相互关联，既揭示出市场营销的核心特征，又反映了市场营销达到目标的基本过程。它们分别是：需要、欲望与需求；产品、价值和满意；交换、交易与关系；市场。

1. 需要、欲望与需求

(1) 需要。

需要是指人们在感到某些基本的要求没有得到满足时所产生的状态。人们需要食品、空气、水、衣服和住所，人们还强烈需要娱乐、教育和文化生活。需要是人类与生俱来的本性。当人们有了某种需要后，内心会产生紧张，并试图通过某种方式消除这种紧张感。例如，人在饥饿时会产生对食物的需要。营销者的任务并非创造人们的需要，而是发现需要，并通过提供产品或服务满足人们的需要。

（2）欲望。

欲望是指为满足某种需要而希望得到某种具体物品的愿望，它往往受到个人、社会、文化背景的影响。例如，同样为了充饥，大部分南方人可能会要一碗米饭，但大部分北方人也许会要馒头或者面条。这说明欲望是可以用满足需要的具体实物来描述。营销者的任务是开发并提供适当的产品，不但要满足人们的需要，更要与他们的欲望相一致。

（3）需求。

需求是指具有购买能力并愿意购买某产品的欲望。人类的欲望无穷无尽，但可支配的资源却有限。因此，人们会在购买力水平的约束下，选择能够最大限度地满足他们欲望的产品或服务。例如，20 多年前的中国人与现在的中国人，都对代步的交通工具有购买欲望。但是，现在的中国人可能有能力选择购买一辆汽车，而不再仅仅局限在自行车上。因为时代不同，购买力水平发生变化，导致需求也发生改变。这就告诉营销者：一方面要使所提供的产品或服务与消费者的购买力水平相适应；另一方面要提高产品或者服务满足消费者需求的整体利益和价值。

人类的需要有限，但欲望却很多。当人们具有购买能力时，欲望便转化成需求。将需要、欲望和需求加以区分，其重要意义就在于阐明这样一些事实，即市场营销者无法创造需要，但可以影响欲望，开发及销售特定的产品和服务来满足欲望。市场营销者总是通过各种营销手段来影响需求，并根据对需求的预测结果决定是否进入某一产品（服务）市场。

2. 产品、价值和满意

（1）产品。

产品是用来满足顾客需要和欲望的任何东西。人们通常用“产品”和“服务”这两个词来区分实体产品和无形产品。产品的重要性不在于拥有它们，而在于它给人们带来的对欲望的满足。人们购买小汽车不是为了观赏，而是为了得到它所提供的交通服务。所以，产品实际上是向人们传送服务的载体。这种载体可以是实体产品，也可以使无形产品，如人员、地点、活动、组织和观念。当人们心情烦闷时，为满足轻松解脱的需要，可以去参加音乐会，听歌手演唱（人员）；可以到风景区旅游（地点）；可以参加“希望工程百万行”（活动）；可以参加消费者假日俱乐部（组织）；也可以参加研讨会，接受不同的价值观（观念）。市场营销者必须清醒地认识到，自己创造的产品不管形态如何，都是为了满足人们的需要和欲望。

（2）价值。

消费者之所以选择某企业的产品或服务，一定是认为它们能够为自己带来更高的顾客让渡价值，即在权衡所获得的产品、服务、形象价值以及所付出的时间、金钱、精力、体力等成本基础上所做出的价值判断和决策。例如，价格较高的海尔冰箱之所以能被中国消费者所喜爱，不仅在于消费者获得了质量、性能较高的直接产品利益，还在于获得了更多的服务利益、品牌利益等。

(3) 满意。

消费者在消费产品或服务的过程中，如果所感知的效用超过了事前的预期，则会感到满意，也才会有第二次、第三次的重复购买发生，如果每次都能令消费者满意，那么就有可能为企业争取到一位长期忠诚顾客，其意义通常比争取到一位新顾客更为重要。这就要求企业处理好企业利润与消费者满意之间的微妙关系。提高顾客满意程度经常会增加企业成本，导致利润下降，因此，企业必须不断创新，创新服务流程、生产流程，通过降低其他成本来抵补因提高顾客满意程度所不得不增加的成本。例如，丰田汽车就是通过改革生产方式，创造了汽车制造业的JIT模式，极大地降低了生产成本，凭此可以为消费者提供更多的产品款式与服务。

3. 交换、交易与关系

(1) 交换。

交换是指从他人处获得自己所需之物，而以某种东西作为回报并满足对方需要的行为。交换是市场营销的核心概念，营销者向消费者提供产品或服务，目的是从消费者处获取销售额、消费者满意和对品牌的认可等。要达到此目的，产品或服务符合消费者需要显然是前提。

小知识

一个人可以通过四种方式获得自己所需要的产品：第一种方式是自行生产；第二种方式是强制取得；第三种方式是乞讨；第四种方式是交换。

交换的发生，必须具备五个条件：(1) 至少有两方；(2) 每一方有被对方认为有价值的东西；(3) 每一方都能沟通信息和传送物品；(4) 每一方都可以自由接收或拒绝对方的物品；(5) 每一方都认为与另一方进行交换是适当的或称心如意的。当人们决定以交换方式来满足需要或欲望时，就存在市场营销了。

---

(2) 交易。

交易是市场营销的度量单位，是指双方以货币为媒介的价值的交换。例如，支付2000元从国美电器购买一台电视机，就是一次交易过程。

(3) 关系。

理解交换与交易能够帮助人们认识市场营销。另一个更具营销价值的概念是关系，主要指的是企业与顾客之间的关系。如果通过交换与交易过程，能够与顾客建立起以价值、情感和社会利益为纽带的长期关系，则利于达成企业长期发展的目标。例如，众多企业都希望构建强势品牌，目的就在于通过著名品牌可以增加与消费者之间的情感联系，提高顾客忠诚度，建立长期互利的关系。

最终，企业的所有市场营销活动都是在市场中进行，通过市场来完成。对于市场的认识，必须把握其需求和竞争要素的特征。

4. 市场

什么是市场 (Market)? 从人类社会发展的历史来看，不是从有人类社会就有市场的。

市场是社会分工和商品交换的产物，是属于商品经济的范畴。随着商品经济的发展，市场也随着不断变化和发展，人们对市场的认识也在发展。对市场的定义，有各种不同的说法和解释，在理论上表述不一样。归纳起来，主要有以下三种。

（1）市场是商品交换的场所。

这是从地理位置、形式而言的，它是具体的，是看得见、找得着的，是指商品买与卖的地方，如某某市场、某某百货商场等。这是人们对市场的一般认识，也是市场最早出现的形态。

小知识

在我国2 000多年前的《周礼》中就阐述了丰富的市场管理思想，强调要根据市场的不同类型而进行管理。城镇中的市场分为朝市、大市和夕市。朝市是指从天亮后到早饭前的这段时间，做买卖的主要是行商坐贾；大市是指从正午之后开始的市场，做买卖的主要是四方的百姓；夕市是指从日偏西到黄昏的这段时间，做买卖的主要是小商小贩。在交通要道上要按规定设立市场，每隔50里左右设置一个市场，每个市场都要设置旅馆住宿的地方。在农村要设置分散的小集市。

（2）市场是商品交换关系或供求关系的总和。

这是从经济关系、内容上而言的，是对市场的进一步抽象概括。市场从表面上看，是商品交换的场所；实质上，它体现了人与人之间的经济关系，反映了人们对商品的供求关系，反映了人们维持再生产而互相交换劳动的关系。人们有各种各样的需求，同时由于社会分工的存在，生产资料归不同所有者所有。各个生产者都是相对独立的商品生产者，而生产者与消费者之间、生产者与生产者之间、部门与部门之间、企业与企业之间，他们不能无偿地占有对方的产品，即自己的东西不能白给别人，别人的东西也不能白拿，他们之间各种各样的需求与供给，必须通过交换的方式、买卖的方式去获得，这就形成了市场。这种买与卖，从本质上是交易者双方为维持再生产而交换其劳动。生产者交换劳动，是为了取得生活所需的生活资料以维持劳动力的再生产。劳动的交换，通过商品交换形式来进行。这种交换，成为整个经济社会各生产者之间以及生产者与消费者之间经常性的、内在的商品交换关系的总和，体现社会再生产过程中各环节之间的内在因果关系。

课上小练习

20世纪80年代末和90年代初，当我国提出建立社会主义市场经济体制的设想时，有些地方政府积极行动，由政府出资大搞“楼堂馆所”，并建了一大批类似“某某交易市场”的形象工程，然后大力招商，有些效果还行，有些却不太理想，甚至出现了有“场”无“市”，最后只能转作他用的现象。

分析思考：

为什么会出现这样的状况？

（3）市场是现实和潜在的购买者。

这是西方最常见的解释，它站在卖方的营销角度去分析，市场只是指需求的一方，不包括供给一方，是指由一切具有特定需要和欲望并且愿意和能够以交换来满足的现实顾客和潜在顾客组成。对于一切既定的商品来说，市场包含三个要素，即有某种需要的人、满足需要的购买力和购买欲望，如果用公式来表示，就是：

市场＝人口＋购买力＋购买欲望

从上面的公式看，市场首先是指人口，因为人是构成市场的主体，但仅有人口还不能形成市场，还必须使人们有钱去买，同时还必须有购买的欲望，才能形成市场。就是说，市场的三个要素是相互影响和相互制约的统一体，缺少某一个要素，都不能形成一个现实的市场，只有三者结合起来才能构成现实的市场，才能决定市场的规模和容量。

以上这三种对市场的表述，从市场学的角度来看，并不矛盾，只是各自强调的角度不同而已。全面地把握好这些表述，对于正确理解市场、学好市场营销学、做好市场营销工作都具有重要的意义和帮助。

知识点 2：市场营销的定义

1. 经典定义

市场营销（Marketing）是一门发展中的新兴学科，在学科发展的不同阶段，营销学家们从不同角度对“市场营销”进行了界定。如：“市场营销是一个过程，在这个过程中一个组织对市场进行生产性的和营利性的活动”“市场营销是创新和满足顾客的艺术”“市场营销就是在适当的时间、适当的地点，以适当的价格、适当的信息沟通和促销手段，向适当的消费者提供适当的产品和服务”等。而最有代表性、最能说明学科发展进程的是美国市场营销协会（AMA）分别于 1960 年和 1985 年提出的两个经典定义。

定义 1（AMA，1960）：“市场营销是引导货物和劳务从生产者流向消费者或用户所进行的一切企业活动。”这一定义将市场营销界定为商品流通过程中的企业活动。在此定义下，“营销”等同于“销售”，它只是企业在产品生产出来以后，为产品的销售而做出的各种努力。

定义 2（AMA，1985）：“市场营销是计划和执行关于产品、服务和创意的观念、定价、促销和分销的过程，目的是完成交换并实现个人及组织的目标。”根据这一定义，市场营销活动已经超越了流通过程，是一个包含了分析、计划、执行与控制等活动的管理过程。

2. 权威定义

除美国市场营销协会（AMA）的两个经典定义以外，欧洲关系营销学派的代表人物——格隆罗斯、营销管理学派的代表人物——美国西北大学教授菲利普·科特勒于 20 世纪 90 年代对市场营销提出的定义也被世界各国市场营销界广泛引用，成为两个学术流派的权威定义。

定义 3（格隆罗斯，1990）：“市场营销是在一种利益之下，通过相互交换和承诺，建立、维持、巩固与消费者及其他参与者的关系，实现各方的目的。”这一定义强调营销的目的是在共同的利益下，建立、维持、巩固“关系”，实现双赢或多赢。

定义4（菲利普·科特勒，1994）：“市场营销是个人和集体通过创造并同他人交换产品和价值以满足需求和欲望的一种社会和管理过程。”这个定义告诉人们，有效的市场营销包括三个方面的内容：第一，通过市场营销要达成满足个人和群体需求和欲望的目标；第二，交换是市场营销的核心；第三，交换是以产品和价值为基础的。

3. 本书对市场营销的定义

本书对市场营销所给予的定义是：“在变化的市场环境中，企业或其他组织以满足消费者需要为中心进行的一系列营销活动，包括市场调研、目标市场选择、产品开发、市场定价、渠道选择、产品促销、产品储存和运输、产品销售、服务提供等一系列与市场相关的企业经营活动。”此定义说明了市场营销是一系列的活动，这种活动要时刻关注环境的变化，并时刻关注消费者的需求，市场营销活动贯穿于企业的始终，包括市场调研、目标市场选择、生产、分销、销售以及提供服务等。

知识点3：市场营销组合

1. 市场营销组合理论的发展

所谓市场营销组合是指企业针对目标市场的需要，综合考虑环境、能力、竞争状况，对自己可控制的各种营销因素（产品、价格、分销、促销等）进行优化组合和综合运用，使之协调配合，扬长避短，发挥优势，以取得更好的经济效益和社会效益。在20世纪50年代初，根据需求中心论的营销观念，麦卡锡教授把企业开展营销活动的可控因素归纳为四类，即产品、价格、渠道和促销，因此，提出了市场营销的4P组合。到80年代，随着大市场营销观念的提出，人们又提出了应把政治力量（Political Power）和公共关系（Public Relation）也作为企业开展营销活动的可控因素加以运用，为企业创造良好的国际市场营销环境，因此，就形成了市场营销的6P组合。

（1）4P组合。

1960年，麦卡锡（E. J. McCarthy）在《基础营销》一书中提出了著名的4P组合。麦卡锡认为，企业从事市场营销活动，一方面要考虑企业的各种外部环境，另一方面要制订市场营销组合策略，通过策略的实施，适应环境，满足目标市场的需要，实现企业的目标。

麦卡锡绘制了一幅市场营销组合模式图（见图1-4），图的中心是某个消费群，即目标市场，中间一圈是四个可控要素：产品（Product）、价格（Price）、渠道（Place）、促销（Promotion），即4P组合。在这里，产品就是考虑为目标市场开发适当的产品，选择产品线、品牌和包装等；价格就是考虑制订适当的价格；渠道就是要通过适当的渠道安排、运输、储藏等把产品送到目标市场；促销就是考虑如何将适当的产品，按适当的价格，在适当的地点通知目标市场，包括销售推广、广告、培养推销员等。图的外圈表示企业外部环境，它包括各种不可控因素，包括经济环境、社会文化环境、政治法律环境等。麦卡锡指出，4P组合的各要素要受到这些外部环境的影响和制约。

（2）6P组合和10P组合。

6P是由科特勒提出的，它是在原4P的基础上再加上政治力量（Political Power）和公共关系（Public Relations）发展的。6P组合主要应用于实行贸易保护主义的特定市

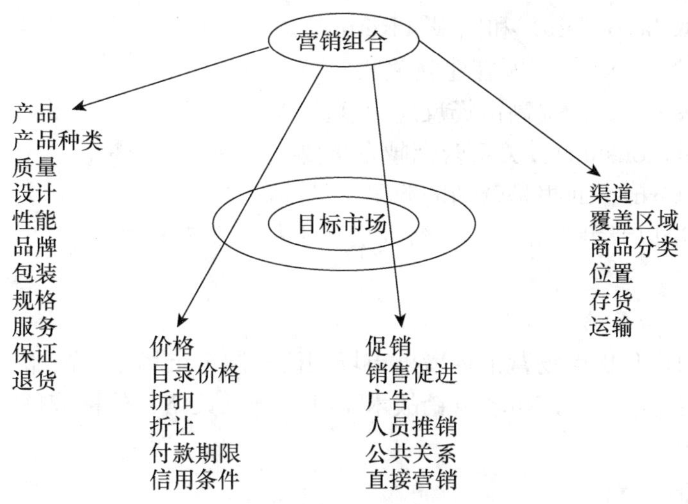

图 1-4 麦卡锡市场营销组合模式图

场。随后，科特勒又进一步把 6P 发展为 10P。他把已有的 6P 称为战术性营销组合，又新提出 4P：研究（Probing）、划分（Partitioning，即细分 Segmentation）、优先（Prioritizing，即目标选定 Targeting）、定位（Positioning），并称之为战略营销计划，他认为，战略营销计划过程必须先于战术性营销组合的制定，只有在搞好战略营销计划过程的基础上，战术性营销组合的制定才能顺利进行。菲利浦·科特勒在讲到战略营销与战术营销的区别时指出："从市场营销角度看，战略的定义是企业为实现某一产品市场上特定目标所采用的竞争方法，而战术则是实施战略所必须研究的课题和采取的行动。"（菲利普·科特勒等著《日本怎样占领美国市场》）。现在，战略营销与战术营销的界线已日趋明朗化，通用汽车公司等已按这两个概念分设了不同的营销部门。

到 20 世纪 90 年代，又有人认为，包括产品、价格、渠道、促销、政治力量和公共关系的 6P 组合是战术性组合，企业要有效地开展营销活动，首先要有为人们（People）服务的正确的指导思想，又要有正确的战略性营销组合（市场调研 Probing、市场细分 Partitioning、市场择优 Prioritizing、市场定位 Positioning）的指导。这种战略的 4P 营销组合与正确的指导思想（People）和战术性的 6P 组合就形成了市场营销的 11P 组合。

（3）4C 组合。

20 世纪 90 年代，美国市场学家罗伯特·劳特伯恩（Robert Lauterborn）提出了以 4C 为主要内容的作为企业营销策略的市场营销组合 4C 理论，即针对产品策略，提出应更关注顾客的需求与欲望；针对价格策略，提出应重点考虑顾客为得到某项商品或服务所愿意付出的代价；并强调促销过程应是一个与顾客保持双向沟通的过程。4C 组合：顾客（Customer）、成本（Cost）、便利（Convenience）、沟通（Communication）。

（4）4R 组合。

21 世纪初，美国学者唐·舒尔茨（Don Shultz）提出了基于关系营销的 4R 组合，受到广泛的关注。4R 阐述了一个全新的市场营销四要素，即关联（Relevance）、反应（Re-

sponse)、关系（Relationship）和回报（Return）。

1）关联（Relevance）：与顾客建立关联。

2）反应（Response）：提高市场反应速度。

3）关系（Relationship）：关系营销越发重要。

4）回报（Return）：回报是营销的源泉。

总之，4R 理论以竞争为导向，在新的层次上概括了营销的新框架，体现并落实了关系营销的思想。

2. 市场营销组合策略

本书所沿用的是分析市场营销环境—市场调研—制定市场营销战略（市场细分、选择目标市场和市场定位）—制定市场营销战术（4P：产品策略、价格策略、渠道策略、促销策略）的框架结构。

（1）产品策略。

产品策略包括产品发展、产品计划、产品设计、交货期等决策的内容。其影响因素包括产品的特性、质量、外观、附件、品牌、商标、包装、担保、服务等。

（2）价格策略。

价格策略包括确定定价目标、制定产品价格原则与技巧等内容。其影响因素包括分销渠道、区域分布、中间商类型、运输方式、存储条件等。

（3）渠道策略。

渠道策略主要研究使商品顺利到达消费者手中的途径和方式等方面的策略。其影响因素包括付款方式、信用条件、基本价格、折扣、批发价、零售价等。

（4）促销策略。

促销策略是指主要研究如何促进顾客购买商品以实现扩大销售的策略。其影响因素包括广告、人员推销、营业推广、公共关系等。

上述四个方面的策略组合起来总称为市场营销组合策略。市场营销组合策略的基本思想在于：从制定产品策略入手，同时制定价格策略、促销策略和分销渠道策略，组合成策略总体，以便达到以合适的商品、合适的价格、合适的促销方式，把产品送到合适地点的目的。企业经营的成败，在很大程度上取决于这些组合策略的选择和它们的综合运用效果。

任务总结

王刚等六人通过学习，了解到市场营销就是“在变化的市场环境中，企业或其他组织以满足消费者需要为中心进行的一系列营销活动，包括市场调研、目标市场选择、产品开发、市场定价、渠道选择、产品促销、产品储存和运输、产品销售、服务提供等一系列与市场相关的企业经营活动”。他们认识到市场营销是一系列的活动，这种活动要时刻关注环境的变化，并时刻关注消费者的需求，市场营销活动贯穿于企业的始终，包括市场调研、目标市场选择、生产、分销、销售以及提供服务等。市场营销组合策略包括产品策略、价格策略、渠道策略和促销策略。

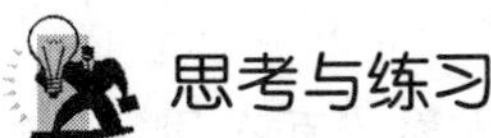

思考与练习

一、关键词汇

市场　　　　市场营销

二、简答题

1. 什么是市场？包括哪些要素？
2. 理解市场营销的定义。
3. 需要、欲望和需求有什么区别？

三、案例分析

《中国诗词大会》如何成为网红

今年春节什么节目最火？不是明星齐刷脸的各台春晚，也不是《三生三世十里桃花》《孤芳不自赏》等大热影视剧，而是一档主打"中华诗词"的文化益智类节目，《中国诗词大会》第二季（见图 1－5，以下简称《中国诗词大会》）。

图 1－5　《中国诗词大会》

节目选手武亦姝、白茹云相继上热搜；节目评委郦波、康震等突然间变成了媒体追捧的对象；节目最后一期的收视率问鼎当晚收视冠军；主持人董卿更是成为撒贝宁之后，另一名通吃各年龄段的资深"央视网红"……在短时间内达到如此的火爆程度，连节目组都有点出乎意料。

PART 1　一档文化类综艺怎样"讨好"观众

春节才过，中共中央办公厅、国务院办公厅下发意见，宣布将实施"中华优秀传统文化传承发展工程"，全面复兴传统文化，将中华优秀传统文化贯穿于国民教育始终。也正是在这一时间节点上，《中国诗词大会》的火爆显得更有意义。

但是，如何把大多出现在教材当中，对常人来说甚至有些枯燥无味的传统文化内容放在现代综艺节目的环境下去做，还得做到好看，的确让这类节目的制作团队很是头疼。

难点一：节目研发如何有新意　让环节设置吸引人

为了节目研发，节目组成立了专家策划团，北京师范大学文学院教授，同时也是评委的康震就是其中之一。曾经一年多时间里，总导演颜芳每隔一两周就会拜访康震，"光是关于这个节目的环节设置，PPT 都不知道做了多少版”。

最终，导演组把节目赛制确定为观众看到的百人选手团（以下简称“百人团”）挑战。每场比赛分为“个人追逐赛”“攻擂资格争夺赛”“擂主争霸赛”。第一场比赛抽签选出挑战者，参加个人追逐赛，百人团与挑战者同步答题，如百人团答错，其面前电子屏上显示的盾牌将被击碎，每道题击碎的盾牌数量即为挑战者得分；挑战者总分最高的选手与百人团中答题正确率最高且最快的选手进行“攻擂资格争夺赛”，获胜者将挑战本场擂主。

“这种内循环的机制从来没有人用过，很多电视模式专家看完第一季后，在国际节目二千多个模式中去搜，最后告诉我们，没有一档跟《中国诗词大会》雷同，没人这么玩过。”简言之，“自己选自己，强者恒强”。

难点二：如何把“阳春白雪”做到“通俗易懂”

节目环节的多样性和刺激性，改变不了文化类综艺节目内容“枯燥”“晦涩”“高深”等事实，如何把这些内容让普通观众接受并理解，并没有想象中的简单。

《中国诗词大会》的评委王立群、康震、郦波、蒙曼，四位都是在高校任教的学者，同时，他们也都曾担任过《百家讲坛》的主讲嘉宾。“他们能够深入浅出，把艰涩的知识消化后，告诉给观众。”

比如讲到“掷果盈车”的典故时，蒙曼说，潘岳长相俊美，坐车走在街上甚至会有一群女士疯狂地往他的车里扔水果以表达喜爱之情。康震马上把如今年轻一代的“追星族”联系起来，说“每一个时代，人们都喜欢美好的事物，喜欢姣好的容颜，我们这个时代也是一样”。他还进一步补充，“实际上大家都希望自己追的这个星，既有姣好的面容，也相信 Ta 有非常美好的内心”。此言一出，立刻俘获了一票年轻观众的心。

而这种自带“段子手”属性、博学多识并擅于与网友打成一片的学者，恰恰也是这些文化类节目所需要的。

PART 2　没有大咖明星，文化类综艺节目里要看谁？

现在的综艺圈，一档节目要没几个流量担当的明星，做点逗观众乐呵的事，简直无法立足。可从《见字如面》到《朗读者》，参与的明星嘉宾大多是“爸妈心中的偶像”，《中国诗词大会》甚至启用纯素人组成的百人团——这样看来，这些文化类节目确实挺有“骨气”和“勇气”的。

《中国诗词大会》百人团走红不靠煽情故事　全靠“真功夫”

《中国诗词大会》中令人印象深刻的百人团选手来自各处：地方选拔、推荐、点对点找。因两次从百人团答题中脱颖而出、继而受到关注的“汉服少女”陈思婷，是从母校陕西师范大学所在的西安选拔赛走出来的选手，经过笔试、面试后，得以进入百人团；文言文满分的 13 岁“孩子王”叶飞则是节目组点对点直接找到的；而励志大姐白茹云走的是推荐，“编导出题，我来答”。

如果说在《见字如面》和《朗读者》中，声音表演可以为参与者加分的话，《中国诗词大会》所比拼的，就是实打实的诗词功底了——几乎每个入选的百人团成员都会随身携带两本诗词类书籍入京。“汉服女孩”陈思婷带了《诗经集注》《楚辞补注》《李商隐诗集》《南唐二主词》，“我还见有人带《唐诗宋词鉴赏大辞典》的”。“孩子王”叶飞就是陈思婷口中的“有人”，除了《唐诗宋词鉴赏大辞典》，叶飞还带着最受欢迎的两本书：《唐诗三百首》和《宋词三百首》。

即使私底下，百人团也经常以玩“飞花令”“斗诗”为乐。“飞花令”是《中国诗词大会》最受欢迎的比赛环节，源自古时候人们常玩的一种“行酒令”游戏，参与者轮流吟诵含有关键字的诗句，不仅考验诗词阅读量，还考验急智之下的心理素质。气质娴静的上海女中学生武亦姝便是在此环节圈粉无数。

虽然百人团年龄不等、职业各异，台上打擂，台下却如评委蒙曼所说，“以诗会友”，颇有古人之风。

想 Hold 住文化类节目　主持人功力也要不一般

当然，在《中国诗词大会》里面，本就是“央视一姐”的主持人董卿可谓轻松 hold 住全场，成为节目的一大亮点。面对紧接着主持《朗读者》的董卿，媒体和网友纷纷感慨“不认识了”，就连“腹有诗书气自华”如此老套的赞誉也在她身上用出了真境界。

一起录节目的评委，南京师范大学文学院教授郦波也承认《中国诗词大会》之所以好看，董卿功不可没。“她几乎是我们这个团队里头，事前做工作最用功的一个人。”诗词储备量达两三千的选手陈思婷也惊叹，“作为主持人，她的诗词功底如此深厚，真的是下了功夫。”

第六期节目里，一位选手讲道，为了让女儿能更好地背诗词，他便为古诗词作曲，董卿被这名父亲打动，眼里闪着泪花，随口念出了叶赛宁的《我记得》，“当时的我是何等温柔，我把花瓣撒在你的发间，当你离开，我的心不会变凉，想起你，就如同读到最心爱的文字，那般欢畅。”

PART 3　文化类节目的突破口：不仅让人看懂，还要引起情感共鸣

在豆瓣评分上，《中国诗词大会》总体评分为 8.5，而《见字如面》和刚开播不久的《朗读者》都超过了 9.0 分，好评和反响不必多说。很多人用“感同身受”“非常感动”“代入感强”来描述嘉宾对信件或作品朗读的感觉。

中国社科院新闻所世界传媒研究中心秘书长冷凇觉得这类节目之所以火，是因为它们共同做出了“人的故事”——“打动人心的故事，都能够唤起观众情感的共鸣。”他以《中国诗词大会》为例解释道：“（这个节目）在春节期间每晚播出，这个时间段正是中国人家家户户团聚过年的时候，这样一档节目老少皆宜，非常适合举家观看，学习知识，传播文化。节目中那些熟悉的经典诗词，又能给大家带来某些无论是念书时还是阅读时的回忆。”

而在节目导演组看来，节目的成功很大一部分取决于它真实自然，没有剧本，“所有发生的故事、人都不是刻意安排”。“我们相信观众对于古诗词的热爱，出自每一位中国人的‘诗心’”。

总结陈词：

《见字如面》走向市场时，关正文正经历着冰火两重天的处境：见过节目的人都说好，两轮寻找广告赞助商却均以失败告终。对此，董卿的《朗读者》已然顺畅很多。节目的发布会上，冠名商名字醒目地出现在节目名称前。这当然缘于董卿的个人影响力，却也可从中看出，文化类节目的市场接受度在不断变大。

或许，对于这类节目的明天，我们可以期待得更多？

资料来源：《中国诗词大会》如何成为网红［OL］. 综艺新闻腾讯娱乐，2017-02-21.

分析思考：

如何用市场营销的概念解释《中国诗词大会》为什么会“火”？

任务二　市场营销观念的演变

任务引入

王刚等六人在创业过程中发现他们所掌握的市场营销方面的知识实在是太少了，这对他们公司以后的经营与发展十分不利。于是他们寻找了很多经营成功的企业案例进行学习研究，发现很多企业取得成功的关键是用现代的营销理念指导企业的经营与发展，那什么才是现代的营销理念呢？

任务 1：掌握企业营销观念发展的过程。

任务 2：掌握如何用现代的市场营销理念去指导企业的经营。

任务分析

企业的营销活动是在特定的企业营销观念指导下进行的，它概括了一个企业的经营态度与经营方式。企业营销观念的正确与否直接影响着企业营销战略和策略的制定，制约着企业、顾客和社会三者关系的正确处理，关系到企业经营的开拓和策略的制定，只有了解了现代企业营销观念的转变过程，树立正确的营销观念，才能在激烈的市场竞争中立于不败之地。

知识链接

营销观念又称市场观念、营销哲学，指企业进行经营决策，组织管理营销活动的基本指导思想，也就是企业所信奉的价值观念。任何企业参加市场经营活动，都受一定的市场观念所支配，而市场观念是否符合市场的客观实际，关系到企业的经营成败。建立能全面贯彻现代市场营销哲学、真正面向市场的企业，是摆在管理者面前的一项重要任务。

现在存在的企业市场营销观念可归纳为五种，即生产观念、产品观念、推销观念、市场营销观念和社会市场营销观念。这些观念相互碰撞，深刻地影响着组织或个人的营销实践。

知识点 1：生产观念

生产观念（Production Concept）是指导销售者行为的最古老的观念之一。生产观念认为，消费者喜欢那些可以随处买到而且价格低廉的产品，企业应致力于扩大生产，增加产量，降低成本以扩展市场。显然，生产观念是一种重生产、轻营销的商业哲学。

生产观念产生于 20 世纪 20 年代前的资本主义工业化初期及第一次世界大战末期和战后一段时期内。由于物资短缺，市场商品供不应求，生产观念在企业经营管理中颇为流行。其典型口号是“我们生产什么，就卖什么，关键是产量”。这种观念的经营着眼点是产品，经营的基本策略是以生产数量多、物美价廉的商品而取得优势，经营的基本方法是等客上门，通过大量生产来取得利润，不研究产品的销售促进。我国在旧的计划经济体制下，由于市场商品短缺，企业不愁其产品没有销路，企业在经营管理中也奉行生产观念。具体表现为：工业企业集中力量发展生产，轻视市场营销，实行以产定销；商业企业集中力量抓货源，工业企业生产什么就收购什么，工业企业生产多少就收购多少，根本谈不上市场营销。

营销案例

我的产品只有黑色的

一辆汽车，一个人，一段历史传奇。这辆车就是T型车（Ford Model T，见图1-6），这个人就是亨利·福特，这个传奇就是福特发明的T型车彻底改变了美国，成就了美国“车轮上的国度”之美誉。

图1-6 福特T型车

1908年，T型车下线，起初售价850美元，而当时同类型汽车价格则为2 000至3 000美元。当其他厂家依然靠手工生产汽车时，福特工程师建立了全新的优化流水装配线。随着产量增加，到1920年，T型车价格已降至不到300美元（约合现在的3 300美元）。T型车在20世纪20年代一直供不应求，亨利·福特的广告是这样做的：“顾客可以想要他们喜欢的任何颜色的汽车，但是福特汽车只有黑色的一种”。

到了1927年，T型车气数已尽。T型车虽然做了改进但多年来基本上没有变化，慢慢失去了市场，让位于福特竞争对手所提供的无论款型和动力都高出一筹的车型。5月31日，福特全国各地的工厂都关闭半年，为生产新款A型车更换机械设备。

知识点2：产品观念

产品观念（Product Concept）认为，消费者最喜欢高质量、多功能和具有某种特色的产品，企业应致力于生产高附加值产品，并不断加以改进。这种观念产生于市场产品供不应求的“卖方市场”形势下，其典型口号是“我们生产什么，就卖什么，关键是质量”。最容易滋生产品观念的场合，莫过于当企业发明一项新产品时，此时企业最容易患上“市场营销近视”，即不适当地把注意力放在产品上，不是放在市场需求上，在市场营销管理中缺乏远见，只看到自己的产品质量好，看不到市场需求在变化，致使企业经营陷入困境。

营销案例

劳斯莱斯——尊贵的象征

劳斯莱斯轿车每年的产量只有几千辆，每一辆都堪称绝对的元首级。1907 年生产的“银灵”牌轿车，目前价值高达 1 400 万英镑，是世界上最名贵的汽车，如图 1-7 所示。2006 年，劳斯莱斯幻影 LWB（元首级）进入中国，在丰富的选装配置后，一辆车的价格高达1 888 万元人民币。

图 1-7 劳斯莱斯“银灵”牌轿车

为了保持品牌的含金量，劳斯莱斯公司从成立那天起，一直坚持手工生产，在生产过程中，追求高档质量已经达到了不计成本的地步。劳斯莱斯轿车严格挑选高档皮革和上等胡桃木来制作内饰，选剩下的皮革都被时装制造业用于制造高档提包；每一辆劳斯莱斯车木饰的纹理都自成一格；每辆劳斯莱斯的桃木纹理都会有记录归档，日后若有损伤而车主要求修补时，即可按照原状恢复；而且还存有完全相同的备用材料。另外，为了同劳斯莱斯轿车的尊贵身份相吻合，劳斯莱斯的高档服务也出乎人们的想象，据说，曾有一辆劳斯莱斯轿车在法国出了故障，公司居然派出直升机前去修理。

经过几十年的发展，劳斯莱斯汽车公司除了手工打造汽车却鲜有其他作为。大众于 1998 年购买了英国的劳斯莱斯轿车有限公司，随后大众宣布转让劳斯莱斯汽车给宝马，2003 年劳斯莱斯汽车公司归入宝马集团。

知识点 3：推销观念

推销观念（Selling Concept）是被许多企业所采用的另一种观念，主要表现为：“我卖什么，顾客就会买什么”。这种观念认为，消费者通常表现出一种购买惰性或抗衡心理，如果顺其自然，消费者一般不会主动购买某一企业的产品，因此，企业必须积极推销和大力促销，以刺激消费者大量购买本企业产品。推销观念在现代市场经济条件下被大量用于那些非渴求物品，即购买者一般不会想到要去购买的产品或服务。许多企业在产品过剩时，也常常奉行推销观念。赵本山小品《卖拐》揭示的就是一种典型的推销观念。

推销观念是在资本主义经济从卖方市场向买方市场转变过程中产生的。它产生于20世纪20年代末至50年代，在这个时期，科学技术有很大发展，生产的产品增加迅速，供求状况发生了变化，虽然买方市场未最后形成，但卖主之间竞争日趋激烈，经济危机表现得更加严重，企业倒闭时有发生，产品的销路问题成了企业生存和发展的关键。这种客观形势的发展，使企业感到仅有物美价廉的商品也未必能卖掉，要在竞争中获取更多利润，还必须重视和加强产品的推销工作。于是，企业逐渐重视广告术、推销术和市场调查，逐渐关心产品销售状况，而不像过去那样仅仅关心产品的产量与质量。

知识点4：市场营销观念

市场营销观念（Marketing Concept）形成于20世纪50年代。执行市场营销观念的企业被称为市场营销导向企业，其座右铭是：“顾客需要什么，我们就生产供应什么。”市场营销观念改变了以企业为中心的旧观念（生产观念、产品观念和推销观念）的思维逻辑。它要求企业营销管理贯彻“顾客至上”的原则，将管理重心放在善于发现和了解目标顾客的需要，并千方百计去满足顾客，使顾客满意，从而实现企业目标。因此，企业在决定其生产、经营时，必须进行市场调研，根据市场需求和企业本身的条件，选择目标市场，组织生产经营。其产品设计、生产、定价、分销和促销活动，都要以消费者需求为出发点。

产品销售出去之后，还要了解消费者的意见，据以改进自己的营销工作，最大限度地提高顾客满意程度。总之，市场营销观念根据“消费者主权论”，相信决定生产什么产品的主动权不在于生产者，也不在于政府，而在于消费者，因而将过去“一切从企业出发”的旧观念，转变为“一切从顾客出发”的新观念，即企业的一切活动都围绕满足消费者需要来进行。

知识点5：社会市场营销观念

社会市场营销观念（Social Marketing Concept）是对市场营销观念的修改和补充。它产生于20世纪70年代西方资本主义国家出现能源短缺、通货膨胀、失业增加、环境污染严重、消费者保护运动盛行的新形势下。鉴于市场营销观念回避了消费者需要、消费者利益和长期社会福利之间隐含着冲突的现实，社会市场营销观念提出，企业的任务是确定各个目标市场的需要、欲望和利益，并以保护或提高消费者和社会福利的方式，比竞争者更有效、更有利地向目标市场提供能够满足其需要、欲望和利益的物品或服务。社会市场营销观念要求市场营销者在制定市场营销政策时要统筹兼顾三方面利益，即企业利润、消费者需要的满足和社会利益。如图1-8所示，现在有机水果、绿色蔬菜、纯天然产品受到很多消费者的欢迎，企业在宣传中也强调对有益于身心健康和环保。

营销案例

日本横滨本田汽车公司汽车大王——青木勤社长别出心裁地想出了一个为推销汽车而绿化街道的“本田妙案”。方案推出，即收到意想不到的效果，使本田汽车独领风骚。

图 1-8 有机食品

“本田妙案”是怎样产生的呢？青木勤社长在每天外出和上下班的途中发现，汽车在飞跑过程中排出大量废气直接污染了城市环境，不但乌烟瘴气，而且造成路旁绿树的枯萎。青木勤社长看到自己的产品给环境带来的不利影响，心情非常沉重。他决心解决这个问题，恢复自然的本来面目。于是，青木社长亲自制定了“今后每卖一辆车，要在街道两侧种一棵纪念树”的经营方针。随后，本田公司又将卖车所得利润的一部分转为植树费用，以减轻越来越多汽车排气对环境的污染。“本田妙案”实施后，汽车一辆辆开出车门，街上的树木一棵棵栽上，绿化地带一块块铺开。消费者心目中自然产生了一种强烈的需求欲望，同样是买车，为什么不买绿化街道的本田的汽车呢？既可以买到需要的产品，还可以美化生活环境，这可真是有心栽花花不开，无心插柳柳成荫。这种别出心裁的方案使本田汽车与“绿”俱增，起到了非常好的促销作用。

表 1-1 所示为以上五种营销观念的比较，我们可以发现任何营销观念的产生和盛行都是有一定的市场环境的，其营销的出发点、市场策略和基本方法也不同。

表 1-1 不同营销观念的比较

营销观念	市场环境	营销出发点	基本市场策略	基本方法
生产观念	卖方市场	产品	增加产量	坐等顾客
产品观念	卖方市场	产品	提高质量、改善产品	坐等顾客
推销观念	卖方→买方	产品	多种推销方式	人员推销
市场营销观念	买方市场	消费者需求	发现和满足消费者需求	实施营销
社会市场营销观念	买方市场	消费者需求、社会利益	获取消费者信赖、兼顾社会利益	与消费者等建立良好关系

任务总结

王刚等六人通过深入的学习研究，认为他们自身的理论水平有了很大的提升，同时也认为他们的视野开阔了不少，他们了解到企业的营销观念经历了生产观念、产品观念、推销观念、市场营销观念和社会市场营销观念。而且每一种市场营销观念的产生都有其历史背景，应该在不同的环境下采用不同的营销观念。

思考与练习

一、关键词汇

生产观念　　产品观念　　推销观念　　市场营销观念　　社会市场营销观念

二、简答题

1. 市场营销观念大致经历了哪几个阶段？各有什么特点？
2. 现代企业应以什么样的观念来指导企业营销活动？

三、案例分析

美国皮尔斯堡面粉公司营销观念的变迁

美国皮尔斯堡面粉公司于1869年成立。20世纪20年代以前，由于人们生活水平比较低，面粉公司认为不需要做大量宣传，只需要保证面粉质量、降低生产成本和价格就可以。因此，这个公司提出：“本公司旨在制造面粉”的口号。

1930年左右，资本主义市场发生了变化，社会产品数量不断增加，花色品种不断增多，出现了相对的产品过剩，企业之间竞争加剧。皮尔斯堡面粉公司发现，在推销公司产品的中间商中有的已开始从其他的厂家进货，销量也随之不断减少，公司为了扭转这种局面，第一次在公司内部成立商情调研部门，并选派了大量的推销人员，同时他们更改了口号：“本公司旨在推销面粉”。

然而，各种强有力的推销方式并未满足顾客经常变化的新需求，由此迫使皮尔斯堡面粉公司必须从满足消费者的心理及实际需要出发，对消费者进行分析研究。1950年前后，皮尔斯堡面粉公司经过市场调查，了解到家庭妇女采购食品时，日益要求多种多样的半成品或成品，如各式饼干、点心、面包等。针对市场需求的变化，皮尔斯堡面粉公司开始生产和推销各种成品或半成品的食品，使销售量得到了迅速上升。

1958年，他们又成立了销售公司，着眼于长期占领市场，着重研究未来3～10年的销售趋势，不断设计和生产新产品，培训新的销售人员。

分析思考：

1. 美国皮尔斯堡面粉公司的营销观念经历了哪几个阶段的变化？
2. 美国皮尔斯堡面粉公司的营销观念为什么会发展变化？

单元检测

一、单项选择题

1. 市场是指对某项商品或劳务具有需求的所有（　　）。

A. 个人消费者　　B. 生产者　　C. 社会集团　　D. 现实与潜在买者

2. 市场营销的核心是（　　）。

A. 交换活动　　B. 销售活动　　C. 生产活动　　D. 促销活动

3. 社会市场营销观念中，所强调的利益应是（　　）。

A. 企业利益　　B. 消费者利益

C. 社会利益　　D. 企业、消费者与社会的整体利益

4. 市场营销观念的突出特征是（　　）。

A. 以产品质量为中心　　B. 以产品价格为中心

C. 以产品产量为中心　　D. 以消费者需求为中心

5. "我卖什么，顾客就买什么"，属于下列哪种观念？（　　）

A. 生产观念　　B. 推销观念　　C. 市场营销观念　　D. 产品观念

6. 自古至今许多经营者奉行"酒好不怕巷子深"的经商之道，这种市场营销管理哲学属于（　　）。

A. 推销观念　　B. 产品观念　　C. 生产观念　　D. 市场营销观念

7. 哪种观念下容易出现"市场营销近视症"？（　　）

A. 生产观念　　B. 推销观念　　C. 产品观念　　D. 社会市场营销观念

8. 市场营销组合的 4P 是指（　　）。

A. 价格、权力、地点、促销　　B. 价格、广告、地点、产品

C. 价格、公关、地点、产品　　D. 价格、产品、地点、促销

9. 在买方市场条件下，一般容易产生（　　）。

A. 推销观念　　B. 生产观念　　C. 市场营销观念

D. 社会市场营销观念　　E. 产品观念

10. 为了适应社会对于环境保护的要求，许多企业主动采取绿色包装以降低白色污染。这种做法反映了企业的（　　）。

A. 生产观念　　B. 推销观念　　C. 市场营销观念　　D. 社会市场营销观念

二、多项选择题

1. 市场可以表述为（　　）。

A. 商品交换场所　　B. 商品交换关系

C. 商品交易过程　　D. 商品流通过程

E. 具有购买力的顾客群

2. 在现代市场营销学中，组成市场的最基本要素是（　　）。

A. 供应者　　B. 购买者

C. 商品　　D. 购买力

E. 购买意愿

3. 在社会市场营销观念的指导下，企业制定营销决策时应同时考虑的因素是（　　）。

A. 消费需求的满足　　B. 社会的长期整体利益

C. 努力推销已生产出来的产品　　D. 提高企业的经济效益

4. 传统营销观念包括的类型有（　　）。

A. 生产观念　　B. 产品观念

C. 推销观念　　D. 市场营销观念

E. 社会市场营销观念

5. 现代营销观念包括的类型（　　）。

A. 生产观念　　B. 产品观念

C. 推销观念　　D. 市场营销观念

E. 社会市场营销观念

三、判断题

1. 市场营销就是研究产品的销售。（　　）
2. 市场营销是销售部门的工作。（　　）
3. 推销观念更注重卖方需求，而市场营销观念则兼顾买卖双方的需要。（　　）
4. 市场营销者可以通过营销活动创造需要。（　　）
5. 市场营销观念认为，从消费者的需要出发往往导致企业的利润减少。（　　）
6. 市场就是商品交换的场所。（　　）
7. 交易市场营销强调顾客忠诚度，保持老顾客比吸引新顾客更重要。（　　）
8. 市场营销者既可以是买主，又可以是卖主。（　　）
9. 营销管理者的工作包括调整、刺激和扩大市场需求。（　　）
10. 市场需求不是一个函数，而是一个固定的数值。（　　）
11. 营销管理的实质是需求管理。（　　）
12. 推销导向强调的是销售，生产导向强调的是生产，两者有本质区别。（　　）
13. 产品观念被称为营销近视症。（　　）
14. 市场营销观念是最现代的、无懈可击的观念。（　　）
15. 产品观念强调产品质量与性能，属于现代营销观念。（　　）

四、简答题

1. 试比较推销观念与营销观念的联系与区别。
2. 市场营销管理哲学有哪几种类型？

实战演练

一、训练目标

训练学生的魄力，培养学生的团队合作能力。

二、内容与要求

学生自由组合，每 6 人一组，商讨确定本组的名称和口号，推选组长。

三、组织与实施评价

1. 每 6 人自由组合为 1 个学习小组，选出小组负责人。
2. 建立沟通协调机制，团队成员共同参与、协作完成公司任务。
3. 评价与总结：组员上台，共同喊出自己团队的名称和口号。

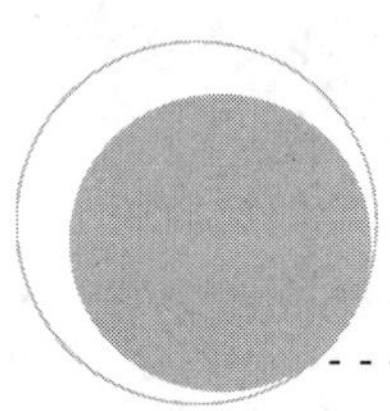

项目二 分析市场营销环境

学习目标

知识目标

- 了解企业市场营销环境分析的方法。
- 熟悉宏观环境和微观环境的主要内容及变化趋势。
- 掌握企业应对营销环境变化的对策。

能力目标

- 能够根据环境因素的变化分析其对企业经营的影响。
- 能够针对环境变化思考相应对策。

素质目标

- 培养学生坚忍不拔的毅力和积极乐观的心态。
- 培养学生良好的人际关系和健全的人格品质。
- 培养勇于创新的精神。

先导案例

丰田广告风波

2003 年，一汽丰田销售公司刊登在《汽车之友》2003 年第 12 期由盛世长城广告公司制作的两则广告引起了轩然大波。一则广告是一辆“霸道”汽车停在两只石狮子之前，一只石狮子抬起右爪做敬礼状，另一只石狮子向下俯首，背景为高楼大厦，配图广告语为“霸道，你不得不尊敬”，如图 2-1 所示；另一则广告是“丰田陆地巡洋舰”在雪山高原上以钢索拖拉一辆绿色国产大卡车，拍摄地址在可可西里，如图 2-2 所示。

看到这两则广告后，立即有人在互联网上留言，表示了疑义和愤怒。人们认为石狮在我国有着极其重要的象征意义，代表权力和尊严，丰田广告用石狮向霸道车敬礼、作揖，极不严肃。更有网友将石狮联想到卢沟桥的狮子，并认为，“霸道，你不得不尊敬”的广告语太过霸气，有商业征服之嫌，损伤了中华民族的感情。一位网友甚至还模仿“霸道”广告制作了一幅图画，画面上的狮子把霸道车按在了爪子之下。

图 2-1 丰田霸道广告

图 2-2 丰田陆地巡洋舰广告

12 月 4 日，《解放日报》以《日本丰田汽车霸道广告有辱民族尊严》为题报道了该事件，同时几大门户网站及相当多的媒体进行了转载，引起了极大关注。一时间触动了国人敏感的民族情绪，引起了轩然大波。丰田公司不得不立即撤销广告，委婉陈述事实，并进行道歉。

在这次广告风波中，网友们在广告之外，还对“霸道”的中文车名（英文为 Prado）提出质疑，认为该名字太过张扬。为了消除中国公众对丰田公司及“霸道”越野车的不良印象，在四川丰田生产的丰田 SUV“霸道”（PRADO）改名为“普拉多”。9 月份开始推送的一汽丰田众系列广告中，也全部没有“霸道”的字眼，而是用上了“普拉多”。

资料来源：揭秘丰田霸道改名普拉多，国人的尊严你不得不屈服［OL］. 新车测评，2015-12-23，https://www.toutiao.com.

分析思考：

丰田汽车的广告为什么会失败？

任务一 宏观环境分析

任务引入

王刚等六人经过一个月的努力，掌握了市场营销的内涵和发展历程，但当他们准备大干一场时，却再次陷入迷茫。他们在现有环境下不知该经营什么，是创办一家小餐厅？还是经营一家小型便利店？他们回到学校请教营销老师，老师建议他们应该先分析校园周围的营销环境，再决定企业的经营方向。

任务 1：根据王刚的需要，掌握影响公司经营的营销环境的内容。

任务 2：根据掌握的营销环境因素进行分析评价。

任务分析

任何企业都是社会大环境中的一分子，都不可能脱离社会环境而独立生存，尤其是新成立的企业，必须先研究其赖以生存的营销环境，才能真正做到适者生存。而对赖以生存的营销环境的研究，包括宏观环境因素的分析、微观环境因素的分析；在具体环境中存在的市场机会与面临的风险的分析，只有对环境有充分的认识，企业才有正确的航向，而分析企业所面临的宏观环境是首先需要做的。

知识链接

市场营销环境是指与企业营销活动相关的所有外部因素和条件。

市场营销环境包括宏观环境和微观环境。宏观环境（Macro Environment）指间接影响企业营销活动的、难控制的、较大的社会力量，主要是人口、经济、政治法律、社会文化、科学技术和自然等因素。微观环境指与企业紧密相联，直接影响企业营销能力的各种参与者，包括企业、供应商营销中介、顾客、竞争者公众。微观环境直接影响与制约企业的营销活动，多半与企业具有或多或少的经济联系，也称直接营销环境。宏观环境一般以微观环境为媒介去影响和制约企业的营销活动，在特定场合也可直接影响企业的营销活动。宏观环境被称为间接营销环境。宏观环境因素与微观环境因素共同构成多因素、多层次、多变的企业市场营销环境的综合体，如图 2-3 所示。

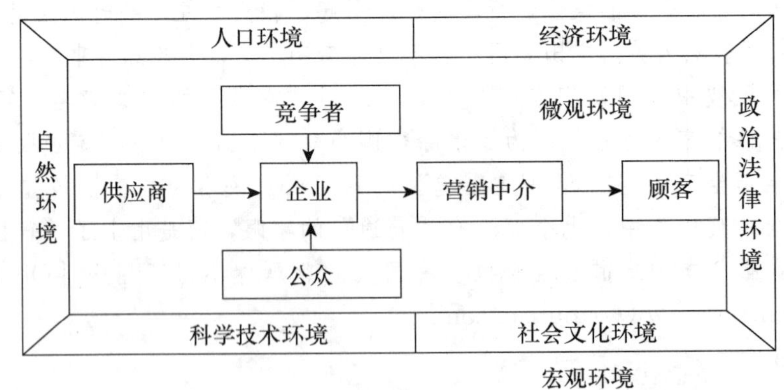

图 2-3　市场营销环境构成模型

知识点 1：人口环境

人口是构成市场的第一位因素。市场是由有购买欲望同时又有支付能力的人构成的，人口的多少直接影响市场的潜在容量。从影响消费需求的角度，对人口因素可做如下分析。

1. 人口规模与增长速度

人口规模影响市场容量，增长率影响未来市场的增长情况。世界人口环境正发生明显的变化，主要趋势是：

（1）全球人口持续增长，人口增长首先意味着人民生活必需品的需求增加。

（2）美国等发达国家人口出生率下降，而发展中国家出生率上升，90%的新增人口在发展中国家。

2. 人口结构

（1）年龄结构：人口年龄结构决定市场需求的结构。

（2）性别结构：市场需求不同，购买动机和购买行为也不同。

（3）家庭结构：家庭是购买和消费的基本单位，家庭的数量直接影响某些商品的销量。家庭总的变化趋势是家庭数量在增加，而每个家庭的平均人数在减少。

（4）民族结构：国家因种族不同而异，各个人口群都有自已特殊的需求和购买习惯。

（5）教育程度：任何一个社会都可分为5个层次，包括文盲、高中以下、高中毕业、大学、专家。

小知识

新的家庭单位的出现，势必会增加对住房、家具、炊具、家用电器等家庭用品的需求量。随着经济的发展和家庭观念更新，家庭规模趋于小型化，即家庭单位增加、家庭人口减少是必然趋势，这也给一些行业带来新的营销机会。

---

3. 人口的地理分布及区间流动

地理分布是指人口在不同地区的密集程度。人口分布状况对产品的需求、促销方式、分销渠道等都产生不同的影响。一般来说，密度大需求量就大。不同地区的人们的消费需求、购买行为和购买习惯存在很大差异，不同地区的居民在服饰、饮食上也存在不同的爱好。例如，我国在饮食上就有“东甜西辣、南淡北咸”之说。

由于全球经济一体化的迅速发展，人口的流动性增大。具体表现在：一是发展中国家人口流向发达国家。在发达国家汇集了大量各方面的人才；二是发展中国家大量农村人口流向城市，当然，在扩大城市市场规模、促进零售业迅速发展的同时，也为城市的发展带来新的课题、新的挑战，如农民工子女上学、农民工的社会保障问题等；三是发达国家或地区的人口从城市流向郊区。由于城市日益拥挤，污染严重，在交通发达的今天，许多人纷纷从城市迁往郊区，于是在大城市的郊区出现了现代化的购物中心。

小知识

目前许多国家企业的人口环境方面的主要动向有以下几点。

（1）世界人口迅速增长。

（2）发达国家的人口出生率下降，儿童减少。

（3）许多国家人口趋于老龄化。

（4）许多国家的家庭在变化。

(5) 西方国家非家庭住户在迅速增加。美国非家庭住户有三种：单身成年人住户；两人同居者住户；集体住户。

(6) 许多国家的人口流动性大。许多国家的人口流动都具有两个主要特点：人口从农村流向城市；人口从城市流向郊区。

(7) 有些国家的人口由多民族构成。

知识点 2：经济环境

经济环境是指影响企业市场营销方式的经济因素，包括消费者收入、消费者支出、物价水平、居民储蓄和消费信用等因素。其中消费者收入水平是影响企业市场营销的最重要经济因素。

小知识

处在不同经济发展阶段的目标市场，呈现不同的市场需求和消费方式。经济发展阶段的高低会直接或间接影响企业的市场营销。就消费品市场而言，经济发展阶段高的国家，在重视产品基本功能的同时，比较强调产品的款式、品质和特色等，会进行大量的广告宣传和销售推广活动，非价格竞争比价格竞争更占优势；而在经济发展阶段低的国家，则比较侧重于产品的基本功能和实用性，以价格竞争为主要竞争方式。美国学者罗斯托（Rostow）的“经济发展阶段理论”将世界各国的经济发展归纳为以下类型：

(1) 传统社会型。缺乏大幅度提高生产力的能力，不能系统地运用现代科学和技术。

(2) 准起飞型。正在向起飞阶段转化，现代科学已用于农业和工业生产，运输、通信、电力、教育、保健等开始发展。

(3) 起飞型。经济开始稳定增长，农业和工业的现代化导致其规模扩大。

(4) 大众高消费型。实际人均收入达到较高水平，大量居民拥有相当规模的可自由支配的收入。

凡属前三个阶段的国家称为发展中国家，而处于后两个阶段的国家则称为发达国家，根据罗斯托的“经济发展阶段理论”衡量，我国处在经济起飞阶段，在这个阶段中，我国经济需不断进行产业结构调整，并且还要与先进国家在经济方面展开激烈的竞争。企业的市场营销，必须从我国的基本国情出发，制定相应的市场营销目标和策略。

---

1. 收入因素

收入因素又包括人均国民收入、个人收入、个人可支配收入、个人可任意支配收入和消费者实际收入等衡量指标。

(1) 人均国民收入。

国民收入是指一个国家物质生产部门的劳动者在一定时期内新创造的价值的总和。这是决定收入水平的重要指标。以一年的国民收入总额除以总人口数，即得出人均年国民收入。人均年国民收入大体上反映了一个国家经济发展的水平和社会购买力的大小。

(2) 个人收入。

个人收入是指消费者个人的工资、红利、租金、退休金、馈赠等形式以及从其他来源所获得的总收入。个人收入是影响社会购买力、市场规模大小和消费者支出模式的一个重要的因素。

（3）个人可支配收入。

个人可支配收入是指个人收入扣除应由个人负担的直接税（如所得税）及非税性负担（如工会费用、党费、团费等）之后的余额，才是个人可以用于消费或储蓄的所得。可支配的个人收入是影响消费者购买力和消费者支出的决定性因素。

（4）个人可任意支配收入。

在个人可支配收入中，扣除消费者用于购买生活必需品的支出和固定支出（如房租、保险费、分期付款、抵押借款等）后所余下的才是个人可任意支配的收入，这是影响消费需求变化的最活跃的因素。

（5）消费者实际收入。

消费者实际收入是影响实际购买力的最重要因素，因此要区别“货币收入”和“实际收入”之间的差别。在消费者货币收入不变的情况下，如果通货膨胀、物价上涨，则消费者的实际收入便减少，导致购买力下降；反之如果物价下跌，则消费者的实际收入增加，购买力提高。有时，即使消费者的货币收入随着物价上涨而增长，但如果通货膨胀率超过了货币收入增长率，则消费者的实际收入仍是减少。因此，社会购买力的实现与是否存在通货膨胀密切相关。

课上小练习

个人收入、个人可支配收入和个人可任意支配收入有什么不同？

2. 消费者储蓄和信贷情况

消费者的购买力还受到储蓄和信贷的直接影响。

（1）储蓄。

居民个人收入不可能全部用掉，总有一部分以各种形式储蓄起来，包括银行储蓄存款、债权、股票等。储蓄来源于消费者的货币收入，其最终目的还是为了消费，因为它是一种推迟的、潜在的购买力。但在一定时期的储蓄多少将影响消费者的购买力和消费支出。在一定时期内货币收入不变的情况下，如果储蓄增加，则近期购买力和消费支出便减少；反之，如果储蓄减少，则近期购买力和消费支出便增加。所以，储蓄的增减变动会引起市场需求规模和结构的变动，对企业的营销活动产生或近或远的影响。

（2）信贷。

消费者信贷对购买力的影响也很大。消费者信贷，指消费者凭信用先取得商品使用权，然后按期归还贷款。这实际上就是消费者提前支取未来的收入，提前消费。同时，消费者信贷还是一种经济杠杆，它可以调节积累与消费、供给与需求的矛盾。当市场供大于求时，可以发放消费信贷，刺激需求；当市场供不应求时，必须收缩信贷，适当抑制、减少需求。消费者信贷主要受以下一些因素的影响：借贷利率、对收入的预期、借贷的方便、对物价的预期。

3. 消费支出模式的变化

消费支出模式的变化是指支出结构和需求结构的变化，这对市场分析有着重要的意义。消费支出模式主要受消费者收入的影响。随着消费者收入的变化，消费者支出模式就会发生相应的变化。

恩格尔定律是西方经济学家关于食品开支与家庭总收入比例的定律：随着居民收入的增加，耗费在食品上的支出比例越来越少，即恩格尔系数是递减的。德国经济学家和统计学家恩格尔（Ernst Engel，1821—1896）于1857年在研究英国、法国、德国、比利时等许多国家工人家庭收支预算数据资料基础上首先提出这一论点，美国统计学家赖特（Carrolld Davidson Wright，1840—1909）于1875年在此基础上提出"恩格尔定律"。食品开支与家庭消费支出总额之比，称作恩格尔系数。用公式表示：

恩格尔系数＝食物支出金额/家庭消费总支出金额

恩格尔系数越小，说明生活越富裕；数值越大，说明生活水平越低。一般把恩格尔系数在0.5之下作为生活达到富裕水平的标准。

小知识

恩格尔定律指出：

(1) 随着家庭收入增加，用于购买食品的支出占家庭收入的比重就会下降。

(2) 随着家庭收入增加，用于住宅和家务经营的支出占家庭收入的比重大体不变（燃料、水电、冷藏等支出占家庭收入的比重会下降）。

(3) 随着家庭收入增加，用于其他方面（如服装、交通、娱乐、卫生保健、教育）的支出和储蓄占家庭收入的比重就会上升。

知识点3：政治法律环境

在任何社会制度下，企业的营销活动都必定要受到政治与法律环境的约束。

1. 政治环境

政治环境是指影响企业市场营销活动的各种政治因素，如政治体制及其方针政策、政治局势的稳定性与政策的连续性、国与国之间的关系等因素。

(1) 国内政治环境。

包括党和政府的各项方针、路线、政策的制定和调整对企业市场营销的影响。企业要认真进行研究，领会其实质，了解和接受国家的宏观管理，而且还要随时了解和研究各个不同阶段的各项具体的方针和政策及其变化的趋势。

(2) 国际市场营销政治环境。

一般分为政治权力和政治冲突两部分。随着经济的全球化发展，我国企业对国际营销环境的研究将越来越重要。政治权力指一国政府通过正式手段对外来企业权利予以约束，包括进口限制、外汇控制、劳工限制、国有化等方面。政治冲突主要指国际上重大事件和突发性事件对企业营销活动的影响。

2. 法律环境

法律环境指国家或地方政府颁布的各项法规、法令和条例等。法律环境对市场消费需求的形成和实现具有一定的调节作用。企业研究并熟悉法律环境，既保证自身严格依法管理和经营，也可运用法律手段保障自身的权益。各个国家的社会制度不同、经济发展阶段和国情不同，体现的法制也不同，从事国际市场营销的企业，必须对有关国家的法律制度和有关的国际法规、国际惯例和国际准则进行学习研究并在实践中遵循。

小知识

国内涉及营销活动的主要法律有以下几部。

(1)《中华人民共和国产品质量法》。

(2)《中华人民共和国食品安全法》。

(3)《中华人民共和国合同法》。

(4)《中华人民共和国商标法》。

(5)《中华人民共和国价格法》。

(6)《中华人民共和国反不正当竞争法》。

(7)《中华人民共和国广告法》。

(8)《中华人民共和国消费者权益保护法》。

(9)《中华人民共和国专利法》。

营销案例

哈默的生财之道

美国大企业家哈默1931年从苏联回到美国时，正是富克兰林·罗斯福逐步走近白宫总统宝座的时候。罗斯福提出解决美国经济危机的“新政”，但因“新政”尚未产生实效，故很多人持怀疑态度。一些企业家因对“新政”怀疑，在经营决策中举棋不定。而哈默深入研究了当时美国的国内形势，分析结果认定罗斯福会掌握美国政权，“新政”定会成功。据此，他做出了一项生财的决策。

哈默认为，一旦罗斯福新政得势，1920年公布的禁酒令就会废除，为了解决全国对啤酒和威士忌酒的需求，那时市场将需求空前数量的酒桶，特别是需求用经过处理的白橡木制成的酒桶，而当时市场上却没有酒桶供应。哈默在苏联住了多年，十分清楚苏联人有制作酒桶用的木板可供出口。于是，他毅然决定向苏联订购了几船木板，并在纽约码头附近设立一间临时性的酒桶加工厂，后来又在新泽西州的米尔敦建造了一个现代化的酒桶加工厂，名叫哈默酒桶厂。

当哈默的酒桶从生产线上滚滚而出的时候，正好是罗斯福出掌总统大权和废除禁酒令的时候，人们对啤酒和威士忌酒的需求急剧上升，各酒厂生产量也随之直线上升。哈默的酒桶成为抢手货，获得了可观的盈利。

资料来源：哈默的酒桶与“新政”［OL］. 瞧这网，http://www.795.com.cn/wz/54680.html.

知识点4：社会文化环境

社会文化环境是指由风俗习惯、语言文字、宗教信仰、价值观念、教育程度和职业等因素构成的环境。

1. 风俗习惯

世界范围内不同国家或国家内的不同民族在居住、饮食、服饰、礼仪、婚丧等物质文化生活方面各有特点，形成风俗习惯的差别。

2. 语言文字

由于语言文字在不同国家或地区在表达上的差异性，因此一个企业品牌名称的使用必须选择符合国际市场乐于接受的语言文字，否则会造成不可估量的损失。例如，宝洁公司向法国推销“Cue”牌产品时，遭到审批官的白眼，因为“Cue”在法语中含有色情的意思；啤酒（Cerveza）在西班牙语中是一个与女性有关的名词，因此西班牙人把百威啤酒不是翻译为“啤酒国王”而是“啤酒女王”，因而失去大部分男性消费者；“Coca Cola”首次引入中国时，中文牌子为“口渴口蜡”，销量很低，现在意译为“可口可乐”销量剧增。从以上的案例中可以看到，一个好的品牌名称应该是在各国均能发音，但在各国语言中都无具体含义，如“索尼”(SONY)、埃克森（EXXON)、海尔（Haier)。

营销案例

从“金利来”到“银利来”，领带大王的创业梦

“金利来”原来名字叫“金狮”，有一次，曾宪梓先生将两条“金狮”领带送给一个亲戚，亲戚满脸不高兴地说：“我才不戴你的领带呢，金输金输，什么都输掉了。”原来香港话“狮”与“输”读音相近，而这个亲戚又是个爱赌马的人，显然是很忌讳输字的。当天晚上，曾先生一夜未眠，绞尽脑汁，终于想出了万全之策，将“金狮”以英文 GOLDLION 改为意译与音译结合，即 GOLD 意译为金，LION 谐音读为“利来”，即成“金利来”，如图 2-4 所示。果然，“金利来”一叫即响，成了人人喜爱的好名称。“有了好的产品，要给它起个好名称（好品牌)，这不是什么迷信，而是一种消费心理，这对于消费者能否接受、喜欢你的产品至关重要。”这是曾先生对好品牌的切身感受。

资料来源：从“金利来”到“银利来”，领带大王的创业梦［OL］. 世界服装鞋帽网，2013-03-19，http://www.sjfzxm.com/news.

图 2-4 金利来

3. 宗教信仰

宗教是影响人们消费行为的重要因素之一，不同的宗教在思想观念、生活方式、宗教活动、禁忌等方面各有其特殊的传统，这些都直接影响一个群体消费习惯和消费需求。

营销案例

"指南针地毯"的问世

指南针和地毯本是风马牛不相及的两件东西，比利时一个商人却把它们结合起来，从而赚了大钱。

在阿拉伯国家，虔诚的穆斯林每日祈祷，无论在家、旅行，都守时不辍。穆斯林祈祷的一大特点是祈祷者一定要面向圣城麦加。一个名叫范德维格的比利时地毯商聪明地将扁平的指南针嵌入祈祷地毯。指南针指的不是正南正北，而是麦加方向。新产品一经推出，在有穆斯林居住的地区立即成了抢手货。

4. 价值观念

价值观念是指人们对于事物的评价标准和崇尚风气，其涉及面较广，对企业营销影响深刻。它可以反映在不同的方面，如阶层观念、财富观念、创新观念、时间观念等，这些观念方面的差异无疑形成了企业不同的营销环境。

营销案例

我国出口公司出口的黄杨木核一向用料考究，精雕细刻，以传统的福禄寿星和古装仕女畅销亚洲一些国家和地区，后来出口至欧美一些国家时，发现销路不佳，其内在原因就在于东西方居民的价值观念和审美观念不一样。因此，我国出口公司一改传统做法，采用一般技术，作简单的艺术雕刻，涂上欧洲人喜欢的色彩，并加上适合于复活节、圣诞节、狂欢节等的装饰品，很快便打开了市场。

除此之外，社会文化环境还包含了语言、社会结构、社会道德风尚等多方面的因素。值得指出的是，社会文化环境虽具有独特的民族性、区域性，是民族历史文化的延续和发展，但也不可否认，随着经济生活的国际化、世界文化交流的加深和不同民族、地区文化的相互渗透，企业所面临的社会文化环境也在不断发生变化，企业应善于及时把握时机，制定相应的营销决策。

知识点 5：科学技术环境

科学技术是第一生产力，科技的发展对经济发展有巨大的影响，不仅直接影响企业内部的生产和经营，还同时与其他环境因素互相依赖、互相作用，给企业营销活动带来有利与不利的影响。具体体现在以下几个方面。

1. 产品寿命周期缩短

在知识经济时代来临之际，科学技术的发展日新月异，新的技术、新的发明层出不穷，产品从发明创新进入市场，到被更新的产品淘汰退出市场的周期不断缩短。产品生命周期的缩短，一方面加速了新产品上市的竞争，使很多企业被迫增加技术开发投入；另一方面，企业的产品营销周期也必须大大缩短，在成本核算、价格制订和营销策略上要顺应这种短周期的特点。

2. 技术革命极大地促进经济的增长

技术革命导致新技术、新材料、新产品不断涌现，丰富了市场的供给。尤为重要的是，科学技术的发展必然促进产业结构的不断变革，由低层次的劳动密集型产业向更高一级的资本密集型、技术密集型及高精尖产业结构升级，由第一产业、第二产业向第三产业、信息产业推进。这一过程既为企业提供了新的发展契机，也使某些行业的企业面临被淘汰的威胁，从这个角度来讲，科学技术是一种“创造性的破坏力量”。

3. 消费模式和生活方式的变革

技术革命的发展，不仅会导致新产业部门的出现，而且会促使市场需求大幅度上升，也必然会导致消费者结构、市场需求结构发生变化，最终改变人们的消费模式和生活方式。例如，在美国，由于汽车工业的迅速发展，使美国成了一个“装在车轮上的国家”，现代美国人的生活方式，无时无刻不依赖于汽车。再如，电子计算技术的发展使人们改变了传统的笔算和拨算盘珠的做法，甚至在日常生活中也逐渐离不开电子计算机和微型计算器。这些生活方式的变革，如果能被企业深刻认识到，主动采取与之相适应的营销策略，就能获得成功。所以，企业在组织市场营销时，必须深刻认识和把握由于科学技术发展而引起的社会生活和消费的变化，看准营销机会，积极采取行动，并且要尽量避免科技发展给企业造成的威胁。

知识点 6：自然环境

近些年来，由于企业的经营活动侧重于追求经济利益，而忽略了对生态环境的保护，出现大量掠夺式的采矿、森林滥伐、工业废气、广告牌和废弃物等严重问题，破坏了我们赖以生存的环境，空间及其生态系统失衡的状况日益加剧，一些专家学者对未来世界是否有足够的资源来维持现有的生活提出担忧和质疑。

这种情况正在日益引起有关人士（尤其是环境保护主义者）的关注，他们草拟了各种法案来保护环境，也呼吁生产者和消费者在其决策过程中，要考虑环境成本的因素，遵循生态原则。这一切必然会制约和限制企业的某些经营活动，企业的营销策略和目标的确定也必然面临生产、消费、资源、生态平衡等各方面的权衡和选择。

营销案例

一家美国大型食品加工公司在墨西哥某河流的三角洲地区建立了一家菠萝罐头厂，但在生产中却遇到了麻烦。该公司在河流的上游地区建立了菠萝种植园，计划使用驳船将成熟的菠萝顺流运到罐头厂，然后，将菠萝罐头直接装上货运海轮，运到世界各地市场。然而，在菠萝成熟时却遇到了麻烦：菠萝成熟季节恰逢汛期，河流过急，无法将驳船逆流而上拖往种植园，使得用驳船装运菠萝的计划搁浅。由于没有其他可供选择的运输办法，公司无奈只好关闭了工厂。那些新设备只能以原价5%的价格出售给墨西哥的一家企业，而这家墨西哥企业则立刻将工厂迁走。对气候和航运条件的疏忽是导致美国公司关闭工厂的直接原因。

西门子公司的做法则是另一方面的典型。针对欧洲大陆气候的差异，西门子对出口到不同地区洗衣机的转速做了调整。由于德国和斯堪的纳维亚半岛阴晴不定，所以在该地区销售的洗衣机的转速最低不低于 1 000 转每分钟，最高不超过 1 600 转每分钟。保证从洗衣机里拿出的衣物必须比别处干，因为用户无法拿到室外去晾晒。相反，在意大利和西班牙，由于阳光充足，洗衣机转速达到 500 转每分钟就足够了。

任务总结

王刚等六人采纳了老师的建议，对校园周围的营销环境进行了深入的调查研究，在创业的过程中，他们思考问题的能力也得到了很大的提高，他们将学习的结果总结如下：

市场营销环境分为宏观市场营销环境和微观市场营销环境。宏观市场营销环境是能给企业经营带来市场机会和环境威胁的各种社会力量的总和，包括人口环境、经济环境、政治法律环境、社会文化环境、科学技术环境和自然环境，它是企业不可控制的因素。

思考与练习

一、关键词汇

宏观环境

二、简答题

1. 企业的营销环境包括哪些？
2. 企业的宏观营销环境包括哪些？

三、案例分析

广东省宏观环境分析

1. 人口环境分析

珠江三角洲地区占据着广东省一半的人口，其人口密度达到了 1 035 人/平方公里，其中区内的广州、深圳、珠海、东莞等地区的人口密度、消费水平尤为突出。另外，珠三角地区有大量的外来人口涌入，多为青壮年，此阶层人口占的比重大，且随着社会的发展，“三高”的精英青年的逐渐增多，高端的冷冻食品将存在更大的市场。

从广州来看，其正向超大城市发展，而且大学林立的广州市人们的文化水平不断地提高，属于一个高消费水平、高要求的城市，将其作为开拓新产品销售的首要市场是一个不错的选择。

2. 经济环境分析

2008 年珠江三角洲地区大受美国金融海啸的影响，但这些影响并没有降低广东人对吃的要求。所谓民以食为天，广东人更是以食闻名，从市场的现在状况来看，广东省尤其是珠江三角洲地区的饮食业依旧红红火火，广东人的生活质量并没有随之降低。

3. 政治法律环境分析

食品行业在改革开放以后发展很快，质量水平有很大提高，但也存在许多问题。据有关资料介绍，国家质检总局、卫生部在近些年历次市场抽查结果分析，奶粉、糕点、肉制品、果汁，蜜饯、方便面、冷饮、茶、烟、酒等合格率始终在50%～80%。尤其是2008年的“三鹿奶粉事件”引起了全国性轰动以后，我国对于食品行业的监管更加严格，所以一些健康、有质量保证的食品会更有竞争优势。

2007年，国家出台《速冻米面食卫生标准》，规定自2007年6月起不再允许散装水饺、汤圆等在超市的销售。这一政策有利于品牌优势的充分发挥，并为行业整合提供契机。另一方面，高端产品细分市场迅速崛起，领先企业逐步将战略重点转向高端市场。在原有高端市场中，仅有湾仔码头一家。思念和三全分别于2006和2007两年相继进入高端市场。品牌与高端市场竞争成为速冻食品行业发展焦点和潮流。此时推广走高端路线的牛肉丸冷冻食品，正适合行业内的潮流发展。

4. 社会文化环境分析

广东人素来非常看重“吃”。广东的饮食文化，融汇古今，贯通中西，吸纳各地美食的精华，形成了有别于国内其他地区、独具特色的文化，并赢得了“食在广东”的美称。同时，广东是中外文化交流的必经之地，形成了广东人一种开放性的思维结构，又由于地处边疆，受正统封建思想的影响较小，中原传统文化对它的影响不断淡化，从而具有更大的自由度和容纳力，这为各地区间的饮食传播提供了合适的条件。

随着时代的发展，人们讲求新鲜、个性，再加上广东人无所不吃的特点，广州的美食在汇聚百家的同时推陈出新，新吃法、新烹饪方法层出不穷，所以广东人有着喜欢尝试吃一些不同地区的特色美食的性格。

广州是一个快节奏的城市，人们在家准备餐食的时间越来越少，饮食习惯也相应地发生变化，趋向讲求快捷、方便、营养，所以速冻食品以其独特的产品特性越来越受到消费者的青睐。

5. 自然环境分析

广东整体的气候类型大致是亚热带季风气候，除了夏天的一些台风的影响外，没有太多的自然灾害。加上地处沿海，又是在我国的南方，气候适宜，农作物收成好，农民丰衣足食。正是由于有了丰衣足食是条件，广东人对于吃的要求也随着生活质量的提高而升高。

资料来源：宏观的市场调查分析［OL］. 学优网，http://www.gkstk.com/article.

分析思考：

分析广东地区的宏观营销环境，对企业的营销有什么影响？

任务二　微观环境分析

任务引入

王刚等六人通过查阅资料，分析了企业所处的宏观环境，但是除此之外，还有众多的竞争对手、供应商、顾客等需要进行分析。

任务：分析企业的微观环境。

任务分析

微观环境是指对企业有直接影响的其他企业和个人，关键要解决如何分析这些要素，这些要素又是如何作用于企业的。

知识链接

企业的微观营销环境（Micro Environment）包括企业、供应商、营销中介、顾客、竞争者和公众。营销活动能否成功，除营销部门本身的因素外，还要受这些因素的直接影响。

微观营销环境是直接制约和影响企业营销活动的力量和因素。分析微观营销环境的目的在于更好地协调企业与这些相关群体的关系，促进企业营销目标的实现。微观环境是指对企业服务其顾客的能力构成直接影响的各种力量，包括企业、供应商、营销中介、顾客、竞争者和公众。

知识点1：企业

企业开展营销活动要充分考虑到企业内部的环境力量和因素。企业是组织生产和经营的经济单位，是一个系统组织。企业内部一般设立计划、技术、采购、生产、营销、质检、财务、后勤等部门。企业内部各职能部门的工作及其相互之间的协调关系，直接影响企业的整个营销活动。

销售部门与企业其他部门之间既有多方面的合作，也经常与生产、技术、财务等部门发生矛盾。由于各部门各自的工作重点不同，有些矛盾往往难以协调。如生产部门关注的是长期生产的定型产品，要求品种规格少、批量大、标准订单、较稳定的质量管理，而营销部门注重的是能适应市场变化、满足目标消费者需求的“短、平、快”产品，则要求多品种规格、少批量、个性化订单、特殊的质量管理。所以，企业在制订营销计划，开展营销活动时，必须协调和处理好各部门之间的矛盾和关系。

知识点2：供应商

1. 供应商分析的必要性

供应商是指对企业进行生产所需而提供特定的原材料、辅助材料、设备、能源、劳务、资金等资源的供货单位。这些资源的变化直接影响企业产品的产量、质量和利润，从而影响企业营销计划和营销目标的完成。

2. 供应商对企业营销的影响作用

（1）供应的及时性和稳定性。

原材料、零部件、能源及机器设备等货源的保证供应，是企业营销活动顺利进行的前提。例如，棉纺厂不仅需要棉花等原料来进行加工，还需要设备、能源作为生产手段与要素，任何一个环节在供应上出现了问题，都会导致企业的生产活动无法正常开展。为此，企业为了在时间上和连续性上保证得到货源的供应，就必须和供应商保持良好的关系，必须及时了解和掌握供应商的情况，分析其状况和变化。

（2）供应的货物价格变化。

供应的货物价格变动会直接影响企业产品的成本。如果供应商提高原材料价格，必然会带来企业的产品成本上升，生产企业如提高产品价格，会影响市场销路；可以使价格不变，但会减少企业的利润。为此，企业必须密切关注和分析供应商的货物价格变动趋势。

（3）供货的质量保证。

供应商能否供应质量有保证的生产资料直接影响到企业产品的质量，进一步会影响到销售量、利润和企业信誉。例如，劣质葡萄难以生产质优葡萄酒，劣质建筑材料难以保证建筑物的百年大计。为此，企业必须了解供应商的产品，分析其产品的质量标准，从而保证自己产品的质量，赢得消费者，赢得市场。

营销案例

丰田"召回门"

2009年8月24日，丰田在中国的两家合资企业——广汽丰田、一汽丰田宣布，由于零部件出现缺陷，自8月25日开始，召回部分凯美瑞、雅力士、威驰和卡罗拉轿车，涉及车辆总计688 314辆。这是我国2004年实施汽车召回制度以来，数量最大的一项召回。

此次召回的车辆包括了丰田在中国市场的所有主力车型。丰田宣称，大规模召回的原因是同一供应商供应给两家企业的零部件出现缺陷，广汽丰田和一汽丰田承诺将对召回范围内的车辆免费更换电动车窗主控开关缺陷零部件，以消除安全隐患。

自2004年7月至2009年8月，丰田在中国共有24次召回，涉及车辆近120万辆。而同期丰田在中国市场售出的汽车也不过是130多万辆，也就是说，丰田在中国平均每卖出10辆汽车，就有9辆存在隐患需要召回。如此频繁地大批量召回，让丰田质量大打折扣。

丰田自己也承认质量有问题。丰田社长丰田章男提出"质量比数量更重要"，丰田宣布放弃夺取全球15%市场份额的目标，从而退出全球销量第一的争夺战。

知识点3：营销中介

1. 营销中介分析的必要性

营销中介是指为企业营销活动提供各种服务的企业或部门的总称。

营销中介对企业营销产生直接的、重大的影响，只有通过有关营销中介所提供的服务，企业才能把产品顺利地送到目标消费者手中。营销中介的主要功能是帮助企业推广和分销产品。

2. 营销中介分析的主要对象

（1）中间商。

中间商指把产品从生产商流向消费者的中间环节或渠道，它主要包括批发商和零售商两大类。中间商对企业营销具有极其重要的影响，它能帮助企业寻找目标顾客，为产品打开销路，为顾客创造地点效用、时间效用和持有效用。一般企业都需要与中间商合作，以完成企业营销目标。为此，企业需要选择适合自己营销的合格中间商，必须与中间商建立良好的合作关系，必须了解和分析其经营活动，并采取一些激励性措施来推动其业务活动的开展。

(2) 营销服务机构。

营销服务机构指企业营销中提供专业服务的机构，包括广告公司、广告媒介经营公司、市场调研公司、营销咨询公司、财务公司等。这些机构对企业的营销活动会产生直接的影响，它们的主要任务是协助企业确立市场定位，进行市场推广，提供活动方便。一些大企业或公司往往有自己的广告和市场调研部门，但大多数企业则以合同方式委托这些专业公司来办理有关事务。为此，企业需要关注、分析这些服务机构，选择最能为本企业提供有效服务的机构。

(3) 物资分销机构。

物资分销机构指帮助企业进行保管、储存、运输的物流机构，包括仓储公司、运输公司等。物资分销机构主要任务是协助企业将产品实体运往销售目的地，完成产品空间位置的移动。到达目的地之后，还有一段待售时间，还要协助保管和储存。这些物流机构是否安全、便利、经济直接影响企业营销效果。因此，在企业营销活动中，必须了解和研究物资分销机构及其业务变化动态。

(4) 金融机构。

金融机构指企业营销活动中进行资金融通的机构，包括银行、信托公司、保险公司等。金融机构的主要功能是为企业营销活动提供融资及保险服务。在现代化社会中，任何企业都要通过金融机构开展经营业务往来。金融机构业务活动的变化还会影响企业的营销活动，例如，银行贷款利率上升，会使企业成本增加；信贷资金来源受到限制，会使企业经营陷入困境。

知识点 4：顾客

1. 顾客分析的必要性

顾客是指购买或可能购买营销企业的产品和服务的组织和个人。

顾客是指使用进入消费领域的最终产品或劳务的消费者和生产者，也是企业营销活动的最终目标市场。顾客对企业营销的影响程度远远超过前述的环境因素。顾客是市场的主体，任何企业的产品和服务，只有得到了顾客的认可，才能赢得这个市场，现代营销强调把满足顾客需要作为企业营销管理的核心。

2. 顾客分析的市场类型

(1) 消费者市场。消费者市场指为满足个人或家庭消费需求购买产品或服务的个人和家庭。

(2) 生产者市场。生产者市场指为生产其他产品或服务，以赚取利润而购买产品或服务的组织。

(3) 中间商市场。中间商市场指购买产品或服务以转售，从中盈利的组织。

(4) 政府市场。政府市场指购买产品或服务，以提供公共服务或把这些产品及服务转让给其他需要的人的政府机构。

(5) 国际市场。国际市场指国外购买产品或服务的个人及组织，包括外国消费者、生产商、中间商和政府。

3. 顾客分析的要求

上述五类市场的顾客需求各不相同，要求企业以不同的方式提供产品或服务，它们的需求、欲望和偏好直接影响企业营销目标的实现。为此，企业要注重对顾客进行研究，分析顾客的需求规模、需求结构、需求心理和购买特点，这是企业营销活动的起点和前提。

知识点 5：竞争者

1. 分析竞争者的必要性

竞争者是指提供相同或类似的产品和服务，直接或间接地与公司争夺顾客的机构和个人。在商品经济条件下，任何企业在目标市场进行营销活动时，不可避免地会遇到竞争对手的挑战。即使在某个市场上只有一个企业在提供产品或服务，没有“显在”的对手，也很难断定在这个市场上没有潜在的竞争企业。

企业竞争对手的状况将直接影响企业营销活动。如竞争对手的营销策略及营销活动的变化就会直接影响企业营销，最为明显的是竞争对手的产品价格、广告宣传、促销手段的变化，以及产品的开发、销售服务的加强都将直接对企业造成威胁。为此，企业在制定营销策略前必须先弄清竞争对手，特别是同行业竞争对手的生产经营状况，做到知己知彼，有效地开展营销活动。

2. 竞争者的类型

（1）愿望竞争者。

提供不同产品满足不同需求的企业与个人。

例如，消费者的收入是有限的，而在同一时限下是购买汽车、住宅，还是旅游、娱乐等，出现了不同需求品之间的竞争。

（2）一般竞争者。

提供满足同种需要的不同产品的企业或个人。

消费者会在确定目前需求的基础上进一步判定选择，即“采取什么方法能满足这一欲望”。能满足同一需求的不同产品有许多。例如，自行车、摩托车和小轿车都可用来作为交通工具，这三种产品的生产经营者之间形成一种竞争关系。

（3）产品形式竞争者。

提供同种但不同规格、型号和款式产品的企业和个人。

消费者在满足同一需求的产品中进一步选择某一类产品。例如，在自行车选购过程中，面临同种产品但不同规格、型号、款式的竞争产品，如自行车有“28”“26”“24”等型号，有男式、女式等款式，有三速、五速、十速等不同车速。

（4）品牌竞争者。

提供相同规格、型号但不同品牌产品的企业和个人。

消费者选购商品或服务时又会面临品牌的抉择，市场上有相同规格、型号的产品，但品牌不同。例如，彩色电视机有“长虹”“康佳”“海尔”“松下”“索尼”“TCL”等品牌。

知识点 6：公众

1. 公众分析的必要性

公众是企业营销活动中与企业营销活动发生关系的各种群体的总称。公众对企业的态度，会对其营销活动产生巨大的影响，它可能有助于企业树立良好的形象，也可能妨碍企业的形象。所以企业必须处理好与主要公众的关系，争取公众的支持和偏爱，为自己营造和谐、宽松的社会环境。

2. 公众分析的对象

（1）金融公众。主要包括银行、投资公司、证券公司、股东等，他们对企业的融资能力有重要的影响。

(2) 媒介公众。主要包括报纸、杂志、电台、电视台等传播媒介，他们掌握传媒工具，有着广泛的社会联系，能直接影响社会舆论对企业的认识和评价。

(3) 政府公众。主要指与企业营销活动有关的各级政府机构部门，他们所制定的方针、政策，对企业营销活动或是限制，或是机遇。

(4) 社团公众。主要指与企业营销活动有关的非政府机构，如消费者组织、环境保护组织，以及其他群众团体。企业营销活动涉及社会各方面的利益，来自这些社团公众的意见、建议，往往对企业营销决策有着十分重要的影响作用。

(5) 社区公众。主要指企业所在地附近的居民和社区团体。社区是企业的邻里，企业保持与社区的良好关系，为社区的发展做一定的贡献，会受到社区居民的好评，他们的口碑能帮助企业在社会上树立形象。

(6) 内部公众。主要指企业内部的管理人员和一般员工，企业的营销活动离不开内部公众的支持。应该处理好与广大员工的关系，调动他们开展市场营销活动的积极性和创造性。

任务总结

王刚等六人采纳老师的建议，对校园周围的营销环境进行了深入的调查研究，在创业的过程中，他们思考问题的能力也得到了很大的提高，他们将学习的结果总结如下：

市场营销环境分为宏观市场营销环境和微观市场营销环境。微观市场营销环境是指与企业密切联系，直接影响企业营销能力的各种力量，包括企业、供应商、营销中介、顾客、竞争者和公众。它直接影响企业为其目标市场服务的能力。

思考与练习

一、关键词汇

微观环境

二、简答题

1. 企业的微观营销环境包括哪些？
2. 竞争者分为哪些类型？

三、案例分析

广州市场微观环境分析

1. 顾客

广州是一个潮汕人聚集的地方，潮汕食品在广州有一定的市场需求。而且，潮汕人的饮食习惯对广州当地人具有一定的影响，潮汕食品特别是潮汕牛肉丸在很大程度上都受到广州人的青睐。广州经济发达，人们的生活质量高，对品尝正宗风味的欲望强烈。从而，广州是一个顾客需求潮汕正宗手打牛肉丸巨大的市场。

(1) 需求规模。

潮汕正宗手打牛肉丸的需求规模很大，普通家庭会喜欢煮牛肉丸滚汤，上班族会喜欢微波炉加热即食，大学生也会经常打边炉吃火锅烧烤，很多餐厅也会推出牛肉丸面等招牌食品等，牛肉丸是老少皆宜的大众口味食品。

在广州，小摊小贩们个个都打着“正宗潮汕牛肉丸”的旗号，而事实上却在砸自己的招牌，影响潮汕牛肉丸的名声。

所以，提供正宗牛肉丸的呼声越来越响亮，人们对于正宗潮汕牛肉丸的渴求也越来越强烈。很奇怪的是，在广州的各个大型超市中几乎很少见到包装的潮汕牛肉丸，这是一个很明显的市场空白，可见没有商家进入，没有品牌的形成。

(2) 需求结构。

潮汕地区的牛肉丸供应商小作坊没有足够的生产规模拓展市场，他们的顾客除了潮汕当地人还有潮汕人聚集较多的广州、深圳、香港等较发达城市，还有东南亚等潮汕华侨较多的国家。而除了潮汕当地菜市场上的散装牛肉丸可以直接到达顾客的手中，其他地区的牛肉丸都是大量销往餐厅、大排档。

作为顾客，对潮汕牛肉丸的需求结构只是简单的消费需求，而这都无法满足，一些潮汕地区以外的顾客想要吃到牛肉丸只能去餐厅等地方，而无法从超市里直接选购。

(3) 需求心理。

大型的冷冻食品公司即使想要开发牛肉丸这一产品，却苦于没有生产正宗牛肉丸的手艺，做不出正宗风味的牛肉丸，打不开市场，不能形成品牌。顾客吃牛肉丸都是冲着潮汕正宗的手打牛肉丸，如果做不出原汁原味，肯定对顾客没有任何吸引力。

(4) 购买特点。

如果把牛肉丸普及到一般家庭，那么顾客实施购买的特点就是价格的合理、购买的便利和产品可靠等。因此，品牌十分重要，进入大型超市也十分必要。

综上所述，潮汕牛肉丸的顾客市场类型属于消费者市场，为满足个人或家庭消费需求购买产品。在广州等地区具有强烈的顾客需求，需求规模大，需求结构简单，需求心理比较注重品牌和质量，购买注重价格、便利性和产品可靠性等。

通用磨坊作为世界500强的企业，具有很强的知名度。好品道食品有限公司是新开发的子公司，利用在广州的工厂，还有从潮汕地区聘请的专业生产手打牛肉丸的人才，推出正宗手打牛肉丸包装进入超市，以通用磨坊为强大的后盾，打响“好品道”的品牌，树立潮汕正宗手打牛肉丸的形象，以此满足顾客需求，占据巨大的市场份额。

2. 竞争者

企业的竞争者有很多，选取各个类型的典型代表分析如下。

(1) 现有厂商。

海霸王（汕头）食品有限公司位于中国的经济特区——汕头市区，创建于1995年，占地面积2.2万平方米，共投资2.2亿元引建了美国、德国、日本、瑞典、丹麦、澳大利亚等世界一流的速冻食品生产设备，共拥有汤圆、水饺、火锅饺、竹轮、蟹肉棒、丸类、鱼卵卷、油炸、淡水丸、馒头、包子、鲜鲜肠、脆皮肠、香肠、火腿、沙拉等16条生产线，200余台食品制造机械，引进的全自动送料机、全自动包馅机、水饺机、鲜鲜肠自动充填机、蟹肉棒制造机、丸类制造机、竹轮制造机、真空高速灌肠脆皮肠制造机等，使生产全部实现了自动化，设备国际化率达到95%以上。

海霸王牛肉丸250g是7.50元/包，海霸王港式风味爆汁牛肉丸125g是2.80元/包。

海霸王牛肉丸采用全自动机械生产，所以价格相对便宜，从某种意义上来说，它并不正宗，所以，与本公司产品定位不同，目标市场不同，构成的威胁不大。

（2）潜在加入者。

郑州思念食品有限公司是中国最大的专业速冻食品生产企业之一，公司的品牌影响力、生产能力、销售总量均位居全国同行业前列。虽然目前它的主要产品还是汤圆、水饺等速冻食品，但是，它的产品线正在扩展，也正准备推出火锅系列的产品。因此，郑州思念食品有限公司的品牌影响力、生产能力等是一个较大的潜在竞争者。

同理，三全、龙凤、五羊等中国速冻食品品牌都是牛肉丸行业的潜在加入者。

（3）替代品厂商。

达濠鱼丸也是潮汕美食的精粹，业已成为知名的品牌。目前，“老晶合”“蒂蒂香”“信裕”“李老二”四个品牌已经拿到国家注册商标。他们在保持遵古法制的基础上，采用现代科技改进传统工艺，使用机械设备，开发系列产品，如“干摔虾丸”“墨斗丸”“鱼面”等颇受食家欢迎。有几家鱼丸被评为“广东名小吃”，达濠鱼丸的名声打得更响。

汕头市达濠元记食品有限公司是一家集生产、销售、餐饮为一体的企业，拥有一个专业技术雄厚、设备先进的食品加工厂，一家以海产制品为主美食店，还有四家以鱼丸为主的饮食店。它是一个巨大威胁的替代品厂商。

此外，一些潮汕小作坊，如福合理牛肉丸、垄美斋、潮汕牛肉丸食品厂等，还有当地的味然香、冯记牛丸面、龙记等牛肉丸汤粉店，这些潮汕牛肉丸是比较知名的、被顾客认可的品牌，也都是本公司的竞争者。

3. 社会公众分析的对象

（1）金融公众。

金融公众主要包括银行、投资公司、证券公司、股东等，他们对企业的融资能力有重要的影响。通用磨坊是巨大的食品行业的佼佼者，品牌影响力高，本公司“好品味”以其为强力后盾，在融资方面会有一定的渠道。而采用手打生产正宗潮汕牛肉丸，销往高端市场，受益高，成本也高，前期可以借助银行贷款进行规模化生产。

目前，珠三角地区主要的产业还集中在第二产业，服务业发展水平较低，特别是高附加值服务业，如金融、保险、电信、物流等部门。在产业转移和产业升级的进程中，通过国内改革和加快开放来提升服务业的整体发展水平和国际竞争力。

这是一个契机，本公司在金融公众方面具有比较乐观的前景。

（2）媒介公众。

媒介公众主要包括报纸、杂志、电台、电视台等传播媒介，他们掌握传媒工具，有着广泛的社会联系，能直接影响社会舆论对企业的认识和评价。

在珠三角地区，经济发达，传播媒介也比较丰富。

报纸：南方报业集团E报刊有《南方日报》《南方杂志》《南方都市报》《南方周末》《21世纪经济报道》《南方农村报》等报纸行业十分发达，也受广大读者喜欢。

杂志：《家庭美容健身》《健康向导》《健康饮食》等生活休闲类杂志也深受广大读者喜爱。

电台：广东电台拥有九台两报，在广东省及邻近省区（包括港澳地区）拥有广泛影响的规模较大的广播集团。广东人民广播电台作为一个省级综合性的广播电台，是一个有着巨大社会影响力的大众传媒，每时每刻都为党和政府、人民群众提供有效的服务。珠江经济频道、南方生活频道、城市之声频道、音乐频道以及各市区频道也很丰富，深受听众好评。

(3) 政府公众。

政府公众主要指与企业营销活动有关的各级政府机构部门，他们所制定的方针、政策，对企业营销活动或是限制，或是机遇。公司为弘扬潮汕美食文化，为潮汕牛肉丸树立品牌，推出质量有保证的优质牛肉丸。首先，潮汕地区政府都会大力支持，提供政策上的优惠；其次，对于风味特色产品，发扬民族传统，保障人民健康生活的理念，公司产品做绿色营销路线，承担社会责任，政府会提供支持。

(4) 社团公众。

社团公众主要指与企业营销活动有关的非政府机构，如消费者组织、环境保护组织，以及其他群众团体。企业营销活动涉及社会各方面的利益，来自这些社团公众的意见、建议，往往对企业营销决策有着十分重要的影响作用。

公司产品尽最大的努力就是要使消费者购买食用都满意，而且又坚持环保理念，与消费者组织、环境保护组织等其他群众团体有着相同的理念，可以从这些资源得到相关的支持。公司还可以成立“正宗手打潮汕牛肉丸协会”，传播我们的理念，宣传我们的特色。

(5) 社区公众。

社区公众主要指企业所在地附近的居民和社区团体. 社区是企业的邻里，企业保持与社区的良好关系，为社区的发展做一定的贡献，会受到社区居民的好评，他们的口碑能帮助企业在社会上树立形象。

公司的产品的目标顾客群是比较高端的消费群体，他们在社会中影响力较强，坚持高品质产品，对于树立品牌形象有着重大意义。

(6) 内部公众。

内部公众指企业内部的管理人员和一般员工，企业的营销活动离不开内部公众的支持。应该处理好与广大员工的关系，调动他们开展市场营销活动的积极性和创造性。

资料来源：宏观的市场调查分析［OL］. 学优网，http://www.gkstk.com/article.

分析思考：

分析广东地区的微观营销环境，对企业的营销有什么影响？

任务三　营销环境分析方法

任务引入

王刚等六人已经对宏观环境和微观环境都有了了解，但他们发现有些环境对自己是有利的，有些是不利的，如何趋利避害，则是他们下一步需要考虑的。

任务：如何分析环境的机会和威胁。

任务分析

企业的生存与发展既与其生存的市场营销环境密切相关，又取决于企业对环境因素及其影响所采取的对策，由于市场营销环境的客观性、多变性、复杂性，决定了企业不可能去创造、改变营销环境，而只能主动地适应环境、利用环境。为此，企业必须建立适当的系统，关注市场营销环境的发展变化，从中发现市场机会和威胁，有针对性地制定和调整自己的战略与决策，尽可能地利用营销机会并减少环境威胁带来的损失。

知识链接

知识点 1：环境威胁

1. 环境威胁概念

环境威胁（Threat）是指环境中一种不利的发展趋势所形成的挑战，如果不采取果断的措施，这种不利趋势将损害到企业的市场地位。

2. 环境威胁分析

对环境威胁的分析，一般着眼于两个方面：一是分析威胁的潜在严重性，即影响程度；二是分析威胁出现的可能性，即出现概率。

在环境威胁矩阵图（见图 2－5）中，横轴表示“出现威胁的可能性”，纵轴表示“潜在的严重性”。

潜在的严重性 ＼ 出现威胁的可能性	大	小
大	I	II
小	IV	III

图 2－5　环境威胁矩阵

对图 2－5 的分析评价如下：

区域Ⅰ：环境威胁严重性高，出现的概率也高，表明企业面临着严重的环境威胁，企业应处于高度戒备状态，积极采取应对措施，避免威胁造成的损失。

区域Ⅱ：环境威胁严重性高，出现的概率低，企业不可忽视，必须密切注意其发展方向，也应制定应对措施，力争避免威胁的危害。

区域Ⅲ：环境威胁严重性低，出现的概率也低，在这种情况下，企业不必担心，但应该注意其发展动向。

区域Ⅳ：环境威胁严重性低，出现的概率高，虽然企业面临的威胁不大，但由于出现可能性大，企业也必须充分重视。

知识点 2：市场机会

1. 市场机会概念

市场机会（Opportunity）是指对企业市场营销富有吸引力的领域。在该领域内，企业将拥有竞争优势。

2. 市场机会分析

机会分析主要考虑其潜在的吸引力（盈利性）和成功的可能性（企业优势）大小。

在环境机会矩阵图（见图2-6）中，横轴表示“成功的可能性”，纵轴表示“潜在的吸引力”。

潜在的吸引力 \ 成功的可能性	大	小
大	I	II
小	IV	III

图2-6 环境机会矩阵

对图2-6的分析评价如下：

区域Ⅰ：环境机会潜在的引力大，成功的可能性大，表明对企业发展有利，企业如有能力应采取利用营销机会的策略。

区域Ⅱ：环境机会潜在的吸引力很大，但成功的可能性小，说明企业暂时还不具备利用这些机会的条件，应当放弃。

区域Ⅲ：潜在的吸引力和成功的可能性都小，企业应当主动放弃。

区域Ⅳ：环境机会潜在吸引力很小，但成功可能性大，虽然企业拥有利用机会的优势，但不值得企业去开拓，应根据情况及时采取措施。

知识点3：环境分析及企业对策

1. 环境分析

环境分析指将机会分析与威胁分析结合起来，用于确定在既定的环境条件下，企业所面临的环境机会和环境威胁。

2. 环境机会—环境威胁分析

在企业面临的市场环境中，单纯环境机会或环境威胁是罕见的，一般情况下是机会与威胁并存，利益与风险伴随的复杂综合环境。企业对环境的选择是建立在分析了机会与危险出现的可能性大小的基础上的，其分析评价主要考虑两个方面：一是环境机会大小；二是环境威胁高低。

在机会—威胁矩阵图中（见图2-7），横轴表示“威胁水平”，纵轴表示“机会水平”。

机会水平 \ 威胁水平	大	小
大	I	II
小	IV	III

图2-7 机会—威胁矩阵

对图2-7的评价分析如下：

区域Ⅰ：冒险业务（Speculative Business，SB），即高机会和高威胁的业务，既不宜盲目冒进，也不应迟疑不决，坐失良机，应全面分析自身的优势与劣势，扬长避短，创造条件，争取突破性的发展。

区域Ⅱ：理想业务（Ideal Business，IB），即高机会和低威胁的业务，企业应该牢牢抓住机会，及时制定业务发展机会，把机会付诸实践。

区域Ⅲ：成熟业务（Mature Business，MB），即低机会和低威胁的业务，可作为企业的常规经营业务。企业应当稳妥把握，利用此业务作为企业持续发展的保证。

区域Ⅳ：困难业务（Troubled Business，TB），即低机会和高威胁的业务，要么是努力改变环境，走出困境或减轻威胁，要么是立即转移，摆脱无法扭转的困境。

3. 企业的对策

（1）企业对环境机会的对策。

1）抢先策略：机不可失，时不再来。

2）紧跟策略：等待时机，加以利用。

3）果断放弃：缺乏条件，不加利用。

（2）企业对环境威胁的对策。

1）反抗：即试图限制或扭转不利因素的发展。

2）减轻：即通过调整市场营销组合等来改善环境适应，以减轻环境威胁的严重性。

3）转移：即决定转移到其他更多盈利的行业或市场。

任务总结

王刚等六人采纳老师的建议，对校园周围的营销环境进行了深入的调查研究，在创业的过程中，他们思考问题的能力也得到了很大的提高，他们将学习的结果总结如下：

环境威胁是指环境中一种不利的发展趋势所形成的挑战，如果不采取果断的措施，这种不利趋势将损害到企业的市场地位。市场机会是指对企业市场营销富有吸引力的领域。在该领域内，企业将拥有竞争优势。对于机会和威胁应当有不同的应对策略。

思考与练习

一、关键词汇

环境威胁　　　　　市场机会

二、简答题

1. 环境威胁包括哪些?

2. 市场机会包括哪些?

3. 如何进行机会威胁分析?

三、案例分析

烟草公司营销环境分析及对策

某跨国烟草公司通过信息系统和市场营销调查了影响企业营销的一些相关环境因素，最后确定以下这些因素影响其业务经营动向。

（1）有些国家的政府颁布了法令，规定所有的香烟广告和包装上都要印上吸烟危害健康之类的严厉警告。

（2）有些国家的某些地方政府禁止在公共场所吸烟。

(3) 许多国家吸烟人数下降。

(4) 这家烟草公司的研究实验室发明了用莴苣叶制造无害烟叶的方法。

(5) 发展中国家的吸烟人数迅速上升。

分析思考:

分析该烟草公司面临的机会和威胁?企业应当如何应对?

单元检测

一、单项选择题

1. 下列属于宏观环境的要素是(　　)。

A. 消费者　　B. 中间商　　C. 社会文化　　D. 竞争者

2. 生产家用轿车的企业与房地产公司是(　　)。

A. 一般竞争者　　B. 愿望竞争者　　C. 品牌竞争者　　D. 产品形式竞争者

3. 现在有越来越多的消费者通过互联网来订购车船机票和购买产品,这要求企业在制定市场营销组合战略时还应当着重考虑(　　)。

A. 人口环境　　B. 技术环境　　C. 经济环境　　D. 社会文化环境

4. 生产同种产品,但规格、型号、款式不同的竞争者是(　　)。

A. 愿望竞争者　　B. 普通竞争者　　C. 品牌竞争者　　D. 产品形式竞争者

5. 铁路公司和航空公司在提供客运服务方面,二者的竞争关系属于(　　)。

A. 愿望竞争者　　B. 一般竞争者　　C. 品牌竞争者　　D. 产品形式竞争者

二、多项选择题

1. 企业宏观营销环境因素包括(　　)。

A. 经济环境　　B. 人口环境

C. 竞争环境　　D. 社会文化环境

E. 公众

2. 企业微观营销环境因素包括(　　)。

A. 经济环境　　B. 供应商

C. 竞争者　　D. 社会文化环境

E. 中间商

3. 影响企业营销的社会文化环境包含的因素有消费者的(　　)。

A. 储蓄与信贷　　B. 消费结构与模式

C. 价值观念　　D. 宗教信仰

E. 风俗习惯

4. 下列属于企业可控的营销因素有(　　)。

A. 产品　　B. 价格

C. 分销　　D. 促销

E. 政策

5. 企业在经济环境分析时应着重分析的主要经济因素是(　　)。

A. 消费者收入变化　　B. 消费者支出模式

C. 消费者价值观念　　D. 消费者价格反应

E. 储蓄与信贷

6. 一个企业的竞争对手可以分为（　　）。

A. 愿望竞争者　　B. 一般竞争者

C. 转售竞争者　　D. 产品形式竞争者

E. 品牌竞争者

7. 下列属于社会文化的因素有（　　）。

A. 宗教信仰　　B. 俗习惯

C. 道德观念　　D. 价值观念

E. 地形地貌　　F. 风度气质

三、判断题

1. 消费者与公众属于营销的微观环境因素。（　　）

2. 供应商与竞争者状况属于营销的宏观环境因素。（　　）

3. 市场营销环境是企业无法控制的，但是企业可以通过研究环境更好地适应环境。（　　）

实战演练

一、训练目标

1. 培养学生掌握营销环境分析的内容。

2. 培养学生对市场营销环境进行分析的能力。

二、内容与要求

小组对周边环境进行分析。

三、组织与实施评价

1. 以项目团队为学习小组，选出项目负责人。

2. 建立沟通协调机制，团队成员共同参与、协作完成公司任务。

3. 各项目团队根据实训内容进行讨论。

4. 评价与总结：各项目团队提交实训报告，并根据报告进行评估。

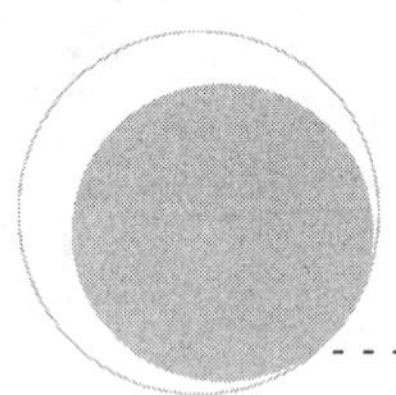

项目三 市场营销调研

学习目标

知识目标

- 掌握市场调查的方法。
- 掌握问卷设计的技巧。
- 掌握市场调查方案的撰写方法。

能力目标

- 具有收集、整理和分析资料的能力。
- 具有制定调查提纲和调查问卷的能力。
- 初步具有市场调查方案设计策划的能力。

素质目标

- 培养学生爱岗敬业的精神。
- 培养学生良好的团队合作观念。

先导案例

中国最著名的一张泄密照："铁人"王进喜

图 3-1　王进喜照片

如图 3-1 所示，这张照片刊登于 1964 年的《中国画报》封面。照片中，大庆油田的"铁人"王进喜头戴大狗皮帽，身穿厚棉袄，顶着鹅毛大雪，握着钻机手柄眺望远方，在他身后散布着星星点点的高大井架。铁人精神整整感动了一代人，但此照片无意中也透露了许多的秘密。日本情报专家据此解开了大庆油田之谜，他们根据照片上王进喜的衣着判断，只有在北纬 46℃～48℃的区域内，冬季才有可能穿这样的衣服，因此推断该油田位于齐齐哈尔与哈尔滨之间。并通过照片中王进喜所握手柄的架式，推断出油井的直径；从王进喜所站的钻井与背后油田间的距离和井架密度，推断出油田的大致储量和产量。有了如此多的准确情报，日本人迅速设计出适合大庆油田开采用的石油设备。当我国政府向世界各国征求开采大庆油田的设计方案时，日本人一举中标。庆幸的是，日本当时是出于经济动机，根据情报分析结果，向我国高价推销炼油设施，而不是用于军事战略意图。

分析思考：

这个案例说明什么问题？

任务一　设计市场调查方案

任务引入

王刚等六人经过两个月的努力，熟悉了公司成立的整个流程，并在营销老师的指导下，对校园周围的营销环境进行了分析。他们在分析的过程中发现，世界上很多成功企业的经营决策都是有过硬的基础数据做支撑的，企业要成功，必然要进行市场调查，在寻找市场机会的过程中以市场调查为基础。那么，企业的调查要掌握哪些知识呢？

任务 1：根据王刚的需要掌握市场调研的内容。

任务 2：根据需要掌握市场调查的方法，并根据调查内容的不同选择调查方法。

任务 3：掌握市场调查方案设计的内容和步骤。

任务分析

当一家企业即将进入一个新市场时，首先要考虑的问题就是该市场的游戏规则、政府态度、政策法规等营销环境，只有熟悉当地的实际情况，从实际出发制定营销策略，才能在市场中发挥主动作用。市场营销调查是为企业解决市场营销问题而服务的，是企业一项目的性很强的活动，目的是为决策者提供所需的决策信息，帮助企业制定正确的营销战略和策略，市场调研是企业重要的营销职能。

知识链接

在现代市场营销活动中，重视市场调研，认识和掌握市场信息，是管理实现现代化的重要标志。市场调查是认识市场、取得市场信息的最基本方法，也是市场预测和营销决策的前提和基础。

知识点 1：市场营销调研概述

1. 市场营销调研的概念

市场营销调研（Marketing Research）就是按照科学的方法和程序，有计划、系统地收集和整理与市场有关的信息资料，并对其进行分析、研究，从而为企业市场营销决策提供依据的全部工作和过程。

市场营销调研是一个包括搜集信息的必要性，明确调查目的和信息需求，决定资料来源和取得资料的方法，设计调查表格和资料收集形式，设计样本，搜集与核算资料，统计与分析，报告研究结果等在内的复杂过程。在此过程中，既有定量研究，又有定性研究，定量分析是市场营销调研的基本方法。

2. 市场营销调研的内容

市场调研的内容涉及市场营销活动的整个过程，主要包括以下几点。

(1) 市场环境的调研。

市场环境调研主要包括经济环境、政治环境、社会文化环境、科学环境和自然地理环境等。具体的调研内容可以是市场的购买力水平、经济结构、国家方针、政策、法律法规、风俗习惯、科学发展动态和气候等各种影响市场营销的因素。

(2) 市场需求调研。

市场需求调研主要包括消费者需求量调查、消费者收入调查、消费结构调查、消费者行为调查，包括消费者为什么购买、购买什么、购买数量、购买频率、购买时间、购买方式、购买习惯、购买偏好和购买后的评价等。

(3) 市场营销因素调研。

市场营销因素调研主要包括产品、价格、渠道和促销活动的调查。

1) 产品的调查主要有了解市场上新产品开发的情况、设计的情况、消费者使用的情况、消费者的评价、产品生命周期阶段、产品的组合情况等。

2) 产品的价格调查主要有了解消费者对价格的接受情况、对价格策略的反应等。

3) 渠道调查主要包括了解渠道的结构、中间商的情况、消费者对中间商的满意情况等。

4) 促销活动调查主要包括各种促销活动的效果，如广告实施的效果、人员推销的效果、营业推广的效果和对外宣传的市场反应等。

(4) 市场竞争情况调研。

市场竞争情况调研主要包括对竞争企业的调查和分析，了解同类企业的产品、价格等方面的情况，它们采取了什么竞争手段和策略，做到知己知彼，通过调研帮助企业确定企业的竞争策略。

营销案例

“七喜”与“老大哥”之争

“七喜”现在是百事可乐旗下的一个品牌，但创业之初，面对两个强有力的饮料大王——可口可乐与百事可乐，为了与之相抗衡，它推出了非可乐的饮料定位。1980 年，七喜公司的负责人威兹曼在《消费者导报》上看到一篇文章说道，美国民众日益关注咖啡因的摄取量，有 66%的成年人希望减少或消除食品中的咖啡因含量。于是他立即布置公司的研究人员去研究“两乐”中咖啡因的含量。

调查结果显示：12 盎司的可口可乐中含有 34 毫克的咖啡因，而同量的百事可乐则含有 37 毫克的咖啡因。作为非可乐饮料，七喜汽水的咖啡因含量是零。七喜公司于是发动了“无咖啡因”战役。它投入 4 500 万美元，掀起了一场声势浩大的广告大战。向消费者大声疾呼：“你不是不愿意让你的孩子摄取咖啡因吗？那么为什么还要给孩子喝与咖啡含有等量咖啡因的可乐饮料？给他非可乐，不含咖啡因的饮料——七喜！”七喜的进攻非常有效，广告深深打动了消费者，产品销量大增，很快就从第四把交椅上升到第三把交椅。

---

3. 市场营销调研的类型

根据调研的目的和功能，可以把市场调研分成以下三种基本类型。

（1）探索性调研。

探索性调研是为了界定问题的性质以及更好地理解问题的环境而进行的小规模的调研活动。探索性调研特别有助于把一个大而模糊的问题表达为小而精确的子问题，以使问题更明确，并识别出需要进一步调研的信息（通常以具体的假设形式出现）。在调研的早期，人们通常对问题缺乏足够的了解，尚未形成一个具体的假设。

小知识

×品牌的一次性纸尿裤市场份额下降了，公司方面也不能确定为什么。是经济衰退的影响？是广告支出的减少？是销售代理效率低？还是消费者的习惯改变了？显然，可能的原因很多，公司无法一一查知，只好用探索性调研来寻求最可能的原因，如从一些用户和代理商处收集资料，从中发现问题。假设试探性的解释是×品牌是一种价格经济的纸尿裤，起初是为了与低成本的品牌竞争，而现在有小孩的家庭比这个品牌刚上市时更有购买力，并愿意花更多的钱在高质量的婴儿用品上，这是公司市场份额下降的可能原因。"有小孩的家庭有更多的实际收入并愿意在婴儿用品上花更多的钱"，这是公司通过探索性调研得到的假设。

（2）描述性调研。

描述性调研寻求对"谁""什么""什么时候""哪里""怎样"这样一些问题的回答。与探索性调研不同，描述性调研基于对调研问题性质的一些预先理解。尽管调研人员对问题已经有了一定理解，但对决定行动方案必需的事实性问题做出回答的结论性证据，仍需要收集。

描述性调研可以满足一系列的调研目标，描述某类群体的特点，决定不同消费者群体之间在需要、态度、行为、意见等方面的差异，识别行业的市场份额和市场潜力是很常见的描述性调研。

小知识

商店经常使用描述性调研以决定他们的顾客在收入、性别、年龄、教育水平等方面的特征，这样的描述并没有给出"为什么会有这样的特征"的解释。描述性调研提供的结果经常用来作为解决营销问题的全部信息，尽管没有对"为什么"给出回答。一家商店从描述性调研中了解到该店的顾客67%是年龄在18～44岁的妇女，并经常带着家人、朋友一起来购物，这种描述性调研提供了一个重要信息，它使商店可以直接向妇女开展促销活动。

（3）因果性调研。

因果性调研是调查一个变量是否引起或决定另一个变量的研究，目的是识别变量间的因果关系。

描述性调研能告诉人们两个变量似乎有某种关系，如收入和销售额、广告花费与知名度，但不能提供合适的证据来证明消费者收入的增加引起了销售额的增加，或广告投入的增加使知名度提高了。描述性调研在联想或关系上能给人们一些看法，它帮助调研人员在因果性调研中选择变量。例如，没有描述性调研数据，调研人员在考虑销售额时不知道是否要去研究收入、价格、广告花费或一系列其他变量。

小知识

在因果性调研中，一般对要解释的关系有一种期望，如预期价格、包装、广告花费等对销售额有影响。这样，研究人员对研究课题必须要有相当的知识，理想的状况是研究人员能估计一种事件（如店内展示）是产生另一种事件（销售量的增加）的手段。因果性调研试图认定当研究人员做一种事情时，另一种事情会接着发生。

通过对探索性调研、描述性调研、因果性调研类型的阐述，我们不难发现调研问题的不确定性影响着调研项目的类型。在调研的早期阶段，当调研人员还不能肯定问题的性质时实施探索性调研，当调研人员意识到了问题但对有关情形缺乏完整的知识时，通常进行描述性调研，因果性调研（测试假设）则要求严格地定义问题。

4. 市场调研的步骤

市场调研的步骤包括确定调查的问题和目标、制定调查方案、实施调查、调查结果处理，如图 3-2 所示。

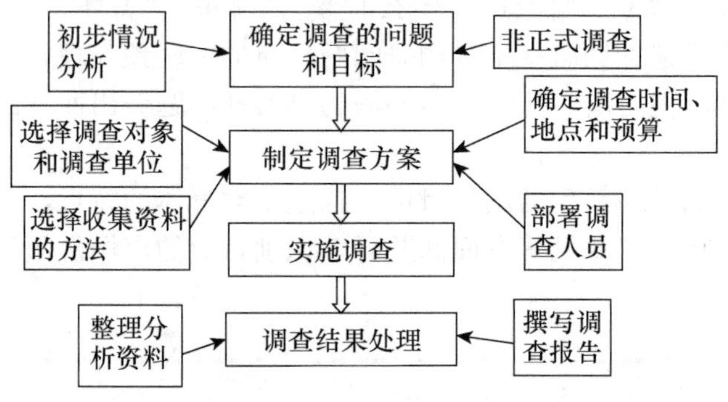

图 3-2 市场调研的步骤

（1）确定调查的问题和目标。

这是调研工作的开始，这一阶段着重解决调研目的的问题。主要包括以下具体步骤。

1）初步情况分析：首先找到营销活动中存在的问题，进而通过对企业内部各种资料的分析，如对历年统计资料、年度报表、财务决算资料等的分析，从中发现问题产生的原因。

2）非正式调查：又称试探调查，调查人员在企业内部举行座谈会，或访问专家、用户和相关营销人员，听取他们对这些问题的意见，进行归类和分析，使问题逐步明朗化。

最终明确具体的调研目的和调研目标。

（2）制定调查方案。

市场调查计划又称市场调查方案，是指对市场调查所要达到的目标进行全方位和全过程的计划和设计，是市场调查的第二个阶段。包括以下几方面的内容。

1）选择调查对象和调查单位：明确了调查目的之后，就要确定调查对象和调查单位，这主要是为了解决向谁调查和由谁来具体提供资料的问题。调查对象就是根据调查目的、任务确定调查的范围以及所要调查的总体，它是由某些性质上相同的许多调查单位所组成的。调查单位就是所要调查的社会经济现象总体中的个体，即调查对象中的一个一个具体单位，它是调查中要调查登记的各个调查项目的承担者。例如，为了研究某市各广告公司的经营情况及存在的问题，需要对全市广告公司进行全面调查，那么，该市所有广告公司就是调查对象，每一个广告公司就是调查单位。又如，在某市职工家庭基本情况一次性调查中，该市全部职工家庭就是这一调查的调查对象，每一户职工家庭就是调查单位。

2）选择收集资料的方法：即采用什么组织方式和方法取得调查资料，具体调查方法有文案法、访问法、观察法和实验法等。在调查时，采用何种方式、方法不是固定和统一的，而是取决于调查对象和调查任务。在市场经济条件下，为准确、及时、全面地取得市场信息，尤其应注意多种调查方式的结合运用。

3）确定调查的时间、地点和预算。

4）部署调查人员。

（3）实施调查。

这一过程也是市场调研的一个重要环节，包括挑选调查人员、培训调查人员、监督管理调查的实施、复查验收调查员的工作、评价调查员的工作。

（4）调查结果处理。

这是调查全过程的最后阶段，包括整理分析资料和撰写调查报告。

知识点 2：选择收集资料的方法

那些经过编排、加工处理的资料，称为二手资料，二手资料的收集又称为文案法。那些企业必须首次亲自搜集的资料称为一手资料或原始资料。原始资料的收集包括观察法、访问法和实验法。

1. 文案法

在正式调查之前，人们通过查找报纸或其他文献资料，可以初步了解调查对象的性质、范围、内容和重点，为正式调查创造条件。一个企业管理者在闲暇之余，收集各种统计资料，通过分析，也可以为企业经营决策提供信息支持。许多调查的原始资料往往需要二手资料的配合，才能更好地研究问题。

（1）文案调查方法的优点。

二手资料比较容易得到，相对来说比较便宜，并能很快地获取，有些二手数据是不可能由任何一个调查公司按原始数据去收集的，例如由国家统计局普查结果所提供的数据。

（2）文案调查方法的局限性。

由于二手数据是为其他目的而不是为手边的问题而收集的，因此，二手数据对当前问题的帮助在一些重要方面是有缺陷的。资料的相关性和准确性都不够。收集二手数据的目的、性质和方法不一定适合当前的情况。而且二手数据也可能缺乏准确性，或有些过时了。在使用二手数据之前，有必要先对二手数据进行评价。

2. 观察法

观察法就是在现场直接观察或利用各种仪器观察被调查者行为或现场事实的一种搜集资料的方法。观察法主要用于外形观察、店铺观察、流量观察，每种方法的适用范围见表3-1。

表3-1 几种观察法的主要适用范围

观察类型	主要适用范围
外形观察	对消费者的动作、穿着、外形进行观察。
店铺观察	对商场购物环境、商品陈列、服务态度等进行观察，也可以针对某一产品或某个要求到各有关店铺进行观察。类似的观察如果在展览会、展销会、看样订货会上进行既方便又可靠。这种方法在了解消费者购买行为、购买动机、购买偏好的调查时也经常采用。
流量观察	在选择店铺地址及研究某一街道的商业价值时经常采用这种观察法。调查者要观察在该位置的相关店铺的顾客流量、流速，以便分析设店的价值。

(1) 观察法的优点：1) 可以实际记录市场现象的发生，能够获得直接具体的生动材料，对市场现象的实际过程和当时的环境气氛都可以了解，这是其他方法不能比拟的；2) 观察法不要求被调查者具有配合调查的语言表达能力或文字表达能力，因此适用性也比较强；3) 观察法还有资料可靠性高、简便易行、灵活性强等优点。

(2) 观察法的缺点：1) 只能观察到人的外部行为，不能说明其内在动机；2) 观察活动受时间和空间的限制，被观察者有时难免受到一定程度的干扰而不完全处于自然状态等。

总之，应用观察法，须扬长避短，尽量减少观察误差。

营销案例

福特汽车公司开办了一个汽车调研诊所，对自己的新车型设计进行检验。该所邀请客户在预定的路线上驾驶新汽车的原型，同时，派一位经过训练的调查人员坐在驾驶人员的旁边，记录驾驶人员对汽车的全部反应。驾驶结束以后，给每一位参与者一份长达六页的调查问卷，询问参与者对汽车每一部分优缺点的评价。

3. 访问法

访问法是市场调查人员直接向被调查者提出问题，以获得信息资料的调查方法，包括访谈调查、信函调查、电话调查和网上调查。在实际选用时，应相互配合补充使用，彼此取长补短。调研人员也可将这些方法组合使用并创造出新的方法。

(1) 访谈调查。

访谈调查是指通过走访被调查者，用事先拟订的调查提纲或调查问卷，当面询问有关问题，以获取所需资料。

这种方法的优点：1) 灵活，可以按问卷提问，可以自由交谈，还可以根据情况灵活掌握提问次序；2) 真实，直接观察到被调查者，能从中判断回答的问题是否正确；3) 深入，双方可以对一些较复杂或重要的问题进行讨论，做深入调查。

这种方法的缺点：1）调查费用高；2）受调查人员的影响大，因为被调查者有时会受调查人员的态度、兴趣等影响而产生偏见。

适用于调查范围较小而调查项目较复杂的调查。

（2）信函调查。

信函调查是调查人员将拟订好的调查问卷邮寄给被调查者，请被调查者填妥问卷后寄回，从而获取调查资料。

这种方法的优点：1）调查区域广；2）调查费用低；3）被调查者回答问题不受调查人员的影响，时间充分，答卷质量高。

这种方法的缺点：1）调查时间较长；2）回收率较低；3）答问卷者可能不是被调查者本人，影响调查的代表性。

信函调查适用于较大范围和较复杂问题的调查。

（3）电话调查。

电话调查是调查人员依照调查提纲或调查问卷，用电话与选定的被调查者交谈，从而获取调查资料。

电话调查的优点：1）快速，可以在很短的时间内访谈较多的被调查者；2）对于不便于面谈的问题，在电话访谈中可能得到回答。

电话调查的缺点：1）调查面受到限制，只能限于有电话的用户；2）调查的时间不可能太长，难以询问较复杂的问题。

电话调查适用于调查项目单一，问题相对简单，并需要及时得到结果的调查。

（4）网上调查。

网上调查是调查人员将调查问卷放在网页上，由上网者自己填写，从而获取调查资料。

网上调查的优点：1）区域广，不受地域限制；2）匿名，被调查者能回答内心真实的想法和看法。

网上调查缺点：1）时间长；2）调查样本的代表性差，因为上网的大多是年轻人。

网上调查适用于对一些较为流行的、热门的、敏感的问题调查。

4. 实验法

实验法是指市场调查人员有目的、有意识地改变一个或几个影响因素，来观察市场现象在这些因素影响下的变动情况，以确定市场中各种因素的因果关系而使用的信息收集方法。实验法一般适用于调查什么样的产品质量、包装、式样等受顾客喜欢的产品试验，或不同的产品价格、包装、营销策略对销售量影响的销售试验。

实验法的主要优点：可以探索不明确的因果关系，实验结论有较强的说服力。

实验法的主要缺点：费时、费用高、管理控制困难、保密性差等。

小知识

关于蛋黄中的胆固醇和健康的关系，众所周知，胆固醇太高容易引起动脉硬化，日本医学界人士曾针对这个议题在杂志上展开长期的争论，这个争论甚至引发日本国立营养研究所进行了一项有关蛋与胆固醇的实验。

该实验以24个农村成年男性为对象，将他们分成三组，每组八个人，每天各吃五、七、十个蛋，持续十天。十天后，每个人血液中的胆固醇居然都增加不到十毫克，蛋吃得多的人，胆固醇并没有明显提高。

一个蛋的胆固醇含量约0.3公克，十个蛋就有三克，一般健康的人体都可以将它消化掉。

研究人员指出，一般人血液中的胆固醇一天之内约有十毫克左右的高低差距，所以就算增加了十毫克，对人的身体健康也没有影响。日本国立营养研究所同时针对老年人也做了实验，让他们每天吃一至两个蛋，但其胆固醇平均也只上升3～12毫克，同样对身体健康没有威胁。

实验结果指出：对于年轻、活动力强的人来说，每天多吃几个蛋无妨，反倒可以补充体力；对年长者而言，一天一个蛋，可以确保蛋白质不致匮乏。

知识点3：编写市场调查方案

市场调查方案有两方面的作用：一是用来提供给雇主即调查委托方审议检查之用，以作为双方的执行协议；二是用来作为市场调查者实施执行的纲领和依据。一个完整的市场调查方案有一定的格式。

不同项目的调查方案格式有所区别，但一般格式均包括以下几部分：前言部分、调查课题的目的和意义、调查的内容和具体项目、调查的对象和调查范围、调查的方法、调查工作的时间进度安排、经费预算、调查结果的表达形式、附录等。

1. 前言部分

也就是方案的开头部分，应该简明扼要地介绍整个调查课题出台的背景原因。

小知识

天天健公司是我国饮料市场五巨头之一，以前很少做广告宣传，但该公司现在广告投入量达到一千万元，主要是投在电视广告片、各种方式的售点POP广告、印刷品广告和少量的灯箱广告等。为了有针对性地开展产品宣传推介工作，促进产品品牌形象的传播和产品销售量的进一步提高，以便在激烈竞争的保健品市场中立于不败之地，该公司拟进行一次广告效果调查，以供决策层参考。

---

2. 调查课题的目的和意义

较前言部分稍微详细点，应指出项目的背景，想研究的问题和可能的几种备用决策，指明该项目的调查结果能给企业带来的决策价值、经济效益、社会效益，以及在理论上的重大价值。

小知识

分析现有的各种广告媒介的宣传效果，了解现行的广告作品的知晓度和顾客认同度，了解重点销售区域华南和华东地区市场的消费特征和消费习惯，为天天健口服液的广告作业计划提供客观的事实依据，并据此提供相应的建设性意见。

编写市场调查方案首先要明确的就是调查目的。有的客户对市场调查业务比较熟悉，所提要求也十分明确，如德国汉高化学品公司委托西安菲伦市场研究所做的建筑用黏合剂的中国市场调查，提出包括市场、需求、竞争对手、未来发展趋势四方面各种指标六十个。而有些对市场调查还不熟悉的客户，指出的问题未经考虑，范围广泛，这就需要研究人员针对企业本身和企业想要了解的问题进行调查、访问，熟悉企业背景，讨论企业的生产、销售情况，明确企业调查的目的和内容。如进行凯迪牌山地车的市场调查，就是针对为车行进行广告宣传从方式到内容提供决策依据这个意向，确定目标顾客、需求特点、竞争对手情况三个方面作为调查的主要内容。

3. 调查的主要内容和具体项目

调查的主要内容和具体项目是依据调研人员所要解决的调查问题和目的所必需的信息资料来确定的。

小知识

在上述天天健公司天天健口服液广告效果调查案例中的调查内容如下：

(1) 天天健口服液的知名度，及该产品在提高免疫力口服液市场的排名情况。

(2) 消费者知晓天天健口服液品牌的主要信息来源和信息渠道。

(3) 了解顾客对天天健广告口号的喜好程度。

(4) 了解公司的售点 POP 广告在顾客心目中的评价。

(5) 了解华南、华东地区消费者的特征，包括其职业、年龄、文化教育程度、经济收入等特征，以及上述特征对消费者偏好的影响。

(6) 华南、华东地区顾客的消费心理和消费特点。

(7) 了解消费者对天天健口服液产品的口感、包装、容量的期望。

调查项目的选择要尽量做到“准”而“精”。具体而言，“准”就是要求调查项目反映的内容要与调查主题有密切的相关性，能反映调查要了解问题的信息；“精”就是调查项目所涉及的资料能满足调查分析的需要，不存在对调查主题没有意义的多余项目。盲目增加调查项目，会使资料统计和处理有关的工作量增加，既浪费资源，又影响调查的效果。

4. 调查对象和调查范围

确定调查对象和调查范围，这主要是为了解决向谁调查和由谁来具体提供资料的问题。调查对象就是根据调查目的、任务确定调查的范围以及所要调查的总体，它是由某些性质上相同的许多调查单位组成的。

小知识

在上述天天健口服液广告效果调查中的调查对象和调查范围描述如下：

本项调查拟在华南、华东两个重点市场开展，调查的范围深入到上述地区的中心城市和有代表性的市县。调查对象将锁定为中老年消费群体。

需要注意的是：必须严格规定调查对象的含义和范围，以免造成调查登记时由于含义和范围不清而发生错误。例如，城市个体经营户的经营情况调查，必须明确规定个体经营户的性质、行业范围和空间范围。

5. 调查的方法

调查方法的说明主要是详细说明选择什么方法去收集资料，具体的操作步骤是什么。如采取抽样调查方式，那么必须说明抽样方案的步骤，所取样本的大小和要达到的精度指标。

小知识

在上述天天健口服液广告效果调查中的调查方法说明如下：

考虑到此次调查工作涉及面广，因此拟采用多级抽样的方法。即在华南、华东两地区按月销量的大小分层，从市场调查的效果考虑，主要在天天健口服液的重点销售地区广东、上海、江苏、浙江的重点城市进行。并拟定每个城市抽取的样本数为400，按年龄层次和性别比例分配名额。年龄层分段：30～40岁，41～50岁，51～60岁，61岁以上；各层比例采用近似为1∶1，性别比亦采用1∶1。总样本数为4 400。

调查的实施要求各地的访问员对所有抽中的400个样本实行面对面的街头访问。执行访问的访问员由当地的市场营销专业的大学生担任，我方付给一定的劳务费用。每个调查地点有两名调查员执行访问，每个城市大约需要20个访问员。访问工作的质量监督控制工作以及资料的统计处理工作均由ABC市场调查公司负责。

在市场调查中，如果采用实验法、观察法或问卷询问式调查时，为使数据、情报在收集、分类、统计、储存时更有效率，调查前要求设计、制定一些格式化的调查表格，如观察表、实验表或调查问卷表等。这些表格在调查方法说明时加以体现，也可以出现在附录中。

6. 调查工作的时间进度安排

在实际调查活动中，根据调查范围的大小，时间有长有短，但一般为一个月左右。基本原则是：(1) 保证调查的准确性、真实性，不走马观花；(2) 尽早完成调查活动，保证时效性，同时也节省费用。

一般情况，调查过程安排如下：第一周准备（与客户商讨、确认计划建议书，进行二手资料的收集，了解行情，设计问卷）；第二周试调查（修改、确定问卷）；第三周具体实施调查；第四周进行数据处理；第五周编写报告，结束调查。

通常，在安排各个阶段工作时，还具体详细地安排需做哪些事项，由何人负责，并提出注意事项，所以需制作时间进度表。

小知识

在上述天天健口服液广告效果调查案例中的市场调查计划进度如下：

此方案若得以认可，调查组将在5月28日前完成调查工作，并提交调查报告。具体时间安排见表3-2。

表 3－2　　调查进度计划表

工作与活动内容	时间	参与单位和活动小组	主要负责人及成员	备注
总体方案、抽样方案和问卷初步设计	4月1日至4月10日			
预调查及问卷测试	4月11日至4月15日			
问卷修正、印刷	4月16日至4月18日			
访问员挑选与培训	4月19日至4月20日			
调查访问	4月21日至5月18日			
整理并打印报告	5月19日至5月24日			
报告打印提交	5月25日至5月28日			

切记：计划应该设计得有一定的弹性和余地，以应付可能出现的意外事件的影响。

7. 经费预算

调查费用根据调查工作的种类、范围不同而不同，当然，即使同一种类，也会因质量要求差异而不同，不能一概而论。但经费预算基本上遵循一定原则，费用项目具体如下：

（1）资料收集、复印费；（2）问卷设计、印刷费；（3）实地调查劳务费；（4）数据输入、统计劳务费；（5）计算机数据处理费；（6）报告撰稿费；（7）打印装订费；（8）组织管理费；（9）税收；（10）利润。

一般市场调查时间大都紧张，但实际上如果尽快完成调查结果，则费用可能减少；另一方面，企业也应给予充分的经费，以保障调查的成功。

根据若干市场调查案例可以总结一般的经费预算比例，即策划费（20%）、访问费（40%）、统计费（30%）、报告费（10%）。若接受委托代理的市场调查，则需加上全部经费的20%～30%的服务费，作为税款、营业开支及代理公司应得的利润。

小知识

在上述天天健口服液广告效果调查案例中的调查费用预算，见表 3－3。

表 3－3　　市场调查估价单

费用支出项目	数量	单价/元	金额/元	备注
方案设计策划费	1份	20 000	20 000	
抽样设计实施费			2 000	
问卷设计费	1份	1 000	1 000	
问卷打印装订费	4 400份	4	17 600	
调查员劳务费	220人	100	22 000	
……				
总计			62 600	

调查费用的估算对市场调查效果的影响很大，对市场调查部门或单独的市场调查机构而言，每次调查所估算的费用当然是越高越好，但是费用开支数目要实事求是，不能过高也不能过低。合理的支出是保证调查顺利进行的重要条件，在这个问题上应避免两种情

况：一是调查时间的拖延，这样必然造成费用开支的加大；二是缩减必要的调查费用。调查活动必须有一定的费用开支来维持，减少必要的开支只会导致调查的不彻底或无法进行下去。

8. 调查结果的表达形式

确定市场调查结果的表达形式。如最终报告是书面报告还是口头报告，是否有阶段性报告等。

小知识

在上述天天健口服液广告效果调查案例中的调查结果和形式表达如下：

本次调查的成果形式为调查书面报告。具体内容将包括：前言、摘要、研究目的，研究方法、调查结果、结论和建议以及附录七个部分。交给客户两份书面材料。

9. 附录部分

开列出课题负责人及主要参加者的名单，并可简明扼要地介绍一下团队成员的专长和分工情况。指明抽样方案的技术说明和细节说明。调查问卷设计中有关的技术参数、数据处理方法、所采用的软件等。

虽然市场调查方案的编写实际上可能只有一两天的时间，然而，为保证整个调查的顺利进行和调查结果的精确，计划建议书仍应周密考虑。它的好坏直接影响市场调查工作成败。

任务总结

王刚等六人根据创办公司的需要，对市场调研的基本技能有了初步掌握。他们将学习结果归纳如下：

市场营销调研就是按照科学的方法和程序，有计划、系统地收集和整理与市场有关的信息资料，并且对其进行分析、研究，从而为企业市场营销决策提供依据的全部工作和过程。它包括市场环境调研、市场需求调研、市场营销因素调研和市场竞争情况调研。分为探索性调研、描述性调研和因果性调研这三种类型。

市场调查的方法主要有文案法、观察法和访问法。访问法又包括访谈调查、信函调查、电话调查和网上调查。

市场调查方案的一般格式包括以下几部分：前言部分、调查课题的目的和意义、调查的内容和具体项目、调查的对象和调查范围、调查的方法、调查工作的时间进度安排、经费预算、调查结果的表达形式、附录等。

思考与练习

一、关键词汇

市场营销调研

二、简答题

1. 市场调研的主要内容有哪些？

2. 市场调查的方法有哪些？各自有什么特点？

3. 市场调查方案的内容有哪些？

三、案例分析

湘潭大学单放机市场调查计划书*

一、前言

单放机又称随身听，是一种集娱乐性和学习性于一体的小型电器，因其方便使用而在大学校园内广为流行。目前各高校都大力强调学习英语的重要性，湘潭大学已经把学生英语能否过四级和学位证挂钩，为了练好听力，湘大学子几乎人人都需要单放机，市场容量巨大。

为配合某单放机产品扩大在湘大的市场占有率，评估湘大单放机行销环境，制定相应的营销策略，预先进行湘大单放机市场调查大有必要。

本次市场调查将围绕市场环境、消费者、竞争者为中心来进行。

二、调查目的

要求详细了解湘大单放机市场各方面情况，为该产品在湘大的扩展制定科学合理的营销方案提供依据，特撰写此市场调查计划书。

1. 全面摸清企业品牌在消费者中的知名度、渗透率、美誉度和忠诚度。

2. 全面了解本品牌及主要竞争品牌在湘大的销售现状。

3. 全面了解目前湘大主要竞争品牌的价格、广告、促销等营销策略。

4. 了解湘大消费者对单放机消费的观点、习惯。

5. 了解湘潭大学在校学生的人口统计学资料，预测单放机市场容量及潜力。

三、调查内容

市场调查的内容要根据市场调查的目的来确定。该次调查中主要内容有：

（一）行业市场环境调查

主要的调查内容如下。

1. 湘大单放机市场的容量和发展潜力。

2. 该行业的营销特点和行业竞争状况。

3. 学校教学、生活环境对该行业发展的影响。

4. 当前湘大单放机种类、品牌及销售状况。

5. 该行业各产品在湘大的经销网络状态。

（二）消费者调查

主要的调查内容如下。

1. 消费者对单放机的购买形态（购买过什么品牌、购买地点、选购标准等）与消费心理（必需品、偏爱、经济、便利、时尚等）。

2. 消费者对单放机各品牌的了解程度（包括功能、特点、价格、包装等）。

3. 消费者对品牌的意识、对本品牌及竞争品牌的观念，以及对各品牌的忠诚度。

4. 消费者平均月开支及消费比例的统计。

5. 消费者理想的单放机描述。

---

* 本案例提到的单放机现在已基本淘汰，这里引用此案例是为了让读者分析市场调查计划书的结构与撰写方法。

（三）竞争者调查

主要的调查内容如下。

1. 主要竞争者的产品与品牌优、劣势。

2. 主要竞争者的营销方式与营销策略。

3. 主要竞争者的市场概况。

4. 本产品主要竞争者的经销网络状态。

四、调查对象及抽样

因为单放机在高校的普遍性，全体在校学生都是调查对象，但因为家庭经济背景的差异，全校学生月生活支出还存在较大的差距，导致消费购买习惯的差异性，因此他（她）们在选择单放机的品牌、档次、价格上都会有所不同。为了准确、快速地得出调查结果，此次调查决定采用分层随机抽样法：先按其住宿条件的不同分为公寓学生与普通宿舍学生两层，然后再进行随机抽样。此外，分布在湘大校内外的各经销商、专卖店也是本次调查的对象，因其规模、档次的差异性，决定采用判断抽样法。

（一）调查对象具体情况

1. 消费者（学生）：300 名，其中住公寓的学生占 50%。

2. 经销商：10 家，其中校外 5 家。

3. 大型综合商场：1 家。

4. 中型综合商场：2 家。

5. 专卖店：2 家。

6. 校内：5 家。

7. 综合商场：3 家。

8. 专卖店：2 家。

（二）消费者样本要求

1. 家庭成员中没有人在单放机生产单位或经销单位工作。

2. 家庭成员中没有人在市场调查公司或广告公司工作。

3. 消费者没有在最近半年中接受过类似产品的市场调查测试。

4. 消费者所学专业不能为市场营销、调查或广告类。

五、调查员的规定、培训

（一）规定

1. 仪表端正、大方。

2. 举止谈吐得体，态度亲切、热情。

3. 具有认真负责、积极的工作精神及职业热情。

4. 访员要具有把握谈话气氛的能力。

5. 访员要经过专门的市场调查培训，专业素质好。

（二）培训

培训必须以实效为导向，本次调查人员的培训采用举办培训班、集中讲授的方法，针对本次活动聘请有丰富经验的调查人员面授调查技巧、经验。并对他们进行思想道德方面的教育，使之充分认识到市场调查的重要意义，培养他们强烈的事业心和责任感，端正其工作态度、作风，激发他们对调查工作的积极性。

六、人员安排

根据调查方案，在湘潭大学及市区进行本次调查需要的人员有三种：调查督导、调查人员、复核员。具体配置如下：

1. 调查督导：1名。

2. 调查人员：20名（其中15名对消费者进行问卷调查、5名对经销商进行深度访谈）。

3. 复核员：1～2名，可由督导兼职，也可另外招聘。

如有必要还将配备辅助督导（1名），协助进行访谈、收发和检查问卷与礼品。问卷的复核比例为全部问卷数量的30%，全部采用电话复核方式，复核时间为问卷回收的24小时内。

七、市场调查方法及具体实施

（一）对消费者以问卷调查为主

在完成市场调查问卷的设计与制作以及调查人员的培训等相关工作后，就可以开展具体的问卷调查了。把调查问卷平均分发给各调查人员，统一选择中餐或晚餐后的时间开始进行调查（因为此时便于集中调查，能够给本次调查节约时间和成本）。调查人员在进入各宿舍时说明来意，并特别声明在调查结束后将赠送被调查者精美礼物一份以吸引被调查者的积极参与，得到正确有效的调查结果。调查过程中，调查人员应耐心等待，切不可督促。记住一定要求其在调查问卷上写明姓名、所在班级、寝室、电话号码，以便以后的问卷复核。调查人员可以在当时收回问卷，也可以第二天收回（这有利于被调查者充分考虑，得出更真实有效的结果）。

（二）对经销商以深度访谈为主

由于调查形式的不同，对调查者所提出的要求也有所差异。与经销商进行深度访谈的调查人员相对于实施问卷调查的调查人员而言，其专业水平要求更高一些。因为时间较长，调查人员对经销商进行深度访谈以前一般要预约好时间并承诺给付一定报酬，访谈前调查人员要做好充分的准备、列出调查所要了解的所有问题。调查人员在访谈过程中应占据主导地位，把握着整个谈话的方向，能够准确筛选谈话内容并快速做好笔记以得到真实有效的调查结果。

（三）通过网上查询或资料查询调查湘大人口统计资料

调查人员查找资料时应注意其权威性和时效性，以尽量减少误差。因为该工作的简易性，该工作可直接由复核员完成。

八、调查程序和时间安排

市场调查大致可分为准备、实施和结果处理三个阶段。

1. 准备阶段：它一般分为界定调查问题、设计调查方案、设计调查问卷或调查提纲三个部分。

2. 实施阶段：根据调查要求，采用多种形式，由调查人员广泛地收集与调查活动有关的信息。

3. 结果处理阶段：将收集的信息进行汇总、归纳、整理和分析，并将调查结果以书面的形式调查报告表述出来。

在客户确认项目后，有计划地安排调查工作的各项日程，用以规范和保证调查工作的顺利实施。按调查的实施程序，可分8个小项对时间进行具体安排如下。

调查方案、问卷的设计	3个工作日
调查方案、问卷的修改、确认	1个工作日

项目准备阶段（人员培训、安排）	1个工作日
实地访问阶段	4个工作日
数据预处理阶段	2个工作日
数据统计分析阶段	3个工作日
调查报告撰写阶段	2个工作日
论证阶段	2个工作日

九、经费预算（单位：元）

1. 策划费	1 500
2. 交通费	500
3. 调查人员培训费	500
4. 公关费	1 000
5. 访谈费	1 000
6. 问卷调查费	1 000
7. 统计费	1 000
8. 报告费	500
总计	7 000

十、附录

参与人员如下。

1. 项目负责人：颜儒葵。
2. 调查方案、问卷的设计：待定。
3. 调查方案、问卷的修改：待定。
4. 调查人员培训：待定。
5. 调查人员：待定。
6. 调查数据处理：待定。
7. 调查数据统计分析：待定。
8. 调查报告撰写：待定。
9. 论证人员：待定。
10. 调查计划书撰写：颜儒葵。

资料来源：颜儒葵．湘潭大学单放机市场调查计划书［OL］．全球品牌网，2009-02-27.

分析思考：

1. 湘潭大学单放机市场调查计划书中的调查目的是否清楚，并说明理由。
2. 该方案中的调查内容是否围绕调查目的展开，请说明理由。

任务二　设计市场调查问卷

任务引入

王刚等六人根据前期工作的分析准备，决定对周边消费者的消费行为进行一次市场调查，他们准备采用实地调查的方式进行调查，帮助公司制定营销战略。他们经过学习，掌握了市场调查的基本内容与方法，也制定了具体的市场调查方案，但是，在开展市场调查时他们又再次迷惑，问卷应当如何设计呢?

任务1：根据王刚的需要掌握问卷设计的原则和内容。

任务2：根据工作需要制定具体的市场调查问卷。

任务分析

如果已制订市场调查计划、选定了适当的调查方法，则可以开始市场调查的资料收集工作。调查问卷就是收集市场信息、进行数据分析处理的基本思路和重要载体，调查问卷决定调查的一切，这说明市场调查与分析活动已经有了一个好的开始!

知识链接

调查问卷（Questionnaire）是指调查者事先根据调查的目的和要求设计，由一系列问题、说明和备选答案组成的调查项目表格，又称调查表。问卷调查是调查者依据心理学原理，将精心设计的各种问题全部以询问的形式在问卷中列出来，许多问题还给出了多种可能的答案，提供给被调查者进行选择。这种方式有助于被调查者能够及时准确地获取调查的内容，领会调查意图，从而能提高调查的系统性和准确性。

在市场调查与分析活动中，一旦数据资料收集方法确定，实际的问卷设计过程也就开始了。问卷设计首先要做的工作就是确定在问卷中使用什么样的问题类型，然后才是问题答案的设计。

小知识

市场调查问卷是由一个又一个问题组成的，这些问题凝结着设计人员大量的智慧和汗水。营销类教程中讲过一个例子：有一家肉类经销商拟对肉类销售市场进行调查，在设计好问卷后，派营销调查人员进行街头调查。一位调查员将调查地点选在一个商业闹市区，正巧迎面走来四个人，包括一个意大利人、一个南非人、一个韩国人和一个墨西哥人。调查人员马上上前问道：“对不起，打扰一下，你们能谈谈对目前肉类供应短缺的看法吗?”结果四人的回答让人啼笑皆非。意大利人说：“‘短缺’是什么意思?”南非人说：“‘肉’指的是什么?”韩国人说：“什么是‘看法’?”墨西哥人说：“打扰什么了?”这个例子说明了在实施问卷调查时，在问卷的设计、问题的提问等环节必须充分运用一定技能的重要性和必要性。

知识点1：设计问卷的问题

问卷的语句由若干个问题构成，问题是问卷的核心，在进行问卷设计时，必须对问题的类别和提问方法仔细考虑，否则会使整个问卷产生很大的偏差，导致市场调查的失败。因此，在设计问卷时，应对问题有较清楚的了解，并善于根据调查目的和具体情况选择适当的询问方式。

1. 问题的主要类型及询问方式

(1) 设计直接性问题、间接性问题和假设性问题。

1) 直接性问题。直接性问题是指在问卷中能够通过直接提问的方式得到答案的问题。设计直接性问题要注意：这些问题可以是一些已经存在的事实或被调查者的一些不很敏感的基本情况。直接性问题通常给回答者一个明确的范围，所问的是个人基本情况或意见，例如，“您的年龄”“您的职业”“您最喜欢的洗发水是什么牌子的？”等，这些都可获得明确的答案。这种提问对统计分析比较方便，但遇到一些窘迫性问题时，采用这种提问方式，可能无法得到调查者需要的答案。

2) 间接性问题。间接性问题是指那些不宜于直接回答，而采用间接地提问方式得到所需答案的问题。通常是指那些被调查者对所需回答的问题产生顾虑，不敢或不愿真实地表达意见的问题，如家庭人均收入、消费支出、婚姻状况、政治信仰等方面的内容。如果不加思考直接询问，可能会引起被调查者的反感，导致调查过程出现不愉快而中断。

调查者不应为得到直接的结果而强迫被调查者，使他们感到不愉快或难堪。这时，如果采用间接回答方式，使被调查者认为很多意见已被其他调查者提出来了，他所要做的只不过是对这些意见加以评价罢了，这样，就能排除调查者和被调查者之间的某些障碍，使被调查者有可能对已得到的结论提出自己不带掩饰的意见。例如，不能直接问：你每月的支出是多少？

3) 假设性问题。假设性问题是通过假设某一情景或现象存在而向被调查者提出的问题；例如，“有人认为目前的电视广告过多，您的看法如何？”“如果在购买汽车和住宅中您只能选择一种，您可能会选择哪种？”这些语句都属于假设性提问。

(2) 设计开放式问题和封闭式问题。

1) 开放式问题。开放式问题是指调查者对所提出的问题不列出具体的答案，被调查者可以自由地运用自己的语言来回答和解释有关想法的问题。

例：你认为目前我国大学生就业难的主要原因有哪些？

开放式问题的优点：比较灵活，能调动被调查者的积极性，使其充分自由地表达意见和发表想法；对于调查者来说，能收集到原来没有想到，或者容易忽视的资料。同时由于被调查者以自己的提回来回答问题，调查者可以从中得到启发，使文案创作更贴近消费者。这种提问方式特别适合那些答案复杂、数量较多或者各种可能答案尚属未知的情形。

开放式问题的缺点：被调查者的答案可能各不相同，标准化程度较低，资料的整理和加工比较困难，同时还可能会因为回答者表达问题的能力差异而产生调查偏差。

2) 封闭式问题。封闭式问题是指事先将问题的各种可能性答案列出，由被调查者根据自己的意愿选择回答。

例：你购买该款 MP3 的主要原因是什么？

A. 价格便宜；B. 可以作为 U 盘用；C. 整机性能良好；D. 售后服务好；E. 外观造型别致；F. 性价比高。

封闭式问题的优点：标准化程度高，回答问题较方便，调查结果易于处理和分析；可以避免无关问题，回答率较高；可节省调查时间。

封闭式问题的缺点：被调查者的答案可能不是自己想准确表达的意见和看法；给出的选项可能对被调查者产生诱导；被调查者可能猜测答案或随便乱答，使答案难以反映其真实情况。

（3）设计动机性问题和意见性问题。

1）动机性问题。动机性问题是指为了了解被调查者的一些具体行为的原因和理由而设计的问题。

例：你为什么购买某一品牌的笔记本电脑？

动机性问题所获得的调查资料对于企业制定市场营销策略非常有用，但是收集难度很大。调查者可以多种询问方式结合使用，尽最大可能将调查者的动机揭示出来。

2）意见性问题。意见性问题主要是为了了解被调查者对某些事物的看法或想法。

例：你对学校后勤服务公司的自行车存取服务有何意见？

意见性问题在营销调查中也经常遇到，它是很多调查者准备收集的关键性资料，因为意见常常影响动机，而动机决定着购买者的行为。

在实际市场调查中，几种类型的问题常常是结合使用的。在同一份问卷中，既会有开放式问题，也会有封闭式问题；甚至同一个问题，也可能隶属于多种类型。调查者可根据具体情况选择不同的提问方式，使用不同的询问技术。

（4）设计量表应答式问题。

在问卷中设计量表应答式问题主要是为了对应答者回答的强度进行测量，同时，许多量表式应答可以转换为数字，这些数字可以直接用于编码。另外，量表应答式回答的问题还可以用更高级的统计分析工具进行分析。

例：既然你已经试用了该产品，你将购买它吗？（选一个）

□肯定购买　□可能购买　□也许会购买　□可能不会购买　□肯定不会购买

量表应答式问题也有缺点，如应答者可能出现误解。问题有时对应答者的记忆与回答能力要求过高。

（5）设计二项选择和多项选择问题。

1）二项选择问题。二项选择法（又称是否法、真伪法）的回答项目非此即彼，简单明了。

例：你是否购买过自行车？

□是　　□否

这类问题的答案通常是互斥的，调查结果统计得到“是”与“否”的比例，由于回答项“是”与“否”之间没有任何必然的联系，因此得到的只是一种定性分析，说明不同回答所占比例，比例大的部分影响力和重要性比较大。

2）多项选择问题。多项选择问题是指有些问题为了使被调查者完全表达要求、意愿，还需采用多项选择法，根据多项选择答案的统计结果，得到各项答案重要性的差异。

小知识

你买山地运动自行车是因为：

A. 经济条件允许　B. 自己骑着玩、个人娱乐　C. 送给朋友　D. 上下班骑，代步工具　E. 气派，赶时髦　F. 周围邻居或熟人有用的　G. 为了旅游、锻炼身体　H. 其

他（具体写出）________________

2. 决定问题的用词

不管设计什么样的问题，采用什么样的询问技术，最终都会归结到问题的措辞上。从语言文字表述来讲，问题的设计又有以下要求。

（1）清晰、简明扼要。

误区一：设计问句语言表述过于专业。

例：某会计师事务所为了提高服务质量，扩大知名度，就本所人员在企业的执业情况派调研人员在客户处进行了调研。问题如下。

请问你对本所人员的外勤业务是否满意？

□满意　　□不满意　　□不清楚

分析提示：会计师事务所将专业人员在客户处进行的执业活动统称为外勤。有些企业员工可能对会计师事务所的外勤、内勤之分并不十分了解，即使给出答案也没有什么实际意义，调查结果显然会出现误差。所以在决定问题措辞时，应避免使用过于专业的术语。

（2）意思明确。

误区二：语言使用含混。

例：某大学在军训结束后对新生进行了一次入学调研，在设计好的问卷中有以下这样一个问题。

你对我们学校印象如何？

□好　　□不好　　□不了解

分析提示：这样的问题提法过于笼统，意思不很明确，使刚入学的新生不好回答。因为对于新生来讲，学校的第一印象可能来自宿舍条件、就餐环境、社团生活、校园环境等方面。

（3）避免诱导性或否定式问题。

误区三：诱导性问题。

例：目前，大多数学生认为，应届毕业生在招聘中因缺乏实际工作经验会遭到歧视，你认为呢？

□是　　□不是　　□不清楚

分析提示：这是一个诱导性问题，问题中已经包含了建议答案或推荐被调查者在该问题应该采取的立场。

误区四：否定式问题。

例：你并不认为在行人和机动车发生交通事故时应增加机动车一方的责任吧？

□是　　□不是　　□不清楚

分析提示：这是一个否定式问题，这种否定句提问对被调查者的回答有诱导作用。

（4）不用要求评价或假设性的问题。

误区五：评价性问题。

例：你每月在文化娱乐方面的消费是多少？

分析提示：这是一个要求总结或评价的问题，消费者一般很难在短时间内精确地统计出自己每月文化娱乐方面的消费。

误区六：假设性问题。

例：你毕业后是否会马上选择出国继续深造？

分析提示：作为在校生，这是一个假设性的问题。被调查者可能因假设不成立说不，也可能会选择留在国内工作或继续深造而说不。

知识点 2：设计问卷的答案

在问卷调查实践中，无论是哪种问题类型，都要进行答案设计，尤其是封闭性问题，必须进行全面、系统、详尽的设计，才可以将调查内容信息准确地传输给被调查者，取得对方的充分合作，使其不带偏见地去回答有关问题。一般较常用的答案设计可以这样操作。

1. 设计二项选择答案

二项选择法又称是否法、真伪法，是指所提出的问题只有两种对立的答案可供选择，被调查者只能从两个答案中选择一项。

例：你已经考取计算机等级证书了吗？

□是　　□否

分析提示：这样的答案设计态度明朗，利于选择，可以得到明确的回答，能迫使倾向不定者偏向一方，能够在较短的时间内得到答案，统计处理方便；缺点是不能反映意见的差别程度，调查不够深入，由于取消了中立意见，结果有时不准确。

2. 设计多项选择答案

多向选择法是指所提出的问题有两个以上的答案，让被调查者在其中进行选择。

例：你在毕业后选择就业时考虑的主要因素是什么？(应注明选项数量)

A. 工资福利　B. 经济发达城市　C. 有利于自身今后发展　D. 专业对口　E. 才能得以施展　F. 积累社会经验

分析提示：多项选择法的优点是可以缓和二项选择法强制选择的缺点，应用范围广，能较好地反映被调查者的多种意见及其程度差异，由于限定了答案范围，统计比较方便。缺点是回答的问题没有顺序，且答案太多，不便归类，对问卷设计者的要求较高。

3. 设计顺序答案

顺序法又称排序法，是指提出的问题有两个以上的答案，由被调查者按重要程度进行顺序排列的一种方法。在实践中，顺序法主要有两种：有限顺序法和无限顺序法。

(1) 有限顺序法。

例：请按重要程度排列出你在购买文具用品时考虑的前三位影响因素是（　　）

A. 价格　B. 品牌　C. 包装　D. 使用方便　E. 商场促销　F. 同学推荐　G. 其他

(2) 无限顺序法。

例：请按重要程度排列出你在购买文具用品时考虑的影响因素（　　）

A. 价格　B. 品牌　C. 包装　D. 使用方便　E. 商场促销　F. 同学推荐　G. 其他

分析提示：顺序法不仅能够反映出被调查者的想法、动机、态度、行为等多个方面的因素，还能比较出各因素的先后顺序，既便于回答，又便于分析。但是在实践应用中应注意：备选答案不宜过多，以免造成排序分散，增加整理分析难度；调查内容必须对备选答案进行排序时再使用。

4. 设计比较答案

比较法是指采用对比的方式，由被调查者将备选答案中具有可比性的事物进行比对做出选择的方法。

例：请比较下列每一组不同品牌的彩色电视机，哪一种你更喜欢使用？（每一组中只选一个）

A. 长虹 海信 B. 创维 海信 C. TCL 海信 D. 长虹 创维 E. TCL 创维 F. TCL 长虹

分析提示：这种方法采用了一一对比方式，具有一定的强制性，使被调查者易于表达自己的态度。但在实际应用时应注意，比较项目不宜过多，否则会影响被调查者回答的客观性，也不利于统计分析。

知识点3：问卷的组织与编排

问卷的问题与答案设计好之后，不能随意编排，问卷每一部分的位置都具有一定的逻辑性。具体操作如下。

1. 问卷中问题编排的一般原则

心理学研究表明：问题排列的前、后顺序有可能影响被调查者的情绪。同样的题目，安排得合理、恰当，有利于有效地获得资料。编排不妥当，可能会影响被调查者作答，影响问卷的回收效率，甚至影响调查的结果。在设计问卷时，应站在被调查者的角度，顺应被调查者的思维习惯，使问题容易回答。下面是问题编排的一般原则。

（1）问卷中问题的排序应注意逻辑性。

问题的编排应该注意尽量符合人们的思维习惯，这样才可能使调查有一个良好的开端。如果未加仔细考虑，问题排序杂乱无章，让人思维空间变换过快，心理上会产生明显的反差，这就会影响被调查者回答问题的意愿，不利于其对问题的回答。所以，一般当面访问时，开头应该采用简单的开放式问题，先营造一个轻松、和谐的谈话氛围，使后面的调查能够顺利进行。采用书面调查时，开头应是容易回答、具有趣味性的一般性问题，需要思考的核心调查内容放在中间部分，专门或特殊的问题放在最后。

（2）问卷中问题的排序应该先易后难。

一般性问题的最先出现可以使人们开始考虑有关概念、公司或产品类型，然后再问具体问题。也就是将容易回答的问题放在前面，难以回答的题目放在后面，问卷的前几道题容易作答能够减少被调查者的反感情绪，提高其积极性，有利于建立一种融洽关系。如果一开始就让被调查者感到费力，容易使他们对完成问卷失去兴趣。

一般对公开的事实或状态的描述简单一些，因此放在问卷的较前面位置，而对问题的看法、意见等需要动脑筋思考，因此放在问卷稍后一点的位置。

从时间的角度来考虑，最近发生的事情容易回想，便于作答，因此放在问卷前面一点的位置。过去发生的事情，由于记忆容易受到干扰，不容易回想，因此放在问卷较后一点的位置。例如，可先问“你现在使用的是什么牌子的牙膏？”然后再问“在使用这种牌子的牙膏之前你使用过什么品牌？”

（3）一些特殊问题置于问卷的最后。

许多特殊问题如收入、婚姻状况、政治信仰等一般放在问卷的后面，因为这类问题非常容易遭到被调查者的拒答，从而影响回答的连续性。如果将这类问题放在后面，即使这些问题被拒答，其他的前面问题的回答资料仍有分析的价值。并且，此时被调查者与调查者之间已经建立了融洽的关系，被调查者的警惕性降低，有助于提高回答率，从而增加了获得回答的可能性。

复杂的开放性问题一般需要较长时间来回答，通常情况下，一般的被调查者是不愿意花太多的时间来完成一份问卷的。如果将复杂的开放性问题放在问卷前面的位置，会使被调查者觉得答问卷需要很长时间，从而拒绝接受调查。所以，复杂开放性问题一般放在后面，即使不作答，也不至于影响其他问题的回答价值。

2. 问卷设计的格式

一份完整的调查问卷通常包括问卷标题、问卷说明、被调查者基本情况、调查主题内容、编码、调查者情况等内容。

（1）问卷标题。

问卷标题是概括说明调查研究主题，使被调查者对所要回答什么方面的问题有一个大致的了解。确定标题应简明扼要，易于引起回答者的兴趣。例如，“大学生消费状况调查”“我与广告——公众广告意识调查”等。而不要简单采用“调查问卷”这样的标题，它容易引起回答者因不必要的怀疑而拒答。

（2）问卷说明。

问卷说明旨在向被调查者说明调查的目的、意义。有些问卷还有填表须知、交表时间、地点及其他事项说明等。问卷说明一般放在问卷开头，通过它可以使被调查者了解调查目的，消除顾虑，并按一定的要求填写问卷。问卷说明既可采取比较简洁、开门见山的方式，也可在问卷说明中进行一定的宣传，以引起调查对象对问卷的重视。

小知识

例 1：

同学们：

为了了解当前大学生的学习、生活情况，并做出科学的分析，我们特制定此项调查问卷，希望广大同学予以积极配合，谢谢。

例 2：

女士（先生）：

改革开放以来，我国广告业蓬勃发展，已成为社会生活和经济活动中不可缺少的一部分，对社会经济的发展起着积极的推动作用。我们进行这次公众广告意识调查，其目的是加强社会各阶层人士与国家广告管理机关、广告用户和经营者等各方的沟通和交流，进一步加强和改善广告监督管理工作，促进广告业的健康发展。本次问卷调查并非知识性测验，只要求您根据自己的实际态度选答，不必进行讨论，我们将对您的个人情况实行严格保密。

（3）被调查者基本情况。

这是指被调查者的一些主要特征，如在消费者调查中，消费者的性别、年龄、民族、家庭人口、婚姻状况、文化程度，职业、单位、收入、所在地区等。又如，对企业调查中的企业名称、地址、所有制性质、主管部门、职工人数、商品销售额（或产品销售量）等情况。通过这些项目，便于对调查资料进行统计分组、分析。在实际调查中，列入哪些项目，列入多少项目，应根据调查目的、调查要求而定，并非多多益善。

（4）调查主题内容。

调查的主题内容是调查者所要了解的基本内容，也是调查问卷中最重要的部分。它主要是以提问的形式提供给被调查者，这部分内容设计得好坏直接影响整个调查的价值。主题内容包括以下几方面：1）对人们的行为进行调查。包括对被调查者本人行为进行了解或通过被调查者了解他人的行为。2）对人们的行为后果进行调查。3）对人们的态度、意见、感觉、偏好等进行调查。

（5）编码。

编码是将问卷中的调查项目变成数字的工作过程，大多数市场调查问卷均需加以编码，以便分类整理，易于进行计算机处理和统计分析。所以，在问卷设计时，应确定每一个调查项目的编号和准备相应的编码。通常是在每一个调查项目的最左边按顺序编号。

例：1）您的姓名；2）您的职业……在调查项目的最右边，根据每一调查项目允许选择的数目，在其下方划上若干短线，以便编码时填上相应的数字代号。

（6）调查者情况。

在调查表的最后，附上调查人员的姓名、访问日期、时间等，以明确调查人员完成任务的性质。如有必要，还可写上被调查者的姓名、单位或家庭住址、电话等，以便于审核和进一步追踪调查。但对于一些涉及被调查者隐私的问卷，上述内容则不宜列入。

任务总结

王刚等六人通过学习，学习了市场调查重要载体调查问卷的设计与制作，并且认识到问卷在数据收集方面有不可替代的作用，问卷设计工作自然就非常重要，可以讲，问卷设计与编排的好坏直接关系到调查结论的客观性与科学性。他们将学习结果归纳如下：

（1）调查问卷是指调查者事先根据调查的目的和要求设计，由一系列问题、说明和备选答案组成的调查项目表格，又称调查表。

（2）问卷的问题和答案都有不同的类型，并且还要注意避免走入一些误区。

（3）在问卷的组织和编排时需要遵循逻辑性、先易后难，以及特殊问题排最后的原则。

（4）一份完整的调查问卷通常包括问卷标题、问卷说明、被调查者基本情况、调查主题内容、编码、调查者情况等内容。

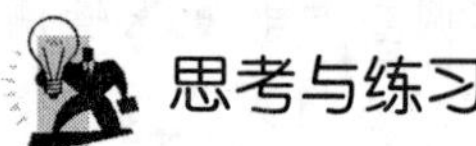

思考与练习

一、关键词汇

调查问卷

二、简答题

1. 问卷的问题和答案有哪些类型？
2. 简述问卷的基本结构。

3. 问卷中问题的排序应注意什么？

三、案例分析

读者基本情况调查问卷

我们期待你填写登记卡，你的回答将严格保密并进入读者数据库。届时，你可在邮购图书时得到优惠（不但可免邮寄费，还可享受书价九折优惠）。你对所购书籍有任何意见，请另附纸张一并寄给我们公司，我们将十分感谢！

请在你选中答案的方框内打“√”，或将你的答案填在横线上。

1. 姓名……………………
2. 性别：□男　□女
3. 年龄：……………………岁
4. 你所在单位的行业：□制造业　□咨询业　□金融业　□服务业　□商业　□机关　□教育
5. 你的职位：□总经理　□营销总监　□部门经理　□职员　□教师　□公职人员　□学生　□其他
6. 你单位的（成）员工数：□100 人以下　□100～500 人　□500～1 000 人　□1 000～5 000 人　□5 000 人以上
7. 你的收入：每月……………………元人民币
8. 文化程度：□高中　□大专　□本科　□硕士　□博士
9. 通信地址：……………………………………

   邮政编码：……………………
10. E-mail 地址：……………………………………
11. 你购买的书名是：……………………………………
12. 你是怎样知道这本书：□别人介绍　□在书店看到　□杂志　□网络　□报纸　□培训班购买　□其他
13. 你认为这本书的质量怎么样？□好　□中　□差
14. 请在以下几个方面予以评价：

	很好	好	一般	不太好	差
(1) 理论、专业水平的角度	5	4	3	2	1
(2) 实用、可操作性的角度	5	4	3	2	1
(3) 内容新颖、创新的角度	5	4	3	2	1
(4) 文笔、案例生动的角度	5	4	3	2	1
(5) 印刷、装帧质量的角度	5	4	3	2	1

分析思考：

1. 问卷中问题的排序有无不当之处？
2. 问卷中一些问题的措辞有无不当的地方，怎样改正？

单元检测

一、单项选择题

1. 运用科学的方法，有目的有计划地收集、整理和分析研究有关市场营销方面的信息，提出解决问题的建议，供营销管理人员了解营销环境，发现机会与问题，作为市场预测和营销决策的依据，我们把它称为（　　）。

A. 营销信息系统　B. 市场调研　C. 市场预测　D. 决策支持系统

2. 企业在情况不明时，为找出问题的症结，明确进一步调研的内容和重点，通常要进行（　　）。

A. 探测性调研　B. 描述性调研　C. 因果关系调研　D. 临时性调研

3. 市场营销调研划分为探测性调研、描述性调研和因果关系调研，其划分的标准是（　　）。

A. 调研时间　B. 调研范畴　C. 调研内容　D. 调研目的

4. 在已明确所要研究问题的内容与重点后，拟定调研计划，进行实地调查，收集第一手资料，如实地反映情况和问题，这是属于（　　）。

A. 探测性调研　B. 描述性调研　C. 因果关系调研　D. 定期性调研

5. 为了弄清市场变量之间的因果关系，收集有关市场变量的数据资料，运用统计分析和逻辑推理等方法，判明变动原因和结果以及它们变动的规律，这是属于（　　）。

A. 探测性调研　B. 描述性调研　C. 因果关系调研　D. 定期性调研

6. 收集第一手资料的主要工具是（　　）。

A. 计算机　B. 乱数表　C. 调查表　D. 统计年鉴

二、判断题

1. 探测性调研一般要进行实地调查，收集第一手资料。（　　）

2. 描述性调研主要是收集、整理和分析第二手资料。（　　）

3. 收集第一手资料通常花费较大、周期长，但能掌握市场的即时信息。（　　）

4. 随着行业营销费用的增加，刺激消费的力度加大，市场需求会无限地增长。（　　）

5. 即使不支出任何的营销费用，市场对某种产品仍然存在一个基本的需求量。（　　）

实战演练

一、训练目标

1. 培养学生市场调查的能力。

2. 培养学生撰写市场调查报告的能力。

二、内容与要求

制定市场调查方案、编写市场调研问卷并实施调查，撰写市场调查报告。

三、组织与实施评价

1. 以项目团队为学习小组，选出项目负责人。

2. 建立沟通协调机制，团队成员共同参与、协作完成公司任务。

3. 各项目团队根据实训内容进行讨论。

4. 评价与总结：各项目团队提交实训报告，并根据报告进行评估。

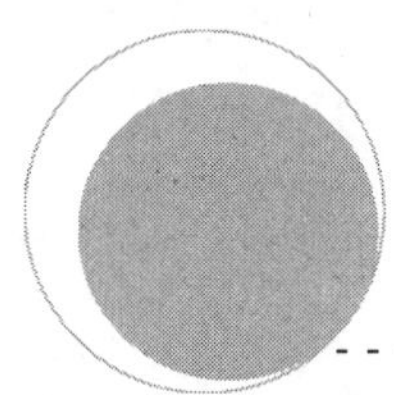

项目四 分析消费者市场

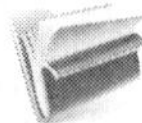

学习目标

知识目标

- 掌握消费者市场的特点。
- 熟悉消费者市场的购买对象。
- 了解消费者市场购买行为过程。
- 理解影响消费者购买行为的因素。

能力目标

- 能根据消费者市场的特点设计相应的营销对策。
- 能够根据案例对消费者购买行为类型进行分析。
- 能够根据消费者行为制定具有针对性的营销策略。

素质目标

- 培养学生的爱岗敬业的精神。
- 培养学生良好的团队合作观念。

先导案例

裤子的发展史

如图 4-1 所示，这是一张老照片，展现了当时衣着的流行元素，拍照者都穿着一条喇叭裤。随着时代的发展，裤子在我国也经历了不同的发展阶段，下面我们就来看看裤子的发展史吧。

军裤（流行期：20 世纪 70 年代末）：在以穿军装为荣的年代，军裤走入平常百姓家成为潮流，但款式已不像军用的那样肥大，经过改良，变得更窄更贴身。

健美裤（流行期：20 世纪 80 年代）：健美裤又称踏脚裤，当时不管多胖瘦，都穿健美裤，为了曲线不仅女生人手一条，就连男生也穿，主要有黑白灰三种颜色。

喇叭裤（流行期：20 世纪 70 年代末至今）：喇叭裤是改革开放后最早进入中国的流行裤，但由于臀腿部位包紧突显线条，在当时最先穿喇叭裤的都被视作“流氓”。

阔腿裤（流行期：20 世纪 80 年代至今）：80 年代的阔腿裤大多是轻飘飘的的确良或纱的质地，而且一般都很高腰；现在的阔腿裤什么质地的都有。

图 4-1 喇叭裤

破洞牛仔裤（流行期：20 世纪 90 年代至今）：牛仔布料旧还要钻个洞，越像乞丐越够个性，有人甚至偷偷拿剪刀自己剪洞。有个笑话是，不知情的老人看了直点头：破了还穿真勤俭。

掉裆裤（流行期：21 世纪初至今）：随着哈韩哈日潮流的出现，有些年轻人觉得穿着拖地的掉裆裤，哼着 hip—hop 的节拍一颤一颤地走路才够潮，由此开始流行。

资料来源：30 年裤子变化，没什么比裤脚更容易落伍［OL］.（2008-03-28）［2018-05-26］. http://lady.163.com/special/00262K8V/1978—2008fashion.html.

分析思考：

这个案例说明消费者市场有什么特点？

任务一　消费者市场概述

任务引入

经过一段时间的努力，王刚等六人对校园周边的市场环境有了初步的了解。短时间的市场走访使他们成熟了，人也变得聪明了，他们认识到单纯的市场营销环境分析是不足以支撑企业经营方向的选择的，下一步他们应该按照现代市场营销观念的要求，对消费者市场进行分析，从中发现市场机会，满足市场需求。

任务 1：了解什么是消费者市场。

任务 2：了解消费者购买行为包括哪些方面。

任务分析

在同一市场环境中的不同顾客其消费需求是不同的，作为一名合格的营销人员，必须熟悉顾客需求，掌握顾客的消费特点，才能在经营过程中掌握主动权，真正做到满足顾客需求。

知识链接

消费者市场（Consumer Market）是指为了满足生活需要而购买物品或服务的个人和家庭所构成的市场。它是市场营销学研究的主要对象，是所有商品的最终市场。无论是产业市场还是中间商市场，其最终的服务对象都是消费者市场，因此全面动态地了解消费者需求，掌握消费者市场的特征及发展趋势是企业生存与发展的重要前提。

知识点 1：消费者市场的特点

消费者需求是随着社会经济、政治和文化的发展而不断地产生和发展的，尽管受到各种因素的影响而千变万化，但总是存在着一定的趋向性和规律性。企业为了更好地满足市场消费需求，必须分析、认识消费者需求的特点，以利于更好地开展市场影响活动。消费需求的特点主要表现在以下几个方面。

1. 普遍性与多样性

普遍性是指人人都是消费者。由于消费者市场人数众多，具有购买次数频繁、购买数量少的特征。多样性是指由于消费者市场人多面广，消费者受到年龄、职业、受教育程度、经济收入、性格及所处的市场环境不同的影响，导致消费者购买行为千差万别。

2. 层次性与发展性

消费需求的层次性是指消费者对同一类产品，在质量、价格、款式、规格、性能等方面需求的差异性在消费品市场以多层次性特征表现出来。如按产品价格高低，可以把产品分为高、中、低三个档次。这种特征有利于企业细分市场，所提供的产品更有针对性。

消费需求的发展性是指随着时代的变迁、科技的进步、经济收入的提高，消费者的需求会经历一种由低到高、由粗到精的发展过程。特别是由于科学技术的迅猛发展，新产品层出不穷，产品生命周期日益缩短，人们更换产品速度加快，进一步促进了消费需求的发展性。

3. 情感性

消费需求的情感性是指消费者购物带有明显的感情色彩。由于消费者缺乏专业知识，大部分是外行，多属于非专家购买，往往是根据个人的喜好和情感购物。如在情人节，恋爱中的男女要送玫瑰花、巧克力来表达自己的爱恋之情，因此每年的 2 月 14 日，都是玫瑰花和巧克力最畅销、价格上涨最快的日子。

4. 可诱导性

消费需求的可诱导性是指消费需求受消费者收入、嗜好、商品价格、税收和储蓄利率、心理预期、经济发展趋势的影响，购买具有很大的伸缩性，容易受外界因素的诱导。一般来讲，消费者对商品的不同偏好程度决定了他们的购买意愿。

5. 互补性和替代性

消费需求的互补性是指消费者为了满足自己个人的某种需求，需要同时购买两种或两种以上的商品。消费者购买的这些产品一般都是互补品，如购买打印机就必须买打印纸，打印机和打印纸即互补品。

消费需求的替代性是指商品功能近似可以互相替代，满足消费者的同一种需求。例如，消费者既可以买羽绒服御寒，也可以买棉大衣、裘皮大衣御寒。羽绒服、棉大衣、裘皮大衣互相是替代品。

6. 地区性

消费需求的地区性是指同一地区的消费者在生活习惯、收入水平、消费需求等方面具有很大的相似性，因而在消费行为上表现出地区性特点。例如，羽绒服在北方地区冬季销量很好，在海南则无人问津；中国的饮食北咸南甜，山西人喜吃醋，四川人、湖南人、湖北人比其他省份的人更喜欢吃辣。

7. 季节性

消费需求的季节性是指由于气候条件、风俗习惯不同而引起的季节性消费。这些商品的供应与消费有显著的淡、旺季之分。例如，蔬菜价格夏天便宜，冬天贵；在中国一些传统节日中会引起某种商品旺销，如元宵节的汤圆、端午节的粽子、中秋节的月饼等。

8. 流动性

消费需求的流动性是指消费品具有在地区间流动的特性。例如，服装的流动趋势是从欧美流动到日本、韩国、中国香港，然后流动到中国内地的东南沿海，再流动到中国北方地区和西部地区。

知识点 2：消费品的分类

消费品是供最终消费者用于家庭或个人使用的产品或服务。现在对种类繁多的消费品分类，通常采用两种分类方法。

1. 按消费品的消耗特点和产品形态分类

消费品按其消耗特点和产品形态分为非耐用消费品、耐用消费品、服务。

（1）非耐用消费品。

非耐用消费品又称易耗品，是指只能使用一次或几次的容易消耗的有形物品，如食物、水果、洗涤用品等。

（2）耐用消费品。

耐用消费品是指可以多次使用，单价较高的有形物品，如服装、家用电器等。

（3）服务。

服务是“用于出售或者是同产品连在一起进行出售的活动、利益或满足感。”服务是一种无形产品，如美容、技术咨询等。

2. 按消费者购买习惯分类

消费品按照消费者购买习惯分为便利品、选购品、特殊品和非渴求品，见表 4-1。

表 4-1 消费品的分类对比

类别	特征	消费者购买行为	企业策略	示例
便利品	日常所需、重复购买	不愿意花时间，接受替代品	分销广泛	盐、洗衣粉、饮料
选购品	较贵、需花较多时间比较	了解不多，比较价格，款式和质量	商业区集中销售	服装、家电
特殊品	独有特征、凭牌标记、愿花较多时间	有一定认识，特殊偏好，不接受替代品	创名牌	高级服装、汽车、专业摄影器材
非渴求品	非必需品	不了解，即使了解也没有兴趣购买	加强沟通，人员推销	新产品、保险、书籍

（1）便利品。

便利品又称日用品，是指消费者日常生活所需、需重复购买的商品，如粮食、饮料、肥皂、洗衣粉等。消费者在购买这类商品时，一般不愿花很多的时间比较价格和质量，愿意接受其他任何代用品。因此，便利品的生产者，应注意分销的广泛性和经销网点的合理分布，以便消费者能及时就近购买。

（2）选购品。

选购品指价格比便利品要贵，消费者购买时愿花较多时间对许多家商品进行比较之后才决定购买的商品，如服装、家电等。消费者在购买前，对这类商品了解不多，因而在决定购买前总是要对同一类型的产品从价格、款式、质量等方面进行比较。选购品的生产者应将销售网点设在商业网点较多的商业区，并将同类产品销售点相对集中，以便顾客进行比较和选择。

（3）特殊品。

特殊品指消费者对其有特殊偏好并愿意花较多时间去购买的商品，如高级服装、小汽车、专业摄影器材等。消费者在购买前对这些商品有了一定的认识，偏爱特定的厂牌和商标，不愿接受代用品。为此，企业应注意争创名牌产品，以赢得消费者的青睐，要加强广告宣传，扩大本企业产品的知名度，同时要切实做好售后服务和维修工作。

（4）非渴求物品。

非渴求物品又称未觅求品，是指消费者不了解或即使了解也没有兴趣购买的产品或服务，如新产品、保险、书籍等。针对非渴求物品的特性，企业要加大广告宣传力度，派人员推销，尤其是价格昂贵的消费品、保险更需要推销人员与消费者进行面对面的沟通，使消费者了解产品特性以及会给自己带来的利益，产生购买兴趣，从而扩大产品销售量。

知识点 3：消费者购买行为

消费者购买行为是指消费者在寻找、购买、使用、评估和处理满足其需要的产品或服务过程中所表现出来的反应或行动。研究消费者需求及其购买行为是企业制定市场营销战略的出发点。

1. *消费者购买行为的内容*

研究消费者购买行为主要涉及以下内容：购买者（Occupants）、购买组织（Organizations）、购买目的（Objectives）、购买对象（Objects）、购买方式（Operations）、购买时间（Occasions）、购买地点（Outlets）。由于后 7 个英文字母的开头都是 O，又称为“7O”研究法。

消费者市场由谁构成？（Who）	购买者（Occupants）
消费者市场的购买活动有谁参与？（Who）	购买组织（Organizations）
消费者市场为何购买？（Why）	购买目的（Objectives）
消费者市场购买什么？（What）	购买对象（Objects）
消费者市场怎样购买？（How）	购买方式（Operations）
消费者市场何时购买？（When）	购买时间（Occasions）
消费者市场何地购买？（Where）	购买地点（Outlets）

例如，汽车厂商为市场提供家用经济型轿车时，必须分析以下几个问题：汽车的市场由哪些人构成？哪些人会参与汽车购买？消费者为什么购买汽车？消费者市场需要怎样的汽车？消费者何时购买汽车？消费者在何处购买汽车？消费者怎样购买汽车？

2. 消费购买行为模式

研究消费者购买行为理论中最具有代表性的是刺激一反应模式。消费者的购买行为受到诸多因素的影响，有来自消费者自身的，也有来自外部环境的。消费者接受外部刺激，在内心经历一个非常复杂的转化过程后，表现出营销人员能观察到一系列行为。消费者的内心经历了一个怎样的决策过程，该过程又受到哪些因素的影响，这是营销人员最感兴趣，但又无法完全认识的领域。营销学家投入大量精力来研究外部刺激与消费者反应之间的关系，建立了消费者的购买行为模式图，如图 4-2 所示。

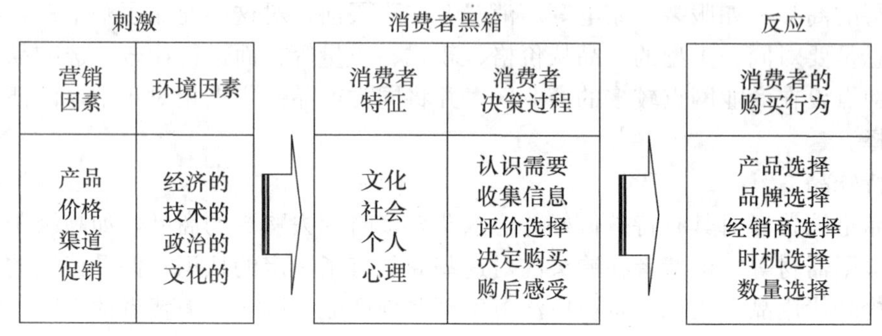

图 4-2　消费者购买行为模式

任务总结

王刚等六人对校园周边的市场环境有了初步了解，并在此基础上按照现代市场营销观念的要求，对市场中的消费者市场有了初步的了解，他们认识到：

（1）消费者市场是指为了满足生活需要而购买物品或服务的个人和家庭所构成的市场。按照消费品的消耗特点和产品形态可以分为非耐用品、耐用品和服务；

（2）按照消费者购买习惯可以把消费品分为便利品、选购品、特殊品和非渴求品。

思考与练习

一、关键词汇

消费者市场

二、简答题

1. 消费者市场具有哪些特征？

2. 消费品有哪些类别？

三、案例分析

看《捉妖记》学故事营销

每个风靡天下的品牌背后都有一个动人心弦的故事。2015 年，由北大传媒集团和智囊传媒联合主办的“新文化悦读会”在新华国际影城举行。读者们在观赏完《捉妖记》影片后，由中国品牌第一人、央视品牌顾问、著名品牌战略专家李光斗现场解读《捉妖记》，并就如何讲好故事与读者们做了交流。

李光斗认为《捉妖记》有极强的现实寓意：人比妖厉害，但是人却总打不过妖，是因为有人明里暗里帮着妖；最大的妖其实隐藏在人间，因披了很多层人皮，比人更像人。20

世纪 80 年代就有篇著名的报告文学《人妖之间》，描述了人间如妖界的种种变异。现实生活中的人与人之间的故事，和电影中人和妖之间的故事有着很多共通性。

《捉妖记》大卖故事，李光斗认为电影抓住了三个要素：萌点、笑点和泪点。胡巴的萌、男人生小孩的搞笑、人妖情深的感人，让看完《捉妖记》电影的人们无不感动。这部电影在博笑的时候还走心，人们在笑过之后，心里还会激起深深的感动。

对比国外大片，中国电影缺什么？李光斗对此的回答是：很多本土电影没有充分了解观影人群的需求，不擅长讲故事，中国电影往往缺一个好故事。

我国电影观影人群平均年龄为 22 岁，观影人群的观影需求正在发生着变化，高冷酷正在渐渐被萌、搞笑替代。《道士下山》为什么卖不过《捉妖记》?《1942》为什么打不过《泰囧》?《一步之遥》为什么会遭遇滑铁卢？主要就是因为没有掌握年轻观影人群的需求。不了解电影消费人群需求，在新生代面前，再有名的导演也会遭遇观众“冷眼”。

如何与时下的年轻人讲故事？李光斗提醒，有三个要素很重要：人品、情怀、颜值。企业要想拥有持续的生命力，品牌年轻化必不可少，电影也是。《捉妖记》是一部有情怀的电影，为了讲一个精彩的故事，编剧通读了《山海经》和《聊斋》。电影拍完后，由于男主角柯震东吸毒，面临无法上映的尴尬局面。为了电影上映，制片方忍痛换角重拍，同时升华了内容，增加了姚晨、汤唯等明星戏。最后呈现给观众的，依然是一个很动人的故事。不能不说导演内心对这部电影是有追求的。正是由于缺乏对电影年轻化的了解，即使一些大导演也难以匹敌一些新生代导演，这也是《道士下山》为何惨淡收场、《1942》没有卖过《泰囧》的原因。在电影内容的表现上，一些老电影的表现手法越来越难以抗衡青春电影。

如何讲好故事？李光斗总结说：所有的好故事，莫不都遵循了一以贯之的母题：爱、生命、美德、人性……总结那些经典的影视作品，都是因为很好地展现了这些母题内容而成为永恒。所以，要想讲好一个故事，请很好地展现一个母题。

这次“新文化悦读会”将鲜活的电影故事与理论相结合，不仅让人们知道了讲一个好故事对电影、对品牌的重要性，而且还知道了好故事对营销的重要性，“营销未动，故事先行”。无论是拍电影还是做产品，了解时下年轻人需求，围绕一个故事母题，以或呆萌搞笑、或文艺情怀、或颜值爆表的方式讲一个新故事，这种讲故事的方式，才是人们最喜爱的，以这种方式做故事营销，也才能直抵人心。

资料来源：李光斗. 看《捉妖记》学故事营销［OL]. (2015-08-11) [2018-05-26]. http://chuansong.me/n/1604022.

分析思考：

1. 你认为《捉妖记》为什么成功？
2. 现在的年轻消费群体有什么特点？
3. 现在的电影消费市场的顾客群体都有哪些？各有什么特点？

任务二　消费者购买行为的影响因素

任务引入

王刚等六人已经对消费者市场有了初步的了解，他们还疑惑的一点是消费者的购买行为究竟受到哪些因素的影响？

任务：根据王刚的需要掌握影响消费者购买行为的影响因素。

任务分析

消费者购买行为会受到很多因素的影响，需要了解哪些因素会影响他们的购买行为。

知识链接

影响消费者行为的因素很多，有来自消费者自身的，也有来自外部环境的。其主要有四个方面，包括文化因素（Cultural Factors）、社会因素（Social Factors）、个人因素（Personal Factors）和心理因素（Psychological Factors），如图 4-3 所示。

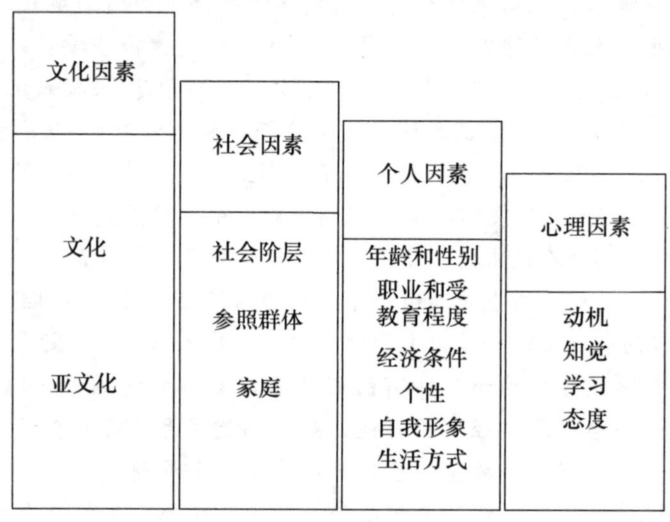

图 4-3 影响消费者购买行为因素

知识点 1：文化因素

文化和亚文化等因素对消费者购买行为具有最广泛和最深远的影响。

1. 文化

文化是指人类从生活实践中建立起来的价值观念、道德、信仰、理想和其他有意义的象征的综合体。每一个人都在一定的社会文化环境中成长，通过家庭和其他主要机构的社会化过程学到和形成了基本的文化观念。文化是一种历史现象，具有历史的继承性、阶段性、民族性、地区性、多样性等特征，文化背景不同，人们的需求就不同，因此文化是影响消费者购买行为的最基本的因素。

文化差异引起消费者购买行为的不同，主要表现在婚丧嫁娶、服饰、饮食起居、建筑风格、传统节日、礼仪等方面，如东方文化强调集体精神、孝道等。

2. 亚文化

文化是整体的概念，但在一个大的文化背景中，又可分为若干个不同的亚文化群。亚文化是指存在于一个较大社会中一些较小群体所特有的特色文化，表现在语言、价值观、新年、风俗习惯等方面的不同。

社会越复杂，亚文化越多，总体来讲，人类社会的亚文化群主要有四大类，分别是民族亚文化群、宗教亚文化群、种族亚文化群和地理亚文化群。

（1）民族亚文化群

几乎每个国家都存在不同的民族，如我国是一个具有56个民族的构架，除了占人口90%以上的汉族以外，还存在50多个少数民族。各个民族在宗教信仰、节日、崇尚爱好、图腾禁忌和生活习惯方面，有各自独特之处，并对消费行为产生深刻影响。

（2）宗教亚文化群。

不同的国家，即使是同一个国家也往往存在多种不同的宗教，如我国就有佛教、天主教、伊斯兰教、基督教、道教等。不同宗教有不同的文化倾向和戒律，影响人们认识事物的方式，以及对客观生活的态度、行为准则和价值观，从而影响消费行为。每种宗教都有其主要流行地区和鲜明的特点。

（3）种族亚文化群。

种族是不同肤色的人类群体，如白种人、黄种人、黑种人等。不同种族有着不同的文化传统与生活习惯，如白种人吃饭用刀叉。

（4）地理亚文化群。

同一民族，居住在不同的地区，由于各方面的环境背景不同，也会形成不同的地理亚文化，表现出语言、生活习惯等方面的差异。例如，我国汉族人口众多，大家都讲汉语，但由于居住地域辽阔，又形成各自居住地的地方方言，江南人讲吴语，广东人讲粤语，闽南人讲闽南语言；在饮食方面，很多北方人以面食为主，很多南方人则以米饭为主等。

营销案例

杭州“狗不理”包子店为何无人理?

杭州“狗不理”包子店是天津狗不理集团（见图4-4）在杭州开设的分店，地处商业黄金地段。正宗的“狗不理”包子以其鲜明的特色（薄皮、水馅、滋味鲜美、咬一口汁水横流）而享誉神州。但正当杭州南方大酒店创下日销包子万余只的纪录时，杭州的“狗不理”包子店却将楼下三分之一的营业面积租让给服装企业，依然“门前冷落车马稀”。

图4-4　狗不理

当“狗不理”一再强调其鲜明的产品特色时，却忽视了消费者是否接受这一“特色”。那么受挫于杭州也是势在必行了。

首先，“狗不理”包子馅比较油腻，不合喜爱清淡食物的杭州市民的口味。

其次，“狗不理”包子不符合杭州人的生活习惯。杭州市民将包子作为便捷快餐对待，往往边走边吃。而“狗不理”包子由于薄皮、水馅、容易流汁，不能拿在手里吃，只能坐下用筷子慢慢享用。

最后，“狗不理”包子的馅多半是蒜一类的辛辣刺激物，这与杭州这个南方城市的传统口味也相悖。

知识点 2：社会因素

1. 社会阶层

社会阶层又称社会分层，是指根据职业、收入来源、教育文化水平来划分的人类群体。同一阶层的成员具有类似的价值观、兴趣和行为，在消费行为上相互影响并趋于一致；不同的社会阶层具有不同的价值观念、不同的生活方式和不同的兴趣；人们以自己所处的社会阶层来判断各自在社会中占有的高低地位。

2. 参照群体

参照群体是指影响消费者购买行为的个人集团。参照群体又可分为参与群体和非参与群体，见表 4 - 2。

表 4 - 2　　参照群体分类

参与群体	非参与群体
首要群体	向往群体
次要群体	厌恶群体

(1) 参与群体。

参与群体是某人所属的群体或与其有直接关系的群体，又分为首要群体和次要群体两种。首要群体又称基本群体、初级群体，是人们经常面对面直接交往的群体，如家庭、邻里、同学、同事等。次要群体是人们不经常面对面直接交往的社会组织，如机关、企业、学校、消费者协会等。

(2) 非参与群体。

非参与群体是指某人的非成员群体，即此人虽不属于这个群体，但又受其影响的一群人。它可分为向往群体和厌恶群体。向往群体又称渴望群体，是指消费者渴望成为其群体中的一员，模仿其群体成员的消费模式与购买行为，如影视明星、体育明星。厌恶群体又称隔离群体，是指消费者厌恶、回避远离的群体。消费者希望在各方面与其保持距离，甚至反其道而行之。

参照群体对消费者购买行为的影响，主要体现在以下几点：

1) 为消费者展示出新的行为模式和生活方式。

2) 影响消费者对某些事物的看法和对某些产品的态度，如请著名的影视明星、专家接触艾滋病人，宣传讲解有关艾滋病知识，以消除人们对艾滋病人的歧视态度。

3) 促使人们行为趋于某种一致化，从而影响消费者对某些产品和品牌的选择。

课上小练习

如何评价明星在营销中的影响力和号召力？

3. 家庭

家庭是社会最基本的组织细胞，也是最典型的消费单位。家庭不同成员对购买决策的影响往往由家庭特点决定，家庭特点可以从家庭权威中心点、家庭成员文化与社会阶层等方面分析。社会学界根据家庭权威中心点不同，把所有家庭分为以下四种类型：

（1）自治型：指每个家庭成员对自己所需的商品可独立做购买决策，其他人不加干涉。

（2）丈夫支配型：指家庭购买决策权掌握在丈夫手中。

（3）妻子支配型：指家庭购买决策权掌握在妻子手中。

（4）共同支配型：指大部分购买决策由家庭成员共同协商做出。

家庭权威中心点不是固定不变的，它随着社会政治、经济、文化状况的变换而变换。并且在不同商品的购买中，家庭成员的影响有区别，一般来说，丈夫对电视机、汽车等重要商品的影响较大，妻子则对洗衣机、吸尘器等商品购买的影响力较大。夫妻影响均等的商品包括住宅、家具等。另外，家庭成员对购买者决策过程影响的角度不同，妻子在商品的外形、颜色等方面影响较大，丈夫则一般在何时购买、何处购买等方面影响较大。

知识点 3：个人因素

个人因素包括消费者的年龄和性别、职业和受教育程度、经济条件、个性、自我形象和生活方式等。

1. 年龄和性别

年龄和性别是消费者最为基本的个人因素。不同年龄阶段的消费者具有明显的需求差异，同样，男女之间在购买行为上的差异也特别明显。

2. 职业和受教育程度

不同的职业决定着人们的不同需求和兴趣。例如，体力劳动者和脑力劳动者的需求存在很大的差别；受教育程度较高的消费者对书籍、报刊等文化用品的需求量较大，购买的商品的理性程度较高，审美能力较强，购买决策过程较全面。

3. 经济条件

一个人的经济条件会在很大程度上影响其对商品的选择，经济因素是决定购买行为的首要因素，决定着消费者能否发生购买行为和购买行为的规模，决定着购买商品的种类和档次。

4. 个性

个性是一个人所表现出来的经常性的、稳定的、实质性的心理特征，通常可以用外向、内向、保守、开拓、固执、随和等特征来描述。

例如，在选择服装方面，性格外向的人喜欢色彩明亮、款式新颖的服装；性格内向的人喜欢简洁、色彩深沉的服装。性格外向的人活泼多言，容易受推销人员、广告等外界因素影响；性格内向的人沉默寡言，在购物时往往犹豫不决。因此，营销人员要针对消费者的个性特点展开促销。

5. 自我形象

自我形象是指消费者的自我印象，是指消费者的自我画像，即消费者在心目中把自己塑造成什么样的人，或者企图让别人把自己看成什么样的人。不同的人有不同的自我形象，不同的自我形象又会影响购买行为的差异性。在现实生活中，消费者往往购买与自己的形象相一致的商品，如果与自己的形象不相称，就拒绝购买。例如，在服饰选择方面，如果消费者想把自己塑造成风度翩翩的“绅士”，则其购买会偏重名牌西装、领带、皮鞋等；如果想把自己塑造成自然潇洒悠闲自在的人，则购物以休闲服饰为主。企业在生产经营时，要努力研究消费者自我观念的类型，聘请其崇拜的明星做广告，使产品满足消费者塑造自我形象的需要。

营销案例

2001年，宝洁公司针对职场新人推出新飘柔（黄色包装的全新多效护理洗发露），采用先进的去屑和滋润配方，新增加的双倍滋润因子让年轻人用简单有效的方法远离头屑烦恼，同时拥有柔软顺滑的秀发，焕发自信的风采。宝洁公司针对刚刚迈入职场的年轻人渴望展现自己，取得事业成功的迫切心情，开展了“飘柔职场新人自信活动”，在搜狐网站设立“飘柔自信学院”，邀请搜狐CEO张朝阳等为特邀嘉宾进行自信主题讨论会，并邀请“飘柔自信专家”，以座谈、聊天方式从时间分配管理、个人形象设计、自信心调整等方面给职场新人面对面的指导，并评出“飘柔最佳职场新人自信奖”获得者5人。宝洁公司这一系列活动有助于职场新人塑造自我形象，极大地推动了新飘柔的销售，使“飘柔”远远超越了一个简单的洗护发品牌形象，成为消费者当时值得信赖的好朋友。

---

6. 生活方式

生活方式是指一个人在生活中所表现出来的活动、兴趣和看法的生活模式。有些人虽然处于同一个社会阶层，有相同的职业和相近的收入，但由于生活方式不同，其日常活动内容、兴趣、见解大相径庭，因此会有不同的消费方式和内容。例如，“娱乐型”的人，生活丰富多彩，紧跟时尚；“生活型”的人，购物以满足家庭舒适生活为主；“事业型”的人喜欢购买书籍。

营销案例

有十家广告公司联手进行了一项规模浩大的“生活方式与消费者行为调查”，分别对成年人和青年人的生活方式进行调查，并加以分类。

结果表明，成年男性消费者大致可以分为以下5类：

(1) 自命雅皮族：是有着突出教育背景，在商界崭露头角的雅皮士。他们大多从事管理型或创意的“劳心”工作，由于收入偏高，有能力讲求精致的生活享受和消费品位，起居饮食均重个人品位，他们对广告信息极为敏感，凡事追求创意，敢于尝试，思想开放，大胆，前卫。

(2) 草根劳力族：是从事体力劳动的男性消费者，收入普遍偏低，消费能力普遍不强，对商品的需求“量”胜于“质”，他们爱看电视连续剧，信奉传统宗教，思想观念比较保守传统。

(3) 刻板规律族：多为早出晚归的公务员或企业干部。他们注意家庭生活，消费以实用为主，并讲求节制合理性，很少做“冲动性购买”。这类人十分注重别人对自己的观感，很怕被别人“讲闲话”，因此对太创新的商品有抗拒感。“向邻居看齐”是他们的基本生活哲学。

(4) 爆发声色族：多为投机事业（如炒作房地产、股票）致富的中年人。他们讲求声色享受，着重能够凸显财富地位的商品，如住豪华别墅、开凯迪拉克汽车。这类人的生活哲学是“钱能通神”，相信金钱本“幸福”的代名词，认为世上几乎没有金钱办不到的事情。

(5) 孤芳自赏族：主要从事知识性工作，如教师、记者、作家等。他们注重精神享受，日常生活节俭，金钱大多花在买书、买古典音乐唱片、观赏话剧歌剧之类的“文化消费”上。这类人的政治观念开放而不偏激，较支持具有自由主义色彩和道德形象突出的政治人物。

知识点 4：心理因素

影响消费者购买行为的心理因素，是指消费者的自身心理活动因素，包括消费者的动机、知觉、学习和态度。

1. 动机

心理学认为，人的行为是由动机支配的，而动机是由需要引起的。所谓需要，就是客观刺激通过人体感官作用于人脑所产生的某种缺乏状态。一种尚未满足的需要，会产生内心的紧张和不适。当它达到迫切的程度，便成为一种驱使人行动的强烈的内在刺激，称为驱策力。这种驱策力被引向一种可以减弱或消除它的刺激物时，便成为一种动机。因此，动机是一种推动人们未达到特定目的而采取行动的迫切需要，是行为的直接原因。

(1) 需要层次理论。

心理学家曾提出许多关于人类行为动机的理论，最著名的是马斯洛的需要层次理论，如图 4-5 所示。马斯洛认为，人的需要依其重要性的不同分为五个层次：生理需要、安全需要、社交需要、尊重需要、自我实现需要。当主导需要被满足后就会失去对人的激励作用，人们就会转而注意另一个相对重要的需要。一般而言，人类的需要由低层次向高层次发展，低层次需要满足以后会追求高层次的需要。

1) 生理需要：这是人们最原始、最基本的需要，如吃饭、穿衣、住宅、医疗等。若不满足，则有生命危险。这是最强烈的不可避免的最底层需要，也是推动人们行动的强大动力。

2) 安全需要：这种需要追求劳动安全、职业安全、生活稳定，希望免于灾难、未来有保障等。

3) 社交需要（归属与爱的需要）：指个人渴望得到家庭、团体、朋友、同事的关怀爱护理解，是对友情、信任、温暖、爱情的需要。比生理需要和安全需要更细微、更难捉摸。

4) 尊重需要：尊重需要可分为自尊、他尊和权力欲三类，包括自我尊重、自我评价

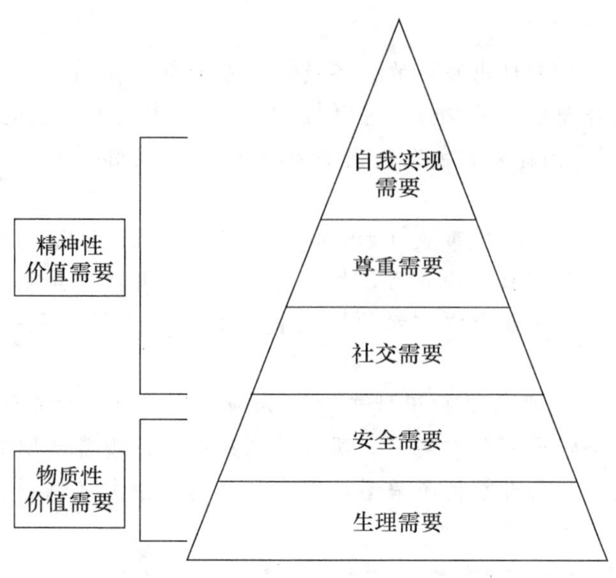

图 4－5 马斯洛的需要层次理论

和尊重别人。与自尊有关的，如自尊心、自信心，以及对独立、知识、成就、能力的需要等。显然，尊重需要很少能够得到完全的满足，但基本上的满足就可产生推动力。这种需要一旦成为推动力，就会令人具有持久的干劲。

5）自我实现需要：满足这种需要就要求完成与自己能力相称的工作，最充分地发挥自己的潜在能力，成为所期望的人物。这是一种创造的需要。马斯洛还认为：在人自我实现的创造性过程中，产生出"高峰体验"的情感，人处于最激荡人心的时刻，是人的存在的最高、最完美、最和谐的状态，这时的人具有一种欣喜若狂和如醉如痴的感觉。

（2）消费者购买动机。

从心理学角度讲，动机是推动人们进行各种活动的愿望与理想，是一种升华到足够强度的需要，能激励人们以行动达到一定的目的。购买动机是消费者购买行为的基础。消费者的需要引起购买动机，如前所述，由于消费者的需要是千差万别的，因此消费者的购买动机也是多种多样的，具体说来有以下几种：

1）求实购买动机。

这种动机的核心是"实惠""实用"。在这种动机驱使下，顾客选购商品特别注重功能、质量和实际效用，不过分强调商品的式样、色调等，几乎不考虑商品的品牌、包装、装潢等非实用价值的因素。收入不高的家庭主妇以及相当一部分农民购买者具有这种购买动机，他们是中低档商品和大众化商品的主要购买者，对高档商品、非生活必需品的购买持慎重态度。

2）求新购买动机。

以追求商品的新潮入时为主要特征，这种动机的核心是"时髦"和"奇特"。这种顾客选购商品时特别注重商品的款式、造型等是否新颖和流行，而对商品的质量、实用性和价格不十分介意。具有这种购买动机的多为经济条件比较好的青年消费者。这类顾客对社会时尚反应敏感，他们是时装、时尚商品和新产品的主要购买者。

3）求美动机。

求美动机是指消费者以追求商品欣赏价值和艺术价值为主要倾向的购买动机。

4）求名购买动机。

以追求名牌为主要特征。这种动机驱使下，顾客购买几乎不考虑商品的价格和实际使用价值，只是通过购买、使用名牌来显示自己的身份和地位，从中得到一种心理上的满足。具有这种购买动机的顾客一般都具有相当的经济实力和一定的社会地位。此外，表现欲和炫耀心理较强的人，即使经济条件一般，也可能具有此种购买动机。

5）求美购买动机。

以追求商品的艺术欣赏价值为主要特征。这类顾客在购买商品时最为关注的是商品的审美价值和装饰效果，注重商品的造型、色彩、图案等，商品的实际使用价值是次要的。具有这种购买动机的多为中青年女顾客和文艺界人士，他们是妇女时装、化妆品、首饰、工艺品、家庭装饰用品的主要购买者。

6）求廉购买动机。

以追求商品的价格低廉为主要特征。这类顾客选购商品时最注重的是价格，对商品的花色式样和质量等不太计较，喜欢购买削价处理品、优惠价商品。具有这种购买动机的多为经济收入较低的顾客，也有部分经济收入较高但节俭成习的顾客，他们是低档商品、残次品、积压品、削价处理品的主要推销对象。

7）求便购买动机。

以追求购买过程简便、省时为主要特征。这类顾客的时间、效率观念很强，希望尽可能简单、迅速地完成交易过程，不能容忍烦琐的手续和长时间的等候，但对商品本身却不大挑剔。具有这类购买动机的大多是事业性的男性顾客。

8）从众购买动机。

从众购买动机是指消费者在购买商品时不自觉地模仿他人的购买行为而形成的购买动机。一般而言，普通消费者的模仿对象多是社会名流或其所崇拜、仰慕的偶像。电视广告中经常出现某些歌星、影星、体育明星使用某种产品的画面或镜头，目的之一就是要刺激受众的模仿动机，促进产品销售。

9）嗜好购买动机。

以满足个人兴趣爱好为主要特征。人们由于兴趣爱好、生活习惯或职业需要等原因，往往对某些商品表现出特殊的兴趣，成为这类商品的经常性购买者。他们的购买行为取决于个人的购买嗜好，一般不受广告宣传的影响，具有集中性、稳定性和经常性的特点。

2. 知觉

感觉是指消费者的感官直接接触刺激物所获得的直观、形象的反应。当商品的形状、大小、颜色、声响、气味等，刺激了人们的视、听、触、嗅、味等感觉器官，就可以形成对刺激物的反应。

知觉是人对客观事物各个部分或属性的整体反映。它同感觉一样，由客观事物直接作用于分析器官而引起的，但比感觉更完整、复杂，人们常常根据实践活动的需要和心理倾向主动地收集信息，辨认物体及其属性。人们对同一刺激物会产生不同的知觉，原因在于知觉具有选择性的特征。

知觉的选择性是人对同时作用于感觉器官的各种刺激有选择地做出反应的倾向。它使人的注意力指向少数重要的刺激或刺激的重要方面，从而能更有效地认识外界事物，它包括选择性注意、选择性曲解和选择性记忆。

（1）选择性注意。

选择性注意是人在注意时，从当前环境中的许多刺激对象或活动中选择一种或几种刺激，使自己产生高度的兴奋、感知和清晰的意识。引起选择性注意的原因有两种。一是客观因素，如刺激强度大、新奇、对比鲜明、反复出现、不断变化等；二是主观因素，如需要、动机、精神状态、知识经验、任务、世界观、价值观等，如消费者在家电商场买电视，他只注意收集电视的品牌和价格等有关电视的信息，而对冰箱等其他家用电器视而不见。

（2）选择性曲解。

选择性曲解是指人们有选择地将某些信息加以歪曲，使其符合自己想象。由于选择性曲解的作用，人们容易忽视自己喜爱品牌的缺点和其他品牌的优点。

（3）选择性记忆。

选择性记忆是指人们由于观点、兴趣、生活经历的不同，对所经历过的事物有选择地识记、保持、再现或再认。例如，“脑白金”广告一经播出，消费者对其广告词就记忆深刻，“送礼就送脑白金”，但是没有记住脑白金保健品的功效，把“脑白金”理解为一种送给老年人的礼品，这种效果的出现正是知觉选择性在消费者购买行为中的反映。

3. 学习

学习是指由于后天经验引起的个人知识、结构和行为的改变。如图 4－6 所示，人类的行为大都来源于学习，人们的学习过程就是驱使力（即动机）、刺激物、提示物、反应和强化的结果。例如，在中国，人们右侧通行，司机见红灯就停、绿灯就行，这都是一种后天学习的结果。

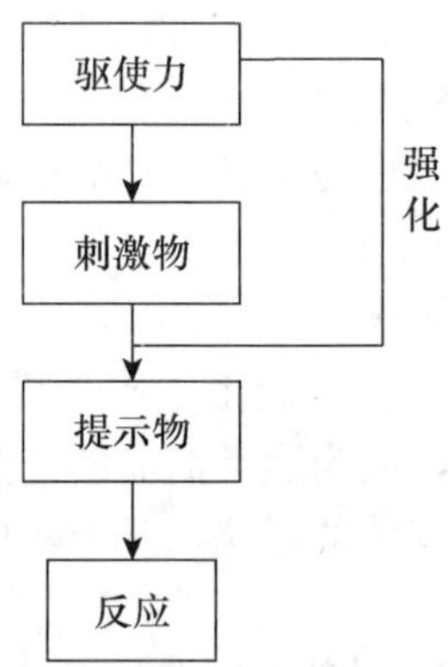

图 4－6 五要素相互作用过程

驱使力是一种“不满之感”“求足之愿”，可分为原始的和学习的。人们大部分的驱使力是通过后天学习产生的，如人要吃东西是由饥饿引起，或由他人的影响而引起。刺激物就是一种能消除或减缓驱使力紧张程度的物体，当人们的一种驱使力引向某一刺激物时就形成动机。提示物则决定着动机的方向和程度。反应是对诱因或刺激物的反作用。强化是加强刺激物-反应的关系，与物品的满足程度有关，如果物品满足程度高，就会引起顾客重复购买，相反，顾客不满意，就不再继续购买。

例如，一个外地顾客出差到淄博，在美食街办事，临近中午突然感到饥饿。这时他正好看见康都炸肉店在卖炸肉，阵阵香味扑鼻而来，又看到旁边广告宣传，把康都炸肉的特点介绍得清清楚楚，这样他就会毫不犹豫地决定购买康都炸肉。当这位顾客吃了以后感到十分满意，加深了对康都炸肉的印象，下次出差来淄博就会不假思索地再去购买，回去以后又会在同事或家庭中对此加以宣传，扩大了康都炸肉的影响。

从以上分析可以看出，一个企业要扩大销售，不仅要了解自己的产品（刺激物）与潜在消费者的驱使力的关系，还要善于向消费者提供诱发需求的提示物——适当的广告宣传，并且要积极进行反复宣传的“强化”工作，加强消费者的印象。

4. 态度

态度是人对事物所持有的持久的、一致的评价、反应，包括以下三个因素：

(1) 认识因素。

认识因素是指消费者对某商品的信念，包括对商品特点和评价上的信念，如认为某商品是好或是坏，是需要还是不需要。

(2) 感情因素。

感情因素是指消费者对商品情感上的反应，如对商品是喜爱还是反感。

(3) 行为因素。

行为因素是指由不同态度引起不同的行动意向。如果态度是肯定的，则其反应是喜爱、赞扬或者购买；相反，如果持否定态度，就会放弃购买。

态度是从后天经验中学习而来的，它受到家庭购买习惯和同辈人的影响最大。此外，参照群体对态度也发生一定的影响。在现实生活中，人们可以根据态度的三个因素，通过促销手段改变消费者的品牌信念，形成消费者新的品牌偏好，通过舆论领袖的示范效用，改变消费者对产品属性理想标准的认识，形成一套全新的产品理想标准，使消费者喜欢本企业产品。

任务总结

王刚等六人在对消费者市场有了初步的了解之后，分析了影响消费者购买行为的因素，他们了解到：

影响消费者购买行为的因素主要有文化因素、社会因素、个人因素和心理因素。

思考与练习

一、关键词汇

文化因素　　　社会因素　　　个人因素　　　心理因素

二、简答题

1. 影响消费者购买行为的因素有哪些？
2. 动机是什么？包括哪些内容？

三、案例分析

中国老年人消费行为分析

在我国将近 14 亿的人口中，60 岁以上的老年人口占总人口数的比例已经达到

17.3%，这是一个庞大的市场。掌握老年人消费心理特征、购买行为规律对于撬动这个“沉睡”的老年人市场具有重要的作用。

1. 老年消费者的心理特点

(1) 购买和使用商品的过程受习惯势力的影响大。

(2) 购买和消费商品要求方便。

(3) 消费需求构成发生变化，大部分支出用于购买食品、医疗保健用品、中高档商品；用于穿、用方面的支出则相对减少，受消费流行的影响也甚少。

2. 老年消费者的购买动机

随着年龄增加，他们的消费经验也不断地增加，哪些商品最能满足自己的需要他们心中有数，因此他们会多家选择，充分考虑各种因素，购买自己满意的商品。有20%的老年消费者属于习惯型的消费者。他们通过反复购买、使用某种商品，对这种商品有着较为深刻的印象，逐渐形成固定不变的消费习惯和购买习惯，且不会轻易改变这种习惯。老年人的习惯购买心理还表现在：对于不了解的商品不轻易采用，极少发生冲动性购买。

但是，我们可以发现，过去人们常常认为大部分老年人属于习惯性消费者的观念是不正确的。随着时代的进步和生活节奏的加快，老年人表现出适应新环境和新事物的能力及愿望，方便使用才是他们真正考虑的因素。现在的老年消费者已不是我们想象中的那种只求价格便宜的消费者了。他们在购买商品时会考虑各方面的因素，价格只是他们考虑的因素之一。

3. 购买商品时考虑的因素

老年消费者把商品的实用性作为购买商品的第一目的性。他们强调质量可靠(29.8%)、方便实用（26.4%）、经济合理（25.8%）、舒适安全。至于商品的品牌、款式、颜色、包装，是放在第二位考虑的。我国现阶段的老年消费者经历过较长一段时间的并不富裕的生活，他们生活一般都很节俭，价格便宜对于他们选择商品有一定的吸引力。但是随着人们生活水平的改善，收入水平的提高，以及我国形成的买方市场下的“过剩经济”，老年消费者在购买商品时也不是一味追求低价格，品质和实用性才是他们考虑的主要因素。

还有一点必须了解，那就是很多老年消耗者有补偿性消费动机。在子女成人独立，经济负担减轻之后，一些老年消费者试图补偿性消费。一些老年消费者试图随时寻找机会补偿过去因条件限制未能实现的消费欲望。他们在美容美发、穿着打扮、营养食品、健身娱乐、旅游观光等方面，同样有着强烈的消费兴趣。说起玩具，许多人自然联想到孩子。其实玩具并不是儿童的专利。心理学家认为，赋闲在家的老年人都有一种回归童真的倾向。在西方发达国家针对成年人和老年人研制开发的玩具，已逐渐成为玩具市场的热点。在美国，有40%以上的玩具是专为成人设计的。日本也在玩具方面开发出了许多适合老年人的新功能，如在电动玩具游乐场常见的“打击鳄鱼”上附加了测量血压的功能，由于兼具娱乐和运动功能，不仅适合脑中风患者使用，将来还可能被养老院采用。而在这个方面，我国至今还处于空白，有关厂家应在这方面多下功夫。

4. 老年人消费行为特征

(1) 在购买方式的选择上，老年消费者多数选择在大商场和离家较近的商店购买。这是因为大商场所提供的商品一般在质量上可以得到保障，而且在购物环境和服务方面也有较大优势。老年消费者的体力相对以前有所下降，他们希望能够在比较近的地方买到自己满意的商品，并且希望能够得到周到的服务，如商品咨询、导购服务、运行较慢的自动扶手电梯和舒适的休息环境等。

在专卖店和连锁店购买商品的老年消费者也占有一定的比例，甚至还有极少一部分老年消费者会通过电视直销和电话购物购买商品。这说明随着我国市场经济的不断发展，人们的消费行为也在不断地改变。不仅是青年人的消费行为在改变，而且有相当一部分老年消费者的消费行为也在随着时代的变迁而改变，他们对于一些较新的购物方式都表现出一定的适应能力。因此，在对老年消费者销售商品的时候可以采取多种方式。

(2) 在购物的陪伴方式上，因为老年人大多害怕寂寞，而其子女由于工作等原因闲暇时间较少，所以老年消费者多选择与老伴和同龄人一道出门购物。老年人之间有共同话题，在购买商品时也可以互相参考、出谋划策，他们对于哪些商品适合于老年人比较了解。这就说明，影响老年消费者购买行为的相关群体主要还是老年人。

由于某些原因独自一人外出购物的老年消费者占37.4%。对于这一部分老年消费者，商家更要提供热情周到的服务，如为他们详细介绍商品的特点和用途，提供容易携带的包装，必要的时候提供送货上门服务等。

(3) 对于广告对老年消费者的影响程度问题，大部分老年消费者选择了“影响一般”(41.9%)，而且有相当一部分老年消费者选择了“没什么影响”(22.7%)。由此可见，老年消费者对广告的依赖程度一般，并且由于一些虚假广告的负面影响，使得一部分老年消费者对广告产生了反感情绪。由于老年消费者心理成熟、经验丰富，他们一般相信通过多家选择和仔细判断就能选出自己满意的商品。当然，老年消费者还是希望通过广告了解一些商品的性能和特点，并以此为依据选择某些商品，但是要尽量避免夸大性和虚假的广告。

资料来源：老年人消费心理 [OL]. MBA 智库百科，http://wiki.mbalib.com.

分析思考：

1. 认识老年人消费行为给企业营销带来什么启迪？
2. 应该怎样撬动这个“沉睡”的老年人市场？

任务三　消费者购买决策过程

任务引入

在了解了消费者市场及消费者购买行为的影响因素之后，王刚等六人意识到要进一步了解消费者购买决策过程，以便采取相应的营销策略，实现企业的营销目标。

任务 1：根据王刚的需要掌握消费者市场的购买行为的内容。

任务 2：对消费者的购买行为进行分析。

任务分析

在同一市场环境中的不同顾客，其消费需求是不同的，作为一名合格的营销人员，必须熟悉顾客需求，掌握顾客的消费特点，了解哪些因素会影响他们的购买行为，这样才能在经营过程中掌握主动权，真正做到满足顾客需求。

知识链接

企业管理者和营销人员除了了解支配和影响购买行为的各种因素、消费者购买模式之外，还必须进一步研究消费者的购买决策过程，以便采取相应的营销策略，实现企业的营销目标。

知识点 1：购买决策的参与者

消费者消费虽然是以一个家庭为单位，但参与购买决策的通常并非一个家庭的全体成员，许多时候是一个家庭的某个成员或某几个成员，而且由几个家庭成员组成的购买决策层，其各自扮演的角色也有区别。人们在一项购买决策过程中可能充当以下角色：

（1）发起者：首先想到或提议购买某种产品或劳务的人。

（2）影响者：其看法或意见对最终决策具有直接或间接影响的人。

（3）决策者：能够对买不买、买什么、买多少、何时买、何处买等问题做出全部或部分的最后决定的人。

（4）购买者：实际采购的人。

（5）使用者：直接消费或使用所购商品或劳务的人。

例如，购买汽车可能是由妻子先提出，夫妻两人共同协商决策，共同去购买，使用者主要是妻子。了解每一个购买者在购买决策中扮演的角色，并针对其角色地位与特性，采取有针对性的营销策略，就能较好地实现营销目标。

课上小练习

肯德基快餐店里为什么要设小型儿童游乐场所？

知识点 2：消费者购买决策过程

消费者的购买决策过程由一系列相互关联的活动构成，它们在实际购买发生之前就已经开始，并且一直延续到实际购买之后。研究消费者购买决策的过程，目的是在于使市场营销者针对决策过程不同阶段的主要特点，采取不同的市场营销策略。

一个完整的购买决策过程一般分为五个阶段：认识需要、收集信息、评价方案、购买决策和购后行为，如图 4－7 所示。

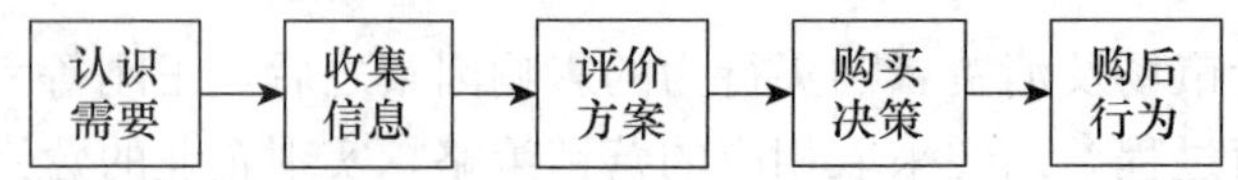

图 4－7　消费者购买决策过程

1. 认识需要

认识需要是消费者要确认自己需要什么来满足自己的需求。消费者的需要一般由两种刺激引起：一是内部刺激，如饥饿感；二是外部刺激，如广告宣传等。

认识需要阶段的营销任务有以下两个方面：

（1）了解引起与本企业产品有关的现实需求和潜在需求的驱使力，即是什么原因引起消费者购买本企业产品。例如，了解消费者为什么购买蜂产品，就可以开发出多种蜂产品满足消费者需求，如蜂蜜、蜂王浆等产品。

(2) 设计引起需求的诱因，促使消费者增强刺激，唤起需要，引发购买行为。例如，“脑白金”一到节日前夕就加大广告播放的频率，让消费者牢牢记住“送礼就送脑白金”。

营销案例

20 世纪 40 年代，华人企业家刘先生从经营中餐馆起步，由于资金少，付不起繁华路段店铺租金，只好租一家较偏僻的店铺开中餐馆。刚开始时生意清淡，眼看入不敷出，就要倒闭。刘先生分析认为是大街上的行人不知道地处相隔大街道 20 米远的小街巷的中餐馆，而市容管理当局又不允许打太显眼的路牌广告。苦思冥想之后，刘先生决定用小型鼓风机通过管道把炒菜的蒸汽往大街上吹，每天中午 11 点或晚上 6 点左右，大街上飘洒着淡淡的菜香，吊起许多行人的胃口，客人循着香气找来，从此生意兴隆。数十年后，刘先生已是一位小有名气的企业家，当谈到发迹史时，他风趣地说：“香气引得客人来”。

2. 收集信息

当消费者对所要购买的物品比较熟悉，又易于购买时，这类需求很快就能得到满足。但在大多数情况下，消费者对所要购买的物品不太熟悉。而且，需求又不能立即得到满足，这时消费者就会着手收集有关信息，作为决定购买的依据。消费者的信息来源主要有个人来源、商业来源、公共来源和经验来源四个方面。

(1) 个人来源。

个人来源是指来自家庭、朋友、邻居、熟人等亲朋好友的信息，这类信息对消费者的影响力最大，消费者对其信任度最高。

(2) 商业来源。

商业来源是从广告、销售人员、经销商、展销会，以及商品包装、陈列、商品说明书等方面得到的信息。这种信息来源非常广泛，消费者的信息大部分来源于这些方面。

(3) 公共来源。

公共来源是从网络、电视等大众传播媒体的客观报道和消费者权益保护机构等社会组织中获取的信息。这类信息往往有很强的导向作用。

(4) 经验来源。

经验来源即通过接触、试验及使用某产品得到的经验。这是消费者对信息进行评估的可靠依据。

收集信息阶段的营销任务如下：

(1) 了解不同信息来源对消费者购买行为的影响程度。

(2) 注意不同文化背景下收集信息的差异性。

(3) 有针对性地设计恰当的信息传播策略。

课上小练习

如何理解“满意的顾客会成为你的最好的推销员”这句话？试举例说明。

3. 评价方案

消费者在获取足够的信息之后，要对备选的产品进行评估。对产品评估主要涉及以下问题：

（1）产品属性。

产品属性是指产品能够满足消费者需求的特征。它涉及产品的功能、价格、质量、款式等。在价格稳定的情况下，消费者对提供产品属性多的产品感兴趣。由于使用者不同，对产品属性的要求也不同，如消费者对汽车轮胎的安全性要求低于航空公司对飞机轮胎安全性的要求，正是由于安全性能高，因此飞机轮胎价格昂贵。

（2）属性权重。

属性权重是消费者对产品有关属性给予的不同权数。如买电冰箱，如果消费者注重它的耗电量，就会购买耗电量低的电冰箱。现在电冰箱厂家针对消费者这一购买特征纷纷在冰箱外观上标出每天耗电量的度数来吸引消费者购买。

（3）品牌信念。

品牌信念是消费者对某种品牌产品的看法。它带有个人主观因素，受选择性注意、选择性曲解、选择性记忆的影响，使消费者的品牌信念与产品的真实属性往往并不一致。

（4）效用要求。

效用要求是消费者对某种品牌产品的各种属性的效用功能标准的要求。如果满足消费者的效用需求，消费者就愿意购买。

产品评估阶段的营销任务如下：

（1）增加产品功能，改变消费者对产品属性的认识。同样是蔬菜，由于人们强调绿色环保，需要无污染的绿色蔬菜，增进身体健康质量，因此愿意付出高价购买绿色蔬菜。

（2）重新进行心理定位，树立新的品牌信念。

4. 购买决策

购买决策是指通过产品评估，使消费者对备选的某种品牌产品形成偏爱，形成购买意向，引起实际购买行为。消费者的购买决策主要有产品种类决策、产品属性决策、品牌决策、购买时间和地点决策等。

消费者的购买意向是否转化为购买行动受他人态度和意外因素的影响，也受可觉察风险的影响。可觉察风险取决于产品的价格、质量、功能，以及个人的自信心。

购买决策阶段的营销任务如下：

（1）消除或减少引起可觉察风险的因素。

（2）向消费者提供真实可靠的产品信息，增强其购买自信心。

5. 购后行为

购后行为是指消费者在购买产品以后产生的某种程度的满意或不满意所带来的一系列行为表现。消费者对产品的期望值越高，不满意的可能性越大，因此企业在采取促销措施时，如果盲目地扩大消费者的期望值，虽然在短期内会扩大产品的销售量，但会引起消费者的心理失衡，退货、投诉增加，从长期来看有损企业形象，影响消费者以后的购买行为。

购后行为阶段的营销任务如下：

（1）广告宣传等促销手段要实事求是，最好是有所保留，以提高消费者的满意度。

(2) 采取有效措施减少或消除消费者的购后失调感，及时处理消费者的意见，给消费者提供多种解除不满情绪的渠道。

(3) 建立与消费者长期沟通机制，在有条件的情况下进行回访。

研究和了解消费者市场的特征及购买决策过程是企业市场营销成功的基石，是制定正确的目标市场策略的有效保证。

知识点 3：消费者购买行为类型

不同消费者购买过程的复杂程度不同，究其原因，最主要的是购买介入程度和品牌差异大小。购买介入程度指消费者购买风险大小或消费者对购买活动的关注程度。同类产品不同品牌之间的差异大小也决定着消费者购买行为（Consumer Buying Behaviour）的复杂性，若差异小，则无须在不同品牌之间精心选择，购买行为就简单。因此，同类产品不同品牌之间的差异越大，产品价格越昂贵；消费者越是缺乏产品知识和购买经验，感受到的风险越大，购买过程就越复杂。如图 4-8 所示，消费者的购买行为可以分为以下几类。

	高度介入	低度介入
品牌差异大	复杂的购买行为	寻求多样化的购买行为
品牌差异小	减少失调感的购买行为	习惯性的购买行为

图 4-8　消费者购买行为类型

1. 复杂的购买行为

如果消费者属于高度介入，并且了解现有各品牌、品种和规格之间具有显著差异，则会产生复杂的购买行为。复杂的购买行为指消费者购买过程完整，要经历大量的信息收集、全面的产品评估、慎重的购买决策和认真的购后评价等各个阶段。

2. 减少失调感的购买行为

如果消费者属于高度介入，但是并不认为各品牌之间有显著差异，则会产生减少失调感的购买行为。减少失调感的购买行为指消费者并不广泛收集产品信息，并不精心挑选品牌，购买过程迅速而简单，但是在购买以后会认为自己所买产品具有某些缺陷或其他同类产品有更多的优点而产生失调感，怀疑原先购买决策的正确性。对于这类购买行为，营销者要提供完善的售后服务，通过各种途径经常提供有利于本企业和产品的信息，使顾客相信自己的购买决定是正确的。

3. 习惯性的购买行为

如果消费者属于低度介入并认为各品牌之间没有什么显著差异，就会产生习惯性购买行为。习惯性购买行为指消费者并未深入收集信息和评估品牌，没有经过“信念—态度—行为”的过程，只是习惯于购买自己熟悉的品牌，在购买后可能评价也可能不评价产品。对习惯性购买行为的主要营销策略是：(1) 利用价格与销售促进吸引消费者试用。(2) 开展大量重复性广告。

4. 寻求多样化的购买行为

如果消费者属于低度介入并了解现有各品牌和品种之间具有显著差异，则会产生多样性的购买行为。多样性的购买行为指消费者购买产品有很大的随意性，并不深入收集信息和评估比较就决定购买某一品牌，在消费时才加以评估，但是在下次购买时又转换其他品牌。转换的原因是厌倦原口味或想试试新口味，寻求产品的多样性而不一定有不满意之处。

任务总结

王刚等六人对消费者购买行为进行了分析，他们将学习结果归纳如下：

（1）消费者在购买活动中常常扮演发起者、影响者、决策者、购买者、使用者的参与角色。

（2）消费者购买决策过程分认识需要、收集信息、产品评估、购买决策和购后行为五个阶段。

（3）根据消费者参与程度和产品品牌差异程度，将消费者购买行为分为复杂的购买行为、减少失调感的购买行为、习惯性购买行为、寻求多样化的购买行为四种类型。

思考与练习

一、关键词汇

消费者购买行为

二、简答题

1. 消费者购买决策过程分几个阶段，各阶段企业的市场营销任务是什么？

2. 消费者购买行为分为哪几种类型？

三、案例分析

房子购买过程分析

张教授夫妇与儿子居住在一起。由于儿子明年要结婚，所以家里决定购买一套房子，供儿子与儿媳妇居住。一家人开始关注相关的楼盘广告，同时也向熟人、同事了解有关情况。并利用休息日，到多个楼盘进行了实地考察。在讨论买什么样的房子时，大家都发表了意见。张教授的想法是一步到位，购买一个面积大一点的房子，省得以后再换房；张教授夫人觉得还是先购买一个过渡用房，等过几年再换一个好一点的房子；儿子和未来儿媳妇也赞同母亲的观点。经讨论后，决定采用张教授的想法，并由儿子具体操办。房子购买后，周围的房价开始下跌。

分析思考：

分析一下案例中房子的购买过程分为哪几个阶段。

单元检测

一、单项选择题

1.（　　）是人类欲望行为最基本的决定因素。

A. 文化　　B. 性格　　C. 国家　　D. 社会

2. 消费者的购买单位是个人或（　　）。

A. 集体　　B. 家庭　　C. 社会　　D. 单位

3. 大多数消费者只能根据个人好恶和（　　）做出购买决策。

A. 智慧　　B. 经验　　C. 感觉　　D. 能力

4. 某种相关群体的有影响力的人物称为（　　）。

A. “意见领袖”　B. “道德领袖”　C. “精神领袖”　D. “经济领导者”

5. 一个人的（　　）影响着消费需求和对市场营销因素的反应。

A. 能力　B. 个性　C. 联系　D. 精神

6. 不同生活方式（　　）对产品和品牌有不同的需求。

A. 群体　B. 社会　C. 模型　D. 艺术

7. 马斯洛认为需要按其重要程度分，最低层次需要是指（　　）。

A. 生理需要　B. 社会需要　C. 尊敬需要　D. 安全需要

8.（　　）指存在于人体内驱使人们产生行为的内在刺激力，即内在需要。

A. 刺激物　B. 诱因　C. 反应　D. 驱使力

9. 消费者购买过程是消费者购买动机转化为（　　）的过程。

A. 购买心理　B. 购买意志　C. 购买行动　D. 购买意向

10. 体育明星和电影明星是其崇拜者的（　　）。

A. 成员群体　B. 直接参照群体　C. 厌恶群体　D. 向往群体

11. 不是影响消费者购买行为的主要因素是（　　）。

A. 文化因素　B. 社会因素　C. 自然因素　D. 个人因素

12. 对于减少失调感的购买行为，营销者要提供完善的（　　），通过各种途径提供有利于本企业和产品的信息，使顾客确信自己购买决定的正确性。

A. 售前服务　B. 售后服务　C. 售中服务　D. 无偿服务

13. 在复杂的购买行为中，消费者购买决策过程的第三个阶段是（　　）。

A. 确认　B. 收集信息　C. 评价方案　D. 决定购买

14. 消费者对于有些产品品牌差异明显，但消费者不愿花长时间来选择和估价，而是不断变换所购产品的品牌，这种购买行为称为（　　）。

A. 习惯性的购买行为　B. 多样化的购买行为

C. 减少失调感的购买行为　D. 复杂的购买行为

15. 消费者对某一品牌评价较差，就会对使用该品牌的所有产品都形成不好的评价，这一特性反映的是态度的（　　）。

A. 稳定性　B. 易变性　C. 伸缩性　D. 倾向性

二、多项选择题

1. 消费者市场的主要特点有（　　）。

A. 广泛性　B. 分散性

C. 复杂性　D. 易变性

E. 发展性

2. 一个国家的文化包括的亚文化群主要有（　　）。

A. 语言亚文化群　B. 宗教亚文化群

C. 民族亚文化群　D. 种族亚文化群

E. 地理亚文化群

3. 消费者对产品的评价主要涵盖（　　）。

A. 产品属性　B. 属性权重

C. 品牌信念　　D. 效用要求
E. 评价模型

4. 人们对刺激物产生的知觉有（　　）等几种层次的理解。
A. 选择性注意　　B. 选择性曲解
C. 选择性保留　　D. 选择性淘汰
E. 选择性理解

5. 同一社会阶层的成员具有类似的（　　）。
A. 收入　　B. 个性
C. 价值观　　D. 兴趣
E. 行为

三、判断题

1. 一般而言，人类的需要由低层次向高层次发展。（　　）
2. 家人、亲属、朋友、伙伴等是最典型的、主要的非正式群体。（　　）
3. 人们倾向于保留那些与其态度和信念相符的信息。（　　）
4. 消费品尽管种类繁多，但不同品种甚至不同品牌之间不能相互替代。（　　）
5. 研究消费者购买行为的理论中最有代表性的是刺激-反应模式。（　　）
6. 消费者通常会买那些与隔离群体有关的产品。（　　）
7. 家庭不同成员对购买决策的影响往往由家庭特点决定。（　　）
8. 归属于不同生活方式群体的人，对产品和品牌有着相同的需求。（　　）
9. 消费者的需要与动机成正比，即需要越强烈，动机也越强烈。（　　）
10. 通常，保龄球馆不会向节俭者群体推广保龄球运动。（　　）
11. 环保产品的目标市场是自我意识强的消费者。（　　）
12. 顾客的信念并不决定企业和产品在顾客心目中的形象，也不决定他的购买行为。（　　）
13. 通常企业并不试图去改变消费者对其产品、服务的态度，而是使自己的产品、服务和营销策略符合消费者既有态度。（　　）
14. 消费者复杂的购买行为是指消费者购买时介入程度低且无法弄清品牌之间差异的购买行为。（　　）
15. 在价格不变条件下，一个产品有更多的性能会吸引更多的顾客购买。（　　）

实战演练

一、训练目标

1. 培养学生掌握消费者市场分析的能力。
2. 培养学生进行消费者市场分析的能力。

二、内容与要求

对小组构建的企业的消费者市场进行分析。

三、组织与实施评价

1. 以项目团队为学习小组，选出项目负责人。
2. 建立沟通协调机制，团队成员共同参与、协作完成公司任务。
3. 各项目团队根据实训内容进行讨论。
4. 评价与总结：各项目团队提交实训报告，并根据报告进行评估。

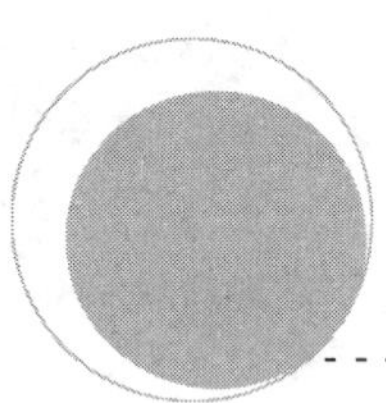

项目五 制定市场营销战略

学习目标

知识目标

- 掌握地理细分、人口细分、心理细分、行为细分的方法。
- 了解市场细分的作用和原则。
- 掌握选择目标市场的技巧。
- 了解市场定位的方法和流程。

能力目标

- 初步具有市场细分的能力。
- 初步具有选择细分市场的能力。
- 初步具有根据产品和企业进行市场定位的能力。

素质目标

- 培养学生的创新性思维。
- 培养学生良好的团队合作观念。

先导案例

万宝路香烟的重新定位

在很多消费者心目中，万宝路（Marlboro）是知名度最高和最具魅力的国际品牌之一。从销售角度而言，全球平均每分钟消费的万宝路香烟就达100万支之多！不论你是否吸烟，万宝路的形象都会给人留下深刻的印象。

在万宝路创业的早期，万宝路的定位是女士烟，消费者绝大多数是女性。其广告口号是：像五月天气一样温和（Mild As May）。20世纪20年代的美国，被称为“迷惘的时代”。经过第一次世界大战的冲击，许多青年都自认为受到了战争的创伤，并且认为只有拼命享乐才能将这种创伤冲淡。他们或在爵士乐的包围中尖声大叫，或沉浸在香烟的烟雾缭绕当中。无论男女，他（她）们嘴上都会衔着一支香烟。“万宝路”这个名字也是针对当时的社会风气而定的。可是，事与愿违，女士们抱怨香烟的白色烟嘴会染上她们鲜红的口红，很不雅观。于是，莫里斯公司把烟嘴换成红色。可是这一切都没有能够挽回万宝路女士香烟的命运。莫里斯公司终于在20世纪40年代初停止生产万宝路香烟。

在对香烟市场进行深入的分析和深思熟虑之后，李奥·贝纳完全突破了莫里斯公司限定的任务和资源，对万宝路进行了重新定位，大胆向莫里斯公司提出：将万宝路香烟改变定位为男子汉香烟，并大胆改造了万宝路形象：包装采用当时首创的平开盒盖技术，并以象征力量的红色作为外盒的主要色彩。万宝路公司一再强调万宝路香烟的男子汉气概，以浑身散发粗犷、豪迈、英雄气概的美国西部牛仔为品牌形象，吸引所有喜爱、欣赏和追求这种气概的消费者。此举立刻为万宝路打开了市场，不但成为男人气的象征，女士同样因为万宝路所代表的男士挽救力而对其爱不释手。

曾经有人做过一个试验，将万宝路香烟的商标拿下，与其他品牌的香烟混在一起，请万宝路香烟的忠实消费者分辨哪一种是万宝路的香烟，几乎很少有人能够将其清楚地分辨出来，由此可见，真正使人们迷上万宝路的并不是它在与其他品牌香烟之间微乎其微的味道上的差异，而是万宝路广告给香烟带来的感觉上的优越感。

资料来源：万宝路的品牌故事［OL］. MBA 智库，http://doc.mbalib.com/view/54f1ebcd67f8139650c38f97879b27c1.html.

分析思考：

万宝路广告改后为何能够取得成功？

任务一　市场细分

任务引入

王刚等六人经过两个多月的努力，成立了公司，并对校园周边的市场营销环境、消费者购买行为进行了深入仔细的调研分析，他们发现可经营的业务很多，但他们的资金只有十万元，根本满足不了市场大部分的需要，他们意识到必须对市场进行进一步的细分，寻找对自己有利的目标市场，并且根据竞争环境确定自己在市场中的位置，以有限的资源满足市场的需要，创造最大的效益。

任务 1：根据王刚的需要掌握消费者市场细分的内容。

任务 2：根据需要对所选择行业的市场进行细分。

任务分析

世界上任何一种产品的市场都由众多的买主组成，而这众多的买主由于消费心理、购买习惯等各方面的差别，对同一种产品的具体消费需求往往并不相同，甚至差异极大。这就决定了任何一个企业，都不可能满足全体买主对某种产品的需求，而生产企业受资源、设备、技术等方面的限制，也不可能满足全部顾客的不同需要。因此，一个企业要想在市场竞争中求得生存与发展，必须通过市场调研，将消费者细分为需求不同的若干群体，专注于满足全体买主中的某一类或某几类特定买主的需要，也就是必须做出“为谁的需要服务”的经营抉择，这种抉择就是目标市场的选择。企业如何才能科学地选定自己的目标市场？首先须进行市场细分，它就是企业选择目标市场的基础和前提。

知识链接

企业在市场分析的基础上，实行市场细分、目标市场选择和市场定位，是决定营销成败的关键。营销学家把此作为现代营销战略的核心，简称为ISTP营销。

知识点1：市场细分概述

美国著名的市场学家温德尔·史密斯（Wedndell R. Smith）在1956年发表的《市场营销战略中的产品差异化与市场细分》一文中首先提出了"市场细分"的新概念。

1. 市场细分的概念

市场细分（Market Segmenting）就是企业通过市场调研，根据消费者或用户明显的不同特性，把整体市场分割为两个或更多的子市场的过程。每个子市场就是一个细分市场，都是由需要与欲望大致相同的买主群组成。例如，我国依据消费者的口味不同划分了川菜、粤菜、淮扬菜、鲁菜等几大菜系。

2. 市场细分的作用

对于企业而言，市场细分的意义表现在它能帮助企业发现市场机会，集中经营优势，创造特色产品，挑战市场经营策略。

（1）有利于分析市场时机，开拓新市场。

企业通过市场细分，可以了解购买者群体需要情况和目前满足情况，在满足程度较低的子市场上，就有可能存在着最好的市场机会。只要善于市场细分，总能找到市场需求的空隙，有时候，一次独到的市场细分就能为企业创造一个崭新的市场。

营销案例

海尔的研究人员发现人们夏天的衣服量少、洗得勤，传统的洗衣机利用率太低，于是推出小容量的"小小神童"，大受市场欢迎。

他们还发现有些地区的农民用洗衣机来洗地瓜，排水道容易堵塞，于是又开发出既能洗衣服，又能洗地瓜的"大地瓜"洗衣机，满足了这一细分市场的需求，迅速占领了当地的农村市场，受到农民的好评，如图5-1所示。

图5-1 大地瓜洗衣机

海尔还对家用空调市场进行调研，发现随着住宅面积的不断增加，壁挂空调和柜机都已不能满足所有居室的降温，于是提出"家用中央空调"的概念，开发出新产品，获得了良好的回报。

（2）有利于中小型企业集中企业资源，投入目标市场。

一般来说，中小企业实力不足，很难与大企业在市场上正面竞争。借助市场细分，中小企业可以发现某些尚未满足的需要，这些需要或许是大企业忽略的，或许是大企业不屑的小市场。无论何种情况，只要是中小企业力所能及的，便可以见缝插针，拾遗补阙，建立牢固的市场地位，成为某一细分市场的专家，从而使自己在日益激烈的竞争中得以生存和发展。

（3）有利于企业制订适当的营销策略。

市场细分后的子市场比较具体，容易了解消费者的需求，企业可以根据自己的经营思想、方针，以及生产技术和营销力量，确定自己的服务对象，即目标市场。由于目标市场明确，企业容易决策和预估顾客的反应，能及时制定和调整营销策略及产品、价格、渠道和促销，从而提高企业的竞争能力。

（4）有利于企业合理使用资源，提高营销效益。

企业根据市场细分，确定目标市场的特点，扬长避短，将有限的人力、物力、财力等资源用于少数几个或一个细分市场，可以避免分散使用力量，从而取得事半功倍的经济效果，发挥最大的经济效益。

知识点 2：消费者市场细分的标准

如前所述，一种产品的整体市场之所以可以细分，是由于消费者或用户的需求存在差异性。引起消费者需求差异的变量很多，实际中，企业一般是组合运用有关变量来细分市场，而不是单一采用某一变量。概括起来，细分消费者市场的变量主要有四类，即地理变量、人口变量、心理变量、行为变量。以这些变量为依据来细分市场就产生出地理细分、人口细分、心理细分和行为细分四种市场细分的基本形式，见表 5－1。

表 5－1　　消费者市场细分的标准

细分标准	细分变量
地理细分	地理位置、城镇大小、地形、地貌、气候、交通状况、人口密集度等
人口细分	年龄、性别、职业、收入、民族、宗教、教育、家庭人口、家庭生命周期等
心理细分	生活方式、个性、社会阶层等
行为细分	购买时间、购买数量、购买频率、购买习惯（品牌忠诚度），对服务、价格、渠道、广告的敏感程度等

1. 地理细分

按照消费者所处的地理位置、自然环境来细分市场，例如，根据国家、地区、城市规模、气候、人口密度、地形地貌等方面的差异将整体市场分为不同的小市场。地理变量之所以作为市场细分的依据，是因为处在不同地理环境下的消费者对于同一类产品往往有不同的需求与偏好，他们对企业采取的营销策略与措施会有不同的反应。例如，在我国南方沿海一些省份，某些海产品被视为上等佳肴，而内地的许多消费者则觉得味道平常。又如，由于居住环境的差异，城市居民与农村消费者在室内装饰用品的需求上大相径庭。

地理变量易于识别，是细分市场应予考虑的重要因素，但处于同一地理位置的消费者需求仍会有很大差异。例如，在我国北京、上海等一些大城市，流动人口逾百万，这些流动人口本身就构成一个很大的市场，很显然，这一市场有许多不同于常住人口市场的需求特点。所以，简单地以某一地理特征区分市场，不一定能真实地反映消费者的需求共性与差异，企业在选择目标市场时，还需结合其他细分变量予以综合考虑。

营销案例

美国东部人爱喝味道清淡的咖啡，西部人爱喝味道较浓的咖啡。美国通用食品公司针对上述不同地区消费者偏好的差异而推销不同味道的咖啡。

香港一家公司在亚洲食品商店推销其生产的蚝油时采用这样的包装装潢画：一位亚洲妇女和一个男孩坐在一般渔船上，船里装满了大蚝，效果很好。可是，这家公司将这种东方食品调料销往美国，仍用原来的包装装潢，却没有取得成功，因为美国消费者不能理解这样的包装装潢设计的含义。后来，这家公司改换了商品名称，并重新设计了包装装潢画：一个放有一块美国牛肉和一个褐色蚝的盘子，这样才引起了美国消费者的兴趣。

我国茶叶市场，各地区有不同偏好，绿茶主要畅销南方地区，花茶主要畅销于华北地区、东北地区，砖茶则主要为某些少数民族地区服务；酒类市场，高度白酒在北方市场较为畅销，而低度白酒和果酒则在南方市场较受欢迎。

2. 人口细分

按人口统计变量，如性别、年龄、家庭规模、收入、职业、教育程度、家庭生命周期、宗教、种族、国籍等为基础细分市场。消费者需求、偏好与人口统计变量有着很密切的关系，例如，只有收入水平很高的消费者才可能成为高档服装、名贵化妆品、高级珠宝等的经常买主。人口统计变量比较容易衡量，有关数据相对容易获取，由此构成了企业经常以它作为市场细分依据的重要原因。

（1）性别。

由于生理上的差别，男性与女性在产品需求与偏好上有很大不同，如在服饰、发型、生活必需品等方面均有差别。像美国的一些汽车制造商，过去一直是迎合男性要求设计汽车，现在，随着越来越多的女性参加工作和拥有自己的汽车，这些汽车制造商正研究市场机会，设计具有吸引女性消费者特点的汽车。

（2）年龄。

不同年龄的消费者有不同的需求特点。如青年人对服饰的需求与老年人的需求差异较大，青年人需要鲜艳、时髦的服装，老年人需要端庄、素雅的服饰。

（3）收入。

高收入消费者与低收入消费者在产品选择、休闲时间的安排、社会交际与交往等方面都会有所不同。例如，同是外出旅游，在交通工具和食宿地点的选择上，高收入者与低收入者会有很大的不同。由于收入是引起需求差别的一个直接而重要的因素，因此在诸如服装、化妆品、旅游服务等领域根据收入细分市场相当普遍。

（4）职业和教育。

按消费者职业的不同、所受教育的不同以及由此引起的需求差别细分市场。例如，农民购买自行车偏好载重自行车，而学生、教师则是喜欢轻型的、样式美观的自行车。消费者所受教育水平的差异所引起的审美观具有很大的差异，例如，不同消费者对居室装修用品的品种、颜色等会有不同的偏好。

（5）家庭生命周期。

一个家庭，按年龄、婚姻和子女状况，可划分为七个阶段。在不同阶段，家庭购买力、家庭人员对商品的兴趣与偏好会有较大差别。

小知识

家庭生命周期可以分为以下七个阶段，不同阶段会对消费者购买行为产生影响。

未婚阶段：单身一人，空闲时间多，可以进行广泛的社交，对于书籍、名牌服装等需求较大。

新婚阶段：夫妇二人，无子女，需要家具、电器等耐用消费品和时装等。

“满巢”Ⅰ期：年轻夫妇和6岁以下婴幼儿，需要婴幼儿的食品、玩具、书籍、服装等。

“满巢”Ⅱ期：年轻夫妇和6岁以上儿童，需要文教用品、书籍、自行车等。

“满巢”Ⅲ期：年龄较大的夫妇和经济尚未独立的子女，需求基本与“满巢”Ⅱ期相同。

“空巢”阶段：子女已婚独立居住，家中只剩夫妇二人，需要方便、营养、卫生的食品和保健品等。

孤寡阶段：丧偶老人和独居老人群体对社会服务的需求与日俱增，其中医疗保健方面的需求始终排在首位。

3. 心理细分

根据购买者所处的社会阶层、生活方式、个性等心理因素细分市场就叫心理细分。

（1）社会阶层。

社会阶层是指在某一社会中具有相对同性质和持久性的群体。处于同一阶层的成员具有类似的价值观、兴趣爱好和行为方式，不同阶层的成员则在上述方面存在较大的差异。很显然，识别不同社会阶层的消费者具有的不同特点，对于很多产品的市场细分将提供重要的依据。

（2）生活方式。

通俗地讲，生活方式是指一个人怎样生活。人们追求的生活方式各不相同，有的追求新潮、时髦，有的追求恬静、简朴；有的追求刺激、冒险，有的追求稳定、安逸。例如，一些服装生产企业，为“简朴的妇女”“时髦的妇女”“有男子气的妇女”分别设计不同服装；烟草公司针对“挑战型吸烟者”“随和型吸烟者”“谨慎型吸烟者”推出不同品牌的香烟，均是依据生活方式细分市场。

小知识

与药品购买有关的四种生活方式分别是：

（1）踏实者：不赞成健康宿命论，不过分地保护自己，也不过分地伤害自己。他们认为治疗确有效果，且倾向较方便实用的治疗，他们不认为治疗非有医生不可。

（2）寻求权威者：倾向找医生或服用处方药，他们不是宿命论者，也不是禁欲主义者，但他们喜欢找有权威的医生或医院进行治疗。

（3）怀疑论者：对身体关心极少，很少使用药物，对治疗效果抱怀疑态度 。

（4）抑郁者：对身体极度关注，认为自己易受病菌侵袭，稍有症候立即就找医生，他们看起来并不很健壮，是权威性治疗的追求者。

（3）个性。

个性是指一个人比较稳定的心理倾向与心理特征，它会导致一个人对其所处环境做出相对一致和持续不断的反应。俗语说："人心不同，各如其面"，每个人的个性都会有所不同。通常，个性会通过自信、自主、支配、顺从、保守、适应等性格特征表现出来。因此，个性可以按这些性格特征进行分类，从而为企业细分市场提供依据。对化妆品、香烟、啤酒、保险之类的产品，有些企业以个性特征为基础进行市场细分并取得了成功。

营销案例

20 世纪 70 年代，美国最大的生活日用品制造商强生公司（Johnson）针对老年人的发质特点，推出了一款新型的洗发香波。公司本意是有针对性地开拓老年市场，但在进行广告促销时，使用了诸如"衰老""营养不足"等词语来描述 50 岁以上老年人头发的特点，并特别指出"此香波极适于年龄在 50 岁以上的老年人"。市场细分到此地步，按理销售应不成问题。然而没过多长时间，公司发现销售情况极为不佳。在有些地区甚至一瓶也未售出。为了弄清事实真相，公司做了一次市场调查，结果发现许多老年人和行将进入老年的中年人都在试图掩藏他们的真实年龄，不愿接受自己已在衰老这一事实，不愿购买一种会把自己局限在一个苦恼圈子里的产品。

强生公司进行广告促销时犯了大忌。虽然目标市场十分明确，产品质量也十分精良，但由于没有考虑到"银色市场"的细微之处和具体特点，触及了许多老年人和准老年人的痛处，使他们对产品敬而远之。因此，在具体营销时，应充分考虑"银色市场"的独特心理。市场营销人员必须把握住这种微妙的心理。许多旅馆为照顾老年顾客，提供了特殊服务，但有时却会适得其反。由此可见，消费者复杂的心理因素是市场细分的重要标准。

4．行为细分

根据购买者对产品的了解程度、态度、使用情况和反应等将他们划分成不同的群体，称为行为细分。许多人认为，行为变数能更直接地反映消费者的需求差异，因而成为市场细分的最佳起点。按行为变量细分市场主要包括以下几个方面：

（1）购买时机。

根据消费者提出需要、购买和使用产品的不同时机，将他们划分成不同的群体。例如，城市公共汽车运输公司可根据上班高峰时期和非高峰时期乘客的需求特点划分不同的细分市场并制定不同的营销策略；生产果珍之类清凉解暑饮料的企业，可以根据消费者在一年四季对果珍饮料口味的不同，将果珍市场的消费者划分为不同的子市场。

（2）追求利益。

消费者购买某种产品总是为了解决某类问题，满足某种需要。然而，产品提供的利益往往并不是单一的，而是多方面的。

营销案例

美国曾有人运用利益细分法研究钟表市场，发现手表购买者分为三类：1）大约23%侧重价格低廉；2）46%侧重耐用性及一般质量；3）31%侧重品牌声望。当时美国著名钟表公司大多数都把注意力集中于第三类细分市场，从而制造出豪华昂贵的手表并通过珠宝店销售。唯有TIME公司独具慧眼，选定第一、第二类细分市场作为目标市场，全力推出一种价廉物美的“天美时”牌手表，并通过一般钟表店或某些大型综合商店出售。该公司后来发展成为全世界第一流的钟表公司。

（3）使用者状况。

根据顾客是否使用和使用程度细分市场，通常可分为经常购买者、首次购买者、潜在购买者和非购买者。大公司往往注重将潜在使用者变为实际使用者，较小的公司则注重于保持现有使用者，并设法吸引使用竞争产品的顾客转而使用本公司产品。

（4）使用数量。

根据消费者使用某一产品的数量大小细分市场，通常可分为大量使用者、中度使用者和轻度使用者。大量使用者人数可能并不很多，但他们的消费量在全部消费量中占很大的比例。美国一家调研公司发现，美国啤酒的80%是被50%的顾客消费掉的，另外一半顾客的消耗量只占消耗总量的12%。因此，啤酒公司宁愿吸引重度饮用啤酒者，而放弃轻度饮用啤酒者，并把重度饮用啤酒者作为目标市场。公司还进一步了解到大量喝啤酒的人多是工人，年龄在25～50岁，喜欢观看体育节目，每天看电视的时间在3～5小时。很显然，根据这些信息，企业可以大大改进其在定价、广告传播等方面的策略。

（5）品牌忠诚程度。

企业还可以根据消费者对产品的忠诚程度细分市场。有些消费者经常变换品牌，另外一些消费者则在较长时期内专注于某一或少数几个品牌。通过了解消费者品牌忠诚情况和品牌忠诚者与品牌转换者的各种行为与心理特征，不仅可为企业细分市场提供一个基础，同时也有助于企业了解为什么有些消费者忠诚本企业产品，而另外一些消费者则忠诚于竞争企业的产品，从而为企业营销决策提供启示。

（6）购买阶段。

消费者对各种产品的了解程度往往因人而异。有的消费者可能对某一产品确有需要，但并不知道该产品的存在；有的消费者虽已知道产品的存在，但对产品的价值、稳定性等还存在疑虑；还有的消费者则可能正在考虑购买。针对处于不同购买阶段的消费群体，企业应进行市场细分并采用不同的营销策略。

（7）态度。

企业还可根据市场上顾客对产品的热心程度来细分市场。不同消费者对同一产品的态度可能有很大差异，如有的很喜欢持肯定态度，有的持否定态度，还有的则处于既不肯定也不否定的无所谓态度。企业应针对持不同态度的消费群体进行市场细分，并在广告、促销等方面采取不同的策略。

知识点3：有效地市场细分

1. 市场细分的原则

企业可根据单一因素，也可根据多个因素对市场进行细分。选用的细分标准越多，相应的子市场也就越多，每一子市场的容量相应就越小。相反，选用的细分标准越少，子市场就越少，每一子市场的容量则相对较大。如何寻找合适的细分标准，对市场进行有效细分，在营销实践中并非易事。一般而言，成功、有效的市场细分应遵循以下基本原则：

(1) 可衡量性。

可衡量性指细分的市场是可以识别和衡量的，即细分出来的市场不仅范围明确，而且对其容量大小也能大致做出判断。有些细分变量，如具有“依赖心理”的青年人，在实际中是很难测量的，以此为依据细分市场就不一定有意义。

(2) 可进入性。

可进入性指细分出来的市场应是企业营销活动能够抵达的，即企业通过努力能够使产品进入并对顾客施加影响的市场。一方面，有关产品的信息能够通过一些媒体顺利传递给该市场的大多数消费者；另一方面，企业在一定时期内有可能将产品通过一定的分销渠道运送到该市场。否则，该细分市场的价值就不大。

(3) 有效性。

有效性即细分出来的市场的容量或规模要大到足以使企业获利。进行市场细分时，企业必须考虑细分市场上顾客的数量，以及他们的购买能力和购买产品的频率。如果细分市场的规模过小，细分工作烦琐，成本耗费大，获利小，就不值得去细分。

(4) 对营销策略反应的差异性。

对营销策略反应的差异性指各细分市场的消费者对同一市场营销组合方案会有差异性反应，或者说对营销组合方案的变动，不同细分市场会有不同的反应。如果不同细分市场顾客对产品需求差异不大，行为上的同质性远大于其异质性，此时，企业就不必费力对市场进行细分。另外，对于细分出来的市场，企业应当分别制定出独立的营销方案。如果无法制定出这样的方案，或其中某几个细分市场对是否采用不同的营销方案不会有大的差异性反应，便不必进行市场细分。

2. 市场细分的程序

美国市场学家麦卡锡提出细分市场的一整套程序，这一程序包括以下七个步骤：

(1) 选定产品市场范围。

即确定进入什么行业，生产什么产品。产品市场范围应依据顾客的需求，而不是产品本身特性来确定。例如，某一房地产公司打算在乡间建造一幢简朴的住宅，若只考虑产品特征，该公司可能认为这幢住宅的出租对象是低收入顾客，但从市场需求角度看，高收入者也可能是这幢住宅的潜在顾客。因为高收入者在住腻了高楼大厦之后，恰恰可能向往乡间的清静，从而可能成为这种住宅的顾客。

(2) 列举潜在顾客的基本需求。

例如，公司可以通过调查，了解潜在消费者对前述住宅的基本需求。这些需求可能包括：遮风避雨、安全、方便、宁静、设计合理、室内陈设完备、工程质量好等。

（3）了解不同潜在用户的不同要求。

对于列举出来的基本需求，不同顾客强调的侧重点可能会存在差异。例如，经济、安全、遮风避雨是所有顾客共同强调的，但有的用户可能特别重视生活的方便，另外一类用户则对环境的安静、内部装修等有很高的要求。通过这种差异比较，不同的顾客群体即可初步被识别出来。

抽掉潜在顾客的共同要求，而以特殊需求作为细分标准。上述所列购房的共同要求固然重要，但不能作为市场细分的基础。例如，遮风避雨、安全是每位购房用户的要求，就不能作为细分市场的标准，因而应该剔除。

（4）制定相应的营销策略。

根据潜在顾客基本需求的差异，将其划分为不同的群体或子市场，并赋予每一子市场一定的名称。例如，西方房地产公司常把购房的顾客分为好动者、老成者、新婚者、度假者等多个子市场，并据此采用不同的营销策略。

进一步分析每一细分市场的需求与购买行为的特点，并分析其原因，以便在此基础上决定是否可以对这些细分出来的市场进行合并，或做进一步细分。

估计每一细分市场的规模，即在调查基础上，估计每一细分市场的顾客数量、购买频率、平均每次的购买数量等，并对细分市场上产品竞争状况和发展趋势做出分析。最终确定可进入的细分市场，并制定相应的营销策略。

3. *市场细分的方法*

企业在运用细分标准进行市场细分时必须注意以下问题：第一，市场细分的标准是动态的。市场细分的各项标准不是一成不变的，而是随着社会生产力和市场状况的变化而不断变化，如年龄、收入、城镇规模、购买动机等都是可变的。第二，不同的企业在市场细分时应采用不同标准。因为各企业的生产技术条件、资源、财力和营销的产品不同，采用的标准也应有区别。第三，企业在进行市场细分时，可采用一项标准，即单一变量因素细分，也可采用多个变量因素组合或系列变量因素进行市场细分。下面介绍几种市场细分的方法：

（1）单一变量因素法。

根据影响消费者需求的某一个重要因素进行市场细分。例如，服装企业，按年龄细分市场，可分为童装、少年装、青年装、中年装、中老年装、老年装；按气候的不同，可分为春装、夏装、秋装、冬装。

（2）多个变量因素组合法。

根据影响消费者需求的两种或两种以上的因素进行市场细分。如图 5-2 所示，服装市场可以根据生活方式、收入水平和年龄来细分市场。

（3）系列变量因素法。

根据企业经营的特点并按照影响消费者需求的诸多因素，由粗到细地进行市场细分。这种方法可使目标市场更加明确而具体，有利于企业更好地制定相应的市场营销策略。如图 5-3 所示，某产品市场细分，只要改变一个变量就会形成另一个新的市场。一个企业究竟选用哪些变量作为细分市场的依据，应当独具匠心，视具体情况而定，切忌生搬硬套。用作市场细分的变量也要根据市场需求适时做调整，以寻求发现新的市场机会。

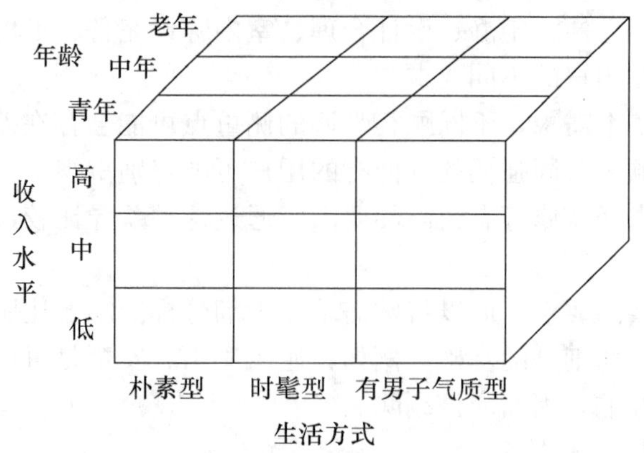

图 5－2　多个变量因素组合法

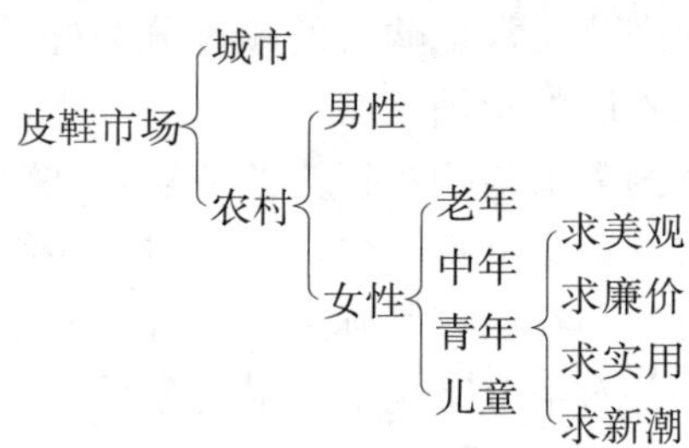

图 5－3　系列变量因素法

任务总结

王刚等六人在选择经营项目时，发现自己的资源十分有限，他们必须在庞大的市场中选择适合自己的经营项目。在按照企业营销活动的要求去寻找市场机会的过程中，首先是对市场进行细分，他们将学习结果归纳如下：

（1）市场细分是指企业通过市场调研，根据消费者或用户明显的不同特性，把整体市场分割为两个或更多的子市场的过程。每个子市场就是一个细分市场，都是由需要与欲望大致相同的买主群组成。有效的市场细分应遵循可衡量性、可进入性、有效性和对营销策略反应的差异性等原则。

（2）消费者市场细分的标准可概括为四类：地理因素、人口因素、心理因素和行为因素。在具体的营销活动中，可以根据不同的需要选择不同的细分标准，细分标准可以是一维的、二维的，甚至是多维的。

王刚等六人面对的是大学园区的消费者市场，因此他们主要针对大学生的消费心理与消费行为的标准进行细分，为下面的目标市场的选择奠定基础。

思考与练习

一、关键词汇

市场细分

二、简答题

1. 谈谈为什么要进行市场细分？

2. 如何进行市场细分?

3. 试为以下产品确定市场细分的变量，并对市场进行细分：冰激凌、电脑、服装、手机。

三、案例分析

麦当劳瞄准细分市场需求

麦当劳作为一家国际餐饮巨头，创始于20世纪50年代中期的美国。由于创始人及时抓住高速发展的美国经济下的工薪阶层需要方便快捷的饮食的良机，并且瞄准细分市场需求特征，对产品进行准确定位而一举成功。现在，麦当劳已经成长为世界上知名的大型餐饮集团之一，在109个国家开设了2.5万家连锁店，年营业额超过34亿美元。

回顾麦当劳公司发展历程可发现，麦当劳一直非常重视市场细分的重要性，而正是这一点让它取得了令世人惊羡的巨大成功。它根据地理、人口和心理要素准确地进行了市场细分，并分别实施了相应的战略，从而达到了企业的营销目标。

一、麦当劳根据地理要素细分市场

麦当劳有美国国内和国际市场，而不管是在国内还是国外，都有各自不同的饮食习惯和文化背景。麦当劳进行地理细分，主要是分析各区域的差异。如美国东西部的人喝的咖啡口味是不一样的。麦当劳通过把市场细分为不同的地理单位进行经营活动，从而做到因地制宜。

每年，麦当劳都要花费大量的资金进行认真的严格的市场调研，研究各地的人群组合、文化习俗等，再书写详细的细分报告，以使每个国家甚至每个地区都有一种适合当地生活方式的市场策略。

例如，麦当劳刚进入中国市场时大量传播美国文化和生活理念，并以美国式产品牛肉汉堡来征服中国人。但中国人爱吃鸡，与其他洋快餐相比，鸡肉产品也更符合中国人的口味，更容易被中国人所接受。针对这一情况，麦当劳改变了原来的策略，推出了鸡肉产品。在全世界从来只卖牛肉产品的麦当劳也开始卖鸡肉产品了。这一改变正是针对地理要素所做的，也加快了麦当劳在中国市场的发展步伐。

二、麦当劳根据人口要素细分市场

通常人口细分市场主要根据年龄、性别、家庭人口、生命周期、收入、职业、教育、宗教、种族、国籍等相关变量，把市场分割成若干整体。而麦当劳对人口要素细分主要是从年龄及生命周期阶段对人口市场进行细分，其中，将不到开车年龄的划定为少年市场，将20～40岁的年轻人界定为青年市场，还划定了老年市场。

人口市场划定以后，要分析不同市场的特征与定位。例如，麦当劳以孩子为中心，把孩子作为主要消费者，十分注重培养他们的消费忠诚度。在餐厅用餐的小朋友，经常会意外获得印有麦当劳标志的气球、折纸等小礼物。在中国，还有麦当劳叔叔俱乐部，参加者为3～12岁的小朋友，定期开展活动，让小朋友更加喜爱麦当劳。这便是相当成功的人口细分，抓住了该市场的特征与定位。

三、麦当劳根据心理要素细分市场

根据人们生活方式划分，快餐业通常有两个潜在的细分市场：方便型和休闲型。在这两个方面，麦当劳都做得很好。

例如，针对方便型市场，麦当劳提出“59秒快速服务”，即从顾客开始点餐到拿着食品离开柜台标准时间为59秒，不得超过一分钟。

针对休闲型市场，麦当劳对餐厅店堂布置非常讲究，尽量做到让顾客觉得舒适自由。麦当劳努力使顾客把麦当劳作为一个具有独特文化的休闲好去处，以吸引休闲型市场的消费者群体。

资料来源：麦当劳瞄准细分市场需求［OL］. MBA 智库，http://doc.mbalib.com/view.

分析思考：

试分析麦当劳都以哪些标准对市场进行了细分，这种细分是否合适，能否进一步改进。

任务二 选择目标市场

任务引入

王刚等六人通过对校园周边消费者市场的细分后形成许多细分市场，但此时他们之间出现了重大的分歧，王刚觉得进入A市场更适合他们公司的发展，但其他同学觉得B、C市场更有利。那么，他们又应该如何去选择更适合的目标市场呢？应该采取怎样的策略？在选择目标市场时又要受到什么因素的制约呢？

任务1：根据王刚的需要掌握选择目标市场的基本方法。

任务2：掌握影响目标市场选择的因素。

任务分析

一个企业面对市场的庞大繁杂，并非所有的市场机会都具有同等的吸引力，也不是每一个市场都是企业可以接受和能够进入的，企业只能利用自己有限的资源和实力，在一定的市场范围内开展营销活动，满足一部分人的市场需求。企业在开展营销活动之前，首先要在市场细分的基础上，从众多细分的市场当中选出有营销价值的、最适合企业发展的子市场作为自己经营的主要对象，即目标市场。然后根据目标市场的特点，整合企业资源，实施相应的营销策略，以取得在目标市场的竞争优势。

知识链接

通过市场细分，将整个市场分成了若干个细分市场或子市场。接下来，企业就需要对各个细分市场进行评估，并根据产品特性，以及自身的生产、技术、资金等实力，在众多的细分市场中选择一个或几个有利于发挥企业优势，最具吸引力，又能达到满意的经济效益的细分市场作为目标市场，这也是市场细分的目的所在。

目标市场是企业决定要进入或占领的市场，也就是企业在市场细分的基础上，根据自身的特长想要为之服务的那部分顾客群体。目标市场选择（Market Targeting）就是指选择目标顾客群体的过程。

知识点1：选择目标市场的标准

企业要有效地选择目标市场就应对不同的细分市场进行评价。评价时应主要考虑以下因素。

1. 有一定的规模和发展潜力

企业进入某一市场是期望能够有利可图，如果市场规模狭小或者趋于萎缩状态，企业进入后难以获得发展，此时，应审慎考虑，不宜轻易进入。当然，企业也不宜以市场吸引力作为唯一取舍，特别是应力求避免“多数谬误”，即与竞争企业遵循同一思维逻辑，将规模最大、吸引力最大的市场作为目标市场。大家共同争夺同一个顾客群的结果是，造成过度竞争和社会资源的无端浪费，同时使消费者的一些本应得到满足的需求遭受冷落和忽视。现在国内很多企业动辄将城市尤其是大中城市作为其首选市场，而对小城镇和农村市场不屑一顾，很可能就步入误区，如果转换一下思维角度，一些目前经营尚不理想的企业说不定会出现“柳暗花明”的局面。

2. 细分市场结构的吸引力

细分市场可能具备理想的规模和发展特征，然而从赢利的观点来看，它未必有吸引力。迈克尔·波特认为有五种力量决定整个市场或其中任何一个细分市场的长期的内在吸引力。如图 5-4 所示，这五种力量是同行业现有竞争力量、潜在的竞争力量、替代品竞争力量、卖方竞争力量和买方竞争力量。他们具有如下五种威胁性。

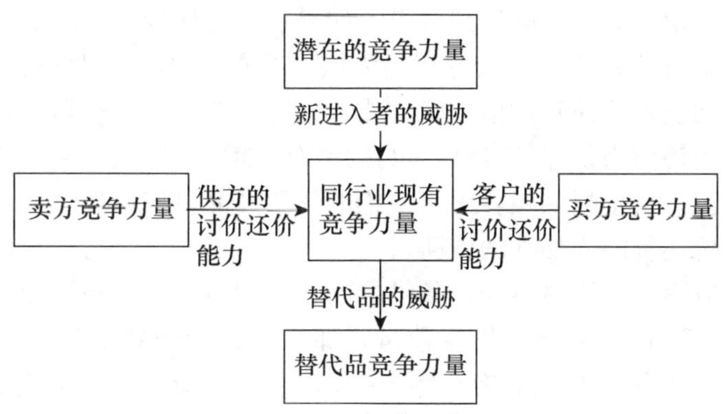

图 5-4 迈克尔·波特的竞争模型

(1) 细分市场内激烈竞争的威胁。

如果某个细分市场已经有了众多的、强大的或者竞争意识强烈的竞争者，那么该细分市场就会失去吸引力。如果出现该细分市场处于稳定或者衰退，生产能力不断大幅度扩大，固定成本过高，撤出市场的壁垒过高，竞争者投资很大，那么情况就会更糟。这些情况常常会导致价格战、广告争夺战、新产品推出，公司要参与竞争就必须付出高昂的代价。

(2) 新竞争者的威胁。

如果某个细分市场可能会增加新的生产能力和大量资源并争夺市场份额的新的竞争者，那么该细分市场就会没有吸引力。问题的关键是新的竞争者能否轻易地进入这个细分市场。如果新的竞争者进入这个细分市场时遇到森严的壁垒，并且遭受到细分市场内原来的公司的强烈报复，他们便很难进入。保护细分市场的壁垒越低，原来占领细分市场的公司的报复心理越弱，这个细分市场就越缺乏吸引力。某个细分市场的吸引力随其进退难易的程度而有所区别。根据行业利润的观点，最有吸引力的细分市场应该是进入的壁垒高、退出的壁垒低，在这样的细分市场里，新的公司很难打入，但经营不善的公司可以安然撤退；如果细分市场进入和退出的壁垒都高，那里的利润潜力就大，但也往往伴随较大的风险，因为经营不善的公司难以撤退，必须坚持到底；如果细分市场进入和退出的壁垒都较低，公司便可以进退自如，然而获得的报酬虽然稳定，但不高；最坏的情况是进入细分市场的壁垒较低，而退出的壁垒却很高，于是在经济良好时，大家蜂拥而入，但在经济萧条时，却很难退出，其结果是大家都生产能力过剩，收入下降。

（3）替代产品的威胁。

如果某个细分市场存在着替代产品或者有潜在替代产品，那么该细分市场就失去吸引力。替代产品会限制细分市场内价格和利润的增长。公司应密切注意替代产品的价格趋向。如果在这些替代产品行业中技术有所发展，或者竞争日趋激烈，这个细分市场的价格和利润就可能会下降。

（4）购买者讨价还价能力加强的威胁。

如果某个细分市场中购买者的讨价还价能力很强或正在加强，该细分市场就没有吸引力。购买者会设法压低价格，对产品质量和服务提出更高的要求，并且使竞争者互相斗争，所有这些都会使销售商的利润受到损失。如果购买者比较集中或者有组织，或者该产品在购买者的成本中占较大比重，或者产品无法实行差别化，或者顾客的转换成本较低，或者由于购买者的利益较低而对价格敏感，或者顾客能够向后实行联合，购买者的讨价还价能力就会加强。销售商为了保护自己，可选择议价能力最弱或者转换销售商能力最弱的购买者。较好的防卫方法是提供顾客无法拒绝的优质产品供应市场。

（5）供应商讨价还价能力加强的威胁。

如果公司的供应商——原材料和设备供应商、公用事业、银行、公会等，能够提价或者降低产品和服务的质量，或减少供应数量，那么该公司所在的细分市场就会没有吸引力。如果供应商集中或有组织，或者替代产品少，或者供应的产品是重要的投入要素，或者转换成本高，或者供应商可以向前实行联合，那么供应商的讨价还价能力就会较强大。因此，与供应商建立良好关系和开拓多种供应渠道才是防御上策。

3. 符合企业目标和能力

某些细分市场虽然有较大吸引力，但不能推动企业实现发展目标，甚至分散企业的精力，使之无法完成主要目标，这样的市场应考虑放弃。另外，还应考虑企业的资源条件是否适合在某一细分市场经营。只有选择那些企业有条件进入、能充分发挥自身资源优势的市场作为目标市场，企业才会立于不败之地。

课上小练习

寻找一个细分市场进行分析评价。

知识点 2：选择目标市场的模式

企业通过对细分市场进行评估，将决定进入哪些细分市场，即选择企业的目标市场。在选择目标市场时，有以下五种选择模式。

1. 市场集中化

如图 5－5 所示，这是一种最简单的目标市场涵盖模式，即企业只选取一个子市场作为其目标市场，然后集中人、财、物等资源只生产一种产品满足其需要。例如，某服装厂只生产儿童服装，满足儿童对服装的需要。选择市场集中化模式，一般基于以下考虑：

（1）企业具备在该细分市场从事专业化经营或取胜的优势条件。

（2）限于资金能力，只能经营一个细分市场。

（3）该细分市场中没有或者仅有少数几个竞争对手。

（4）企业准备以此为出发点，待取得成功后再向更多的细分市场扩展。

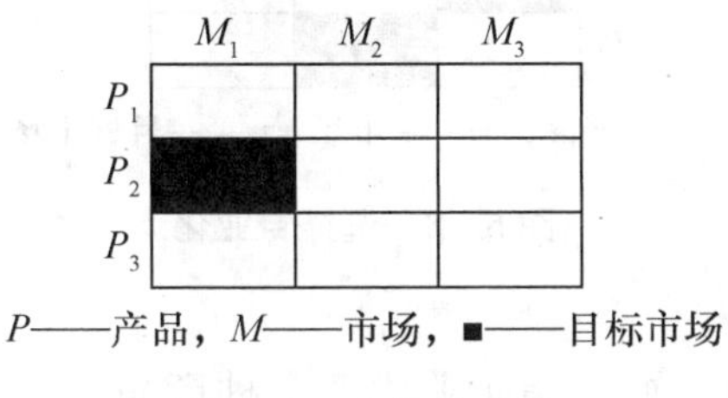

图 5－5　市场集中化

2. 产品专业化

如图 5－6 所示，企业以一种产品向若干个子市场出售。例如，冰箱生产厂同时向家庭、科研单位、饭店宾馆销售不同容积的冰箱。这种涵盖方式既有利于发挥企业生产、技术潜力，分散经营风险，又可以提高企业声誉。该模式的不足之处是，科学技术的发展对企业威胁较大，一旦在这一生产领域出现全新技术，市场需求就会大幅下降。

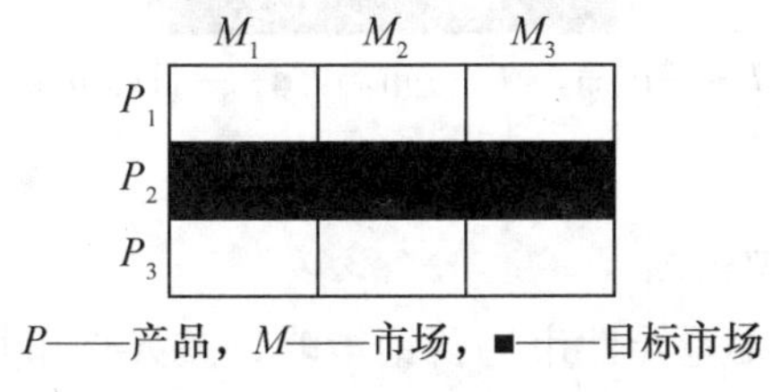

图 5－6　产品专业化

3. 市场专业化

如图 5－7 所示，企业面向某一子市场生产多种产品满足其需要。例如，一些电器企业，同时生产家用电冰箱、电视机、洗衣机等，以满足家庭对各种电器的需要。这一涵盖模式可充分利用企业资源，扩大企业影响，分散经营风险。不过，一旦目标顾客购买力下降，或减少购买支出，企业收益就会明显下滑。

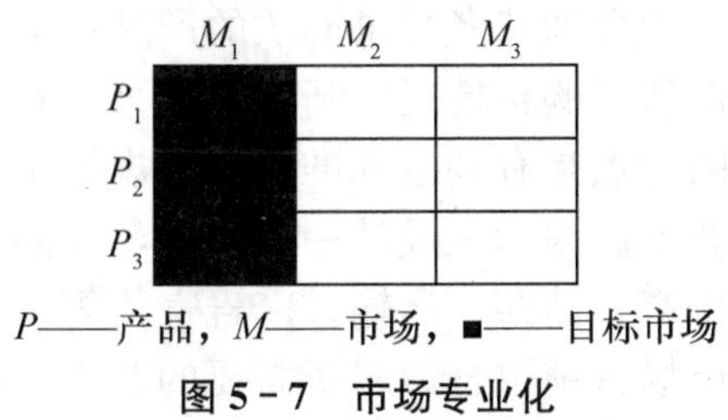

图 5－7　市场专业化

4. 选择专业化

如图 5-8 所示，企业选择若干个子市场作为其目标市场，并分别以不同的营销组合策略满足其需要。例如，海尔最早只生产电冰箱，后来收购了青岛洗衣机厂，又生产空调，兼并了黄山电视机厂，收购了青岛城市信用社、鞍山信托公司而进入金融业。选择专业化实际上是一种多角化经营模式，它可以较好地分散经营风险，有较大的回旋余地，即使在某个市场上失利，也不会使企业陷入绝境。但它需要具备较强的资源和营销实力。

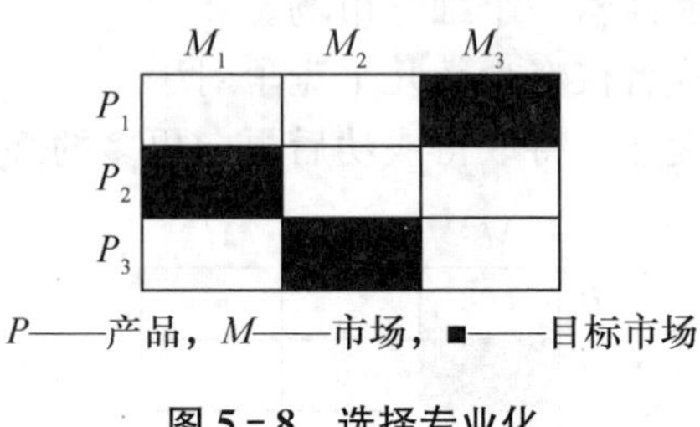

图 5-8 选择专业化

5. 市场全面化

如图 5-9 所示，市场化全面是指企业生产多种产品去满足整个市场的需求。这是实力雄厚的大企业采用的一种模式。例如，微软公司在计算机市场、可口可乐在饮料市场、海尔在家电市场就是采取这种战略。

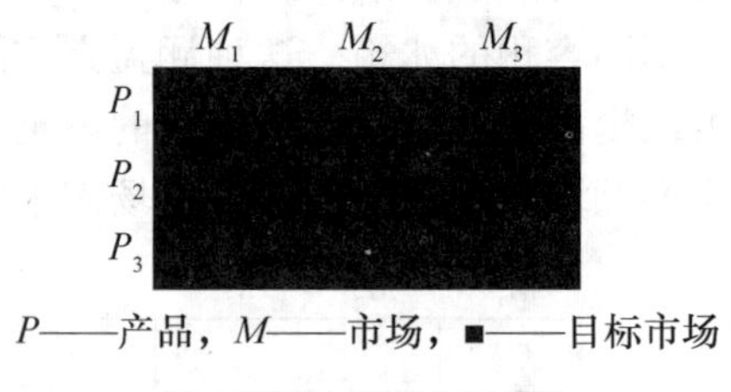

图 5-9 市场全面化

知识点 3：目标市场营销策略

目标市场营销策略分为无差异性市场营销策略、差异性市场营销策略和集中性市场营销策略三种类型，如图 5-10 所示。

1. 无差异性市场营销策略

无差异性市场营销策略（Undifferentiated Marketing）就是企业不考虑市场的差异性，把整体市场作为目标市场，对所有的消费者只提供一种产品，采用单一市场营销组合的目标市场策略。

采用无差异性市场营销策略的企业一般具有大规模、单一、连续的生产线，拥有广泛或大众化的分销渠道，并能开展强有力的促销活动，投放大量的广告并进行统一的宣传。无差异性市场营销策略适用于少数消费者需求同质的产品；消费者需求广泛、能够大量生产、大量销售的产品；探求消费者购买情况的新产品、某些具有特殊专利的产品。

无差异性市场营销策略的优点是有利于标准化和大规模生产，有利于降低单位产品的成本费用，获得较好的规模效益。因为只设计一种产品，产品容易标准化，能够大批量地生产和储运，可以节省产品生产、储存、运输、广告宣传等费用；不搞市场细分，也相应减少了市场调研、制定多种市场营销组合策略所需要的费用。无差异性市场营销策略的缺

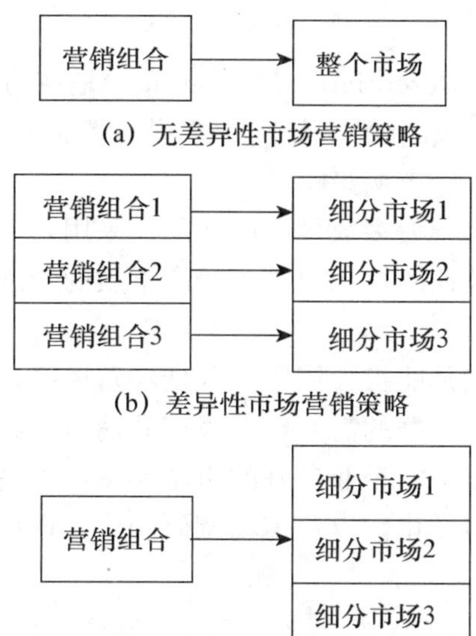

图 5－10　目标市场营销战略

点是不能满足消费者需求的多样性，不能满足其他较小的细分市场的消费者需求，不能适应多变的市场形势。因此，在现代市场营销实践中，无差异性市场营销策略只有少数企业采用，而且对于一个企业来说，一般也不宜长期采用。

营销案例

可口可乐公司在早期相当长的一段时间内，因拥有世界性的专利，仅生产一种口味、一种规格和形状的瓶装可口可乐，连广告词也只有一种，如图 5－11 所示。它所实施的就是无差异性市场战略，期望凭借一种可乐来满足所有消费者对饮料的需求。

图 5－11　可口可乐

2. 差异性市场营销策略

差异性市场营销策略（Differentiated Marketing）是在市场细分的基础上，企业以两个以上乃至全部细分市场为目标市场，分别为之设计不同产品，采取不同的市场营销组合，满足不同消费者需求的目标市场策略。

差异性市场营销策略适用于大多数异质的产品。采用差异性市场营销策略的企业一般是大企业，有雄厚的财力、较强的技术力量和较高素质的管理人员，是实行差异性市场营销策略的必要条件。

差异性市场营销策略优点是能扩大销售，降低经营风险，提高市场占有率。因为多品种的产品能分别满足不同消费者群的需要，扩大产品销售。如果企业在数个细分市场都能取得的较好的经营效果，就能树立企业良好的市场形象，提高市场占有率。但是，随着产品品种的增加，分销渠道的多样化，以及市场调研和广告宣传活动的增加，生产成本和各种费用必然大幅度增加。

营销案例

美国爱迪生兄弟公司经营了900家鞋店，分为4种不同的连锁店形式，每一种形式都是针对一个不同的细分市场，有的专售高价鞋，有的专售中价鞋，有的专售廉价鞋，有的出售时髦鞋。在芝加哥斯泰特大街短短3个街区的距离内就有该公司的3家鞋店。尽管这些商店彼此很近，但并不影响相互的生意。因为它们是针对女鞋市场上的不同细分市场。

3. 集中性市场营销策略

集中性市场营销策略（Concentrated Marketing）是企业以一个细分市场为目标市场，集中力量，实行专业化生产和经营的目标市场策略。

集中性市场营销策略主要适用于资源有限的中小企业和初次进入新市场的大企业。中小企业由于资源有限，无力在整体市场或多个细分市场上与大企业展开竞争，而在大企业无暇顾及而自己又力所能及的某个细分市场上全力以赴，则往往容易取得成功。实行集中性市场营销策略是中小企业变劣势为优势的最佳选择。

集中性市场营销策略的优点是目标市场集中，有助于企业更深入地注意、认识目标市场的消费者需求，使产品适销对路，有助于提高企业和产品在市场上的知名度。集中性市场营销策略还有利于企业集中资源，节约生产成本和各种费用，增加盈利，取得良好的经济效益。

集中性市场营销策略的缺点是企业潜伏着较大的经营风险。由于目标市场集中，一旦市场出现诸如较强大的竞争者加入、消费者需求的突然变化等情况，企业就有可能因承受不了短时间的竞争压力而立即陷入困境。因此，采用集中性市场营销策略的企业，要随时密切关注市场动向，充分考虑企业在未来可能发生的意外情况下的各种对策和应急措施。

营销案例

有一家小规模的制鞋公司，在皮鞋市场上的竞争力较弱。通过市场调查和细分后，了解到皮鞋市场上有各种不同的皮革制成的皮鞋，款式有150多种。但有很多消费者喜欢在家穿轻便舒适的皮便鞋，该公司决定以此消费者群体作为目标市场，集中企业的一切资源，专门生产这种皮便鞋，使公司在竞争激烈的皮革制品市场上站住了脚，获得了很大的经济效益。

知识点4：影响目标市场营销策略选择的因素

以上三种目标市场营销策略各有利弊，在营销实践中，企业究竟选择哪种目标市场营销策略，必须全面考虑各种因素，慎重决策。具体来说，需考虑以下五种因素。

1. 市场的类似性

市场类似性是指顾客在需求、偏好、购买行为上是否大致相近，对产品供应和销售的要求是否有较大的差别。在市场类似性高，也就是市场需求类似程度高的情况下，宜采取无差异性市场营销策略。

2. 产品的同质性

产品的同质性是指产品在性能、特点等方面的差异性小。

例如，营销米、面、盐、食用油、白糖等日常生活消费品，虽然由于原材料和加工不同，使产品质量上存在差别，但是，这种差别不十分明显，消费者一般都很熟悉，不需要特殊的宣传介绍，只要价格相当，消费者一般没有特别的选择和要求，因此，可采用无差异性市场营销策略。

家用电器、照相机、家具等耐用高档商品，因品质差异较大，消费者选购时十分注意商品的特性、功能、价格等，常常要反复评价、比较然后选择，对售后服务要求很高，这类产品则宜采用差异性市场营销策略或集中性市场营销策略。

3. 企业的目标和实力

如果企业资源雄厚，拥有大规模的生产能力、广泛的分销渠道、程度很高的产品标准化、好的内在质量和品牌信誉等，可以考虑实行无差异性市场营销策略；如果企业拥有雄厚的设计能力和优秀的管理水平，则可以考虑采取差异性市场营销策略；而对于实力较弱的中小企业而言，集中力量进行集中性市场营销策略将是适当的选择。

4. 商品所处生命周期阶段

商品生命周期阶段有投入期、成长期、成熟期、衰退期等，商品处于不同的生命周期阶段，企业应分别采取不同的市场策略。

投入期和成长期的产品，可采取无差异性市场营销策略，以探测市场的现实需求和潜在需求，以便及时采取有效措施，不断开拓市场，扩大推销。

成熟期的产品，应采取差异性市场营销策略，以开拓新市场。

衰退期的产品，应采用集中性市场营销策略，以维持和延长产品的生命周期，避免或减少企业的损失。

5. 市场竞争状况

如果竞争对手实力强大，并实行无差异性市场营销策略时，无论企业本身实力大于或是小于对手，采用差异性目标市场营销策略或集中性市场营销策略，都是有利可图的，有优势可占，能取得良好的营销效果。

如果竞争对手采用了差异性市场营销策略，而本企业采用无差异性市场营销策略，就无法有效地投入竞争，很难占有一个有利的地位。因此，必须以集中性市场营销策略应付。

在现实中，企业对这三种目标市场营销战略的选择不是一成不变的，可以灵活运用，在对影响目标市场营销策略选择的五种因素综合分析基础上制定市场营销战略。

任务总结

王刚等六人经过一段实践的探索研究，终于消除了分歧，选择了适合他们公司发展的目标市场。他们将其总结如下：

目标市场是企业决定要进入或占领的市场，也就是企业在市场细分的基础上，根据自身的特长想要为之服务的那部分顾客群体。首先需要对细分市场进行评估，具体考虑细分市场的规模和发展潜力、是否具有吸引力，以及是否符合企业的目标和能力。根据所选的细分市场覆盖整个产品市场的范围，选择目标市场的模式有市场集中化、产品专业化、市场专业化、选择专业化和全面市场化五种。目标市场营销策略分为无差异性市场营销策略、差异性市场营销策略和集中性市场营销策略三种类型。影响目标市场营销策略选择的因素有市场的类似性、产品同质性、企业的目标和实力、商品所处生命周期阶段和市场竞争状况。

思考与练习

一、关键词汇

目标市场选择　　无差异性市场营销策略

差异性市场营销策略　　集中性市场营销策略

二、简答题

1. 谈谈如何评估目标市场。
2. 目标市场选择的模式有哪几类？
3. 目标市场营销策略有哪几种类型？

三、案例分析

朵唯手机的成功

在国内手机行业中，厂家林立，品牌众多，竞争十分激烈。国内外各大手机厂商不断推出各种款式、功能、价格的手机来满足不同消费群体的需要，如拍照手机、智能手机、音乐手机、商务手机等，手机市场的竞争日益白热化。众多厂家绞尽脑汁开发新技术、新功能，不断从激烈的市场竞争中寻求成功。

此时，选择加入手机制造业无疑是一个“疯狂”举动，但朵唯董事长何明寿却认为，细分市场是国产手机突围的一条出路。2009 年在通信行业做了十年的何明寿决定做一个品牌手机。经过调研后，何明寿发现市场上没有一个专门针对女性的手机品牌。国内有 2 亿多女性用户，在调研中有 6 成以上的女性表示有购买专业女性手机的需求，何明寿觉得是个机会。2009 年 6 月，他创办的朵唯手机正式上市。

上市以来，朵唯手机推崇“爱让女人更美丽”的品牌理念，精益求精打造精美、时尚产品外观的同时，亦充分关注现代女性对“爱”和“美”的渴求，以及她们爱美、爱时尚、爱家的特性。在经历了全球金融危机的强大冲击后，朵唯始终坚持新兴手机品牌运营之道，并走出了一条新的发展模式，朵唯上市短短几个月时间内，两款手机单品销量超过 10 万台，成绩斐然，让人不得不惊叹朵唯手机的巨大发展潜力。

在运营朵唯新兴品牌时，何明寿主要是以主流电视广告投放提升品牌知名度。朵唯在央视和湖南卫视等电视台有巨额的广告投入，同时在其他媒介上也有推广，2010 年 12 月 15 日，年度贺岁大片《非诚勿扰 2》首映前，朵唯女性手机品牌在北京朝阳公园发布其新品 S920 眼影手机系列时宣布：《非诚勿扰 2》中女主角梁笑笑和其闺蜜芒果所使用的手机即此款新品。并在同一个发布会上再次携手幸福工程启动了“一台朵唯·十分关爱”的大型公益活动，据了解，朵唯与幸福工程于 2009 年 9 月就展开了合作。朵唯主要通过重要节假日的形式对幸福工程进行捐赠。此次的“一台朵唯·十分关爱”行动使得双方进入了一种常态化合作机制，更加持续有效地帮助贫困母亲。朵唯通过其独特的宣传方式，在其主要目标群体不断提升和巩固产品的知名度和美誉度。

同时，朵唯在手机营销上做精准营销，朵唯一年只出 10 款新手机，但对单款手机销售量的要求是 10 万台。此外，对单款手机生命周期要到 8 到 10 个月。这个周期要高于行业 6 到 8 个月，也保证了公司投入产出的效率。

资料来源：手机市场细分案例［OL］. 学优网，http://www.gkstk.com/article/wk－78500000851832.html.

分析思考：

1. 朵唯手机的市场细分标准是什么？朵唯手机选择的是哪个细分市场？
2. 朵唯手机采取的是哪一种目标市场营销策略？为什么能够取得成功？

任务三 市场定位

任务引入

王刚等人对校园周边消费者市场进行了市场细分，然后选择适合自己的目标市场，但在具体的营销活动中，他们发现同类型的小企业众多，如果没有自己的特色将难以取得理想的经营效果。那么，他们应该如何确定自己的经营特色（定位）呢？又可以采取什么方法进行市场定位呢？

任务 1：根据王刚的需要掌握定位的步骤和定位策略。

任务 2：掌握具体的定位方法。

任务分析

企业一旦选定了目标市场，就要在目标市场上进行产品的市场定位。市场定位是企业市场策略的重要组成部分，是使目标市场的顾客正确认识和理解本企业产品有别于竞争者的象征。市场定位就是要进行差异化营销，其实质是取得目标市场的竞争优势，确定产品在顾客心目中的适当位置并留下深刻印象，以便吸引更多的顾客。它关系到企业及其产品如何与众不同，与竞争者相比有多么突出。它对于树立企业及产品的鲜明特色，满足消费者的需求偏好，提高企业竞争力具有重要意义。

知识链接

企业进行市场定位，确定目标市场之后，紧接着应考虑目标市场各个方位的竞争情况。因为在企业准备进入的目标市场中往往存在一些捷足先登的竞争者，有些竞争者在市场中已占有一席之地，并树立了独特的形象。新进入的企业如何使自己的产品与现存的竞争者产品在市场形象上相区别，这就是市场定位的问题。

知识点 1：市场定位概述

1. 市场定位的概念

市场定位（Market Positioning）又称产品定位、竞争性定位，是根据竞争者现有产品在细分市场上所处的地位和顾客对产品某些属性的重视程度，塑造出本企业产品与众不同的鲜明个性或形象并传递给目标顾客，使该产品在目标市场上占据强有力的竞争位置。市场定位的实质是使企业与其他竞争性企业严格区分开来，使顾客明显觉察和认识这种差别，从而在顾客心目中占有特殊位置，建立起对企业和企业产品的偏好。

市场定位与产品定位、竞争性定位的区别：市场定位（Market Positioning）强调企业在满足市场需求方面，与竞争者比较，应当处于什么位置，使顾客产生何种印象和认识；产品定位（Product Positioning）就产品属性而言，企业与对手的现有产品，应在目标市场上各自处于什么位置；竞争性定位（Competitive Positioning）突出在目标市场上，与竞争者的产品相比较，企业应当提供何种特色的产品。

2. 市场定位的步骤

市场定位的主要任务，就是通过集中企业的若干竞争优势，将自己与其他竞争者区别开来。如图 5－12 所示，市场定位是企业调查研究影响定位的因素、选择相对的竞争优势和市场定位策略，以及准确地传播企业市场定位的过程。

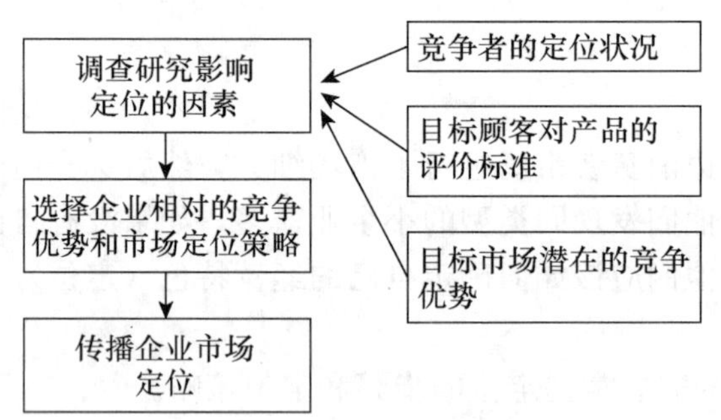

图 5－12 市场定位的步骤

（1）调查研究影响定位的因素。

调查以下几个方面，从而明确目标市场潜在的竞争优势：

1）竞争者的定位状况。要了解竞争者正在提供何种产品，在顾客心目中的形象如何，并估测其产品成本和经营情况。

2）目标顾客对产品的评价标准。即要了解购买者对其所要购产品的最大偏好和愿望，以及他们对产品优劣的评价标准是什么，以作为定位决策的依据。

3）目标市场潜在的竞争优势。企业要确认目标市场的潜在竞争优势是什么，然后才能准确地选择竞争优势。

（2）选择企业相对的竞争优势和市场定位策略。

企业通过与竞争者在产品、促销、成本、服务等方面的对比分析，了解自己的长处和短处，从而认定自己的相对竞争优势，进行恰当的市场定位。相对竞争优势，是企业能够胜过竞争者的能力。有的是现有的，有的是具备发展潜力的，还有的是可以通过努力创造的。简而言之，相对竞争优势是企业能够比竞争者做得更好的某一方面。企业可以根据自己的资源配置通过营销方案差异化突出自己的经营特色，使消费者感觉自己从中得到了价值最大的产品及服务。

（3）准确地传播企业市场定位。

这一步的主要任务是企业要通过一系列的宣传促销活动，将其独特的市场竞争优势准确地传播给消费者，并在消费者心目中留下深刻印象。

1）企业应使目标消费者了解、知道、熟悉、认同、喜欢和偏爱企业的市场定位，要在消费者心目中建立与该定位相一致的形象。

2）企业通过一切努力，深入地了解目标消费者，稳定目标消费者的态度和加深目标消费者的情感，来巩固企业市场形象。

3）企业应注意目标消费者对其市场定位理解出现的偏差，或由于企业在宣传上的失误而造成目标消费者对市场定位的模糊认识和误会，应该及时纠正，使市场定位与市场形象保持一致。

知识点2：市场定位策略

市场定位的策略作为一种市场竞争策略，显示了一种产品或一个企业与同类产品或企业的竞争关系。定位策略不同，市场竞争态势也不同，下面分析三种主要的定位策略。

1. 迎头定位

迎头定位策略是指企业选择靠近于现有竞争者或与现有竞争者重合的市场位置，争夺同样的顾客，彼此在产品、价格、分销及促销等各方面差别不大。现在我国的冰箱、彩电等家电产品，基本上采用的就是这一定位策略。实行这种定位战略的企业，必须具备以下条件：

（1）能比竞争者生产出更好的产品。

（2）该市场容量足够吸纳这两个竞争者的产品。

（3）比竞争者有更多的资源和实力。

2. 避强定位

避强定位指企业避开目标市场上强有力的竞争对手，将其位置确定于市场“空白点”，开发并销售目标市场上还没有的某种特色产品，开拓新的市场领域。由于这种定位方式市场风险较少，成功率较高，常常为多数企业所采用。适用于以下情形：

（1）这部分潜在市场即营销机会没有被发现，在这种情况下，企业容易取得成功。

（2）许多企业发现了这部分潜在市场，但无力去占领，这就需要有足够的实力才能取得成功。

营销案例

“七喜”品牌重塑形象定位于“非可乐”

“七喜”(Seven Up) 是美国豪迪饮料公司1929年上市的一种柠檬口味饮料。

1920年，作为广告商兼商人的查尔斯·格里格在美国密苏里州的圣路易斯创办了豪迪公司，生产“Howdy”牌橘子水，在美国各地销售。这种饮料在熬过了经济大萧条的苦日子以后，正式在市场上使用“七喜”饮料名称。

1942年开始，“七喜”将自己描绘成“清新的家庭饮料”；进入20世纪60年代，“七喜”又放弃了家庭温馨的促销理念，于1966年推出新主题的系列广告。然而，这些宣传并未使消费者感知到“七喜”是一种不含酒精的普通清凉饮料。它虽是一个大品牌，但它不像可乐饮料，一直缺乏一个明确的形象和定位，这种状况一直延续到20世纪60年代末。

1968年，Thompson广告公司的副总裁William Ross为7-Up创造了一个主题，取名“非可乐”(Uncola)，明确地把它定位于非可乐的位置，如图5-13所示。此定位获得极大成功，受到了公众的积极响应，7-Up的销量猛增，当年其销售量就增加了14%，到1973年增加了50%。“非可乐”的广告语变得很流行，因为它正好迎合了60年代年轻人反家庭的情绪，它独一无二的定位抓住了年轻人的饮料市场。

图5-13 七喜非可乐

然而，1978年以后，“七喜”又放弃了“非可乐”广告宣传活动，展开以“七喜随着美国欣欣向荣”“感受七喜”为主题的新的宣传攻势。这些并未获得理想的促销效果，反而使其销售量下降。鉴于此，“七喜”又再度推出“非可乐”宣传口号，但最终未能恢复以往的成绩。

“七喜”从成功到失败的变化，主要是品牌宣传定位失误所致。在品牌传播中，传播的途径、方式可以多样化，但它必须体现统一的诉求主题。若品牌诉求主题过多或者品牌市场定位变动过于频繁，就易使消费者不能认知品牌的个性与独特的品牌形象，进而降低市场竞争力。

3. 重新定位

重新定位是指企业通过变动产品特色等手法，改变目标顾客对产品的认识，塑造新的形象。即使企业产品原有定位很恰当，但当出现下列情况时，也需要考虑重新定位。

(1) 竞争者推出的市场定位侵占了本企业品牌的部分市场，使本企业产品市场占有率下降。

(2) 消费者偏好发生了变化，从喜爱本企业品牌转移到喜爱竞争对手的品牌。

营销案例

老坛酸菜牛肉面的竞争

一、前期阶段：资源聚焦（单品细分市场的突破）

早在2008年统一老坛酸菜牛肉面上市前，康师傅和统一的竞争就十分激烈，在这个时段可以说是康师傅远远领先统一，统一连续多年处于亏损状态。在这个时候，统一经过调研，发现西南区域（四川、重庆）的新口味在其他口味连续衰退的情况下逆势成长，涨速惊人。故将该口味引到湖北、湖南进行测试，依然获得很好的成功。

在这种情况下，统一毅然决定破釜沉舟将几十种SKU简化到十几种，将所有的资源投入这款口味进行全国推广，在渠道端大力度促销进行铺货，媒体端邀请汪峰担任代言人，消费者端大范围试吃推广，如图5-14所示。

图5-14　统一老坛酸菜牛肉面

虽然康师傅属于该行业的龙头，在资源的投入上也远远高于统一，但因康师傅资源投入比较分散，在酸菜口味上的投入输于统一，同时高层领导的重视度不够，未能在前期及时地狙击统一，统一的老坛酸菜牛肉面便顺势崛起。

小结：样板区域—复制样本区域成功—资源聚焦单品成功。

二、竞争阶段：模仿策略

在康师傅醒悟过来的时候，统一老坛酸菜牛肉面已经遍地开花了，这个时候要奋起直追，但统一已经有了很好的先发优势，通过媒体和终端推广在消费者中已经形成了酸菜牛肉面第一品牌认知，同时通过终端的快递回转，在渠道端形成了统一老坛酸菜远远好卖于康师傅老坛酸菜的口碑，形成了较强的壁垒。

在这一阶段，统一的强势崛起引起了康师傅高层的重视，初期康师傅通过陈坛酸菜牛肉面进行差异化营销，邀请姚晨担任代言人，媒体、渠道和终端都大力进行推广，但效果并不佳。而最大的转折点就在于康师傅发现差异化营销无法收效后，采取的改名和换包装的模仿策略，将包装切换成统一相似度极高的包装，同时更名为老坛酸菜牛肉面。这一措施对统一产生了极大的威胁，这才有了统一"有人模仿我的脸，还有人模仿我的面，模仿再像也不是统一老坛酸菜面"广告语的来源。

在更名和换包装后，双方进行了更激烈的竞争，产品上酸菜包加量/加火腿肠，渠道上大力度的捆绑促销，消费者促销中大幅度买赠，门店的抢排面和特陈签订排他协议，甚至出现了多起双方业务员斗殴的事件，而对此类斗殴事件双方公司采取鼓励支持的态度导致情况愈演愈烈，最终导致双方高层一起坐下协商方得以歇息。在接下来的时间，康师傅利用母品牌的影响力和强大的渠道掌控力，采取塑造康师傅行家的策略进行挑战，其中间的多规格和多口味夹击的策略也起到了一定的作用，最终追平了统一，在酸菜细分市场上达到了1∶1。

小结：在母品牌和渠道掌控力强大的基础上，通过模仿策略成功翻盘。

资料来源：知乎，https://www.zhihu.com/question/20187932/answer/92417823.

知识点 3：市场定位方法

各个企业经营的产品不同，面对的顾客也不同，所处的竞争环境也不同，因而市场定位所依据的原则也不同。总的来讲，市场定位所依据的原则有以下四点。

1. 根据具体的产品特点定位

构成产品内在特色的许多因素都可以作为市场定位所依据的原则，如所含成分、材料、质量、价格等。"七喜"汽水的定位是"非可乐"，强调它是不含咖啡因的饮料，与可乐类饮料不同。"泰宁诺"止痛药的定位是"非阿司匹林的止痛药"，显示药物成分与以往的止痛药有本质的差异。一件仿皮皮衣与一件真正的水貂皮衣的市场定位自然不会一样，同样，不锈钢餐具若与纯银餐具定位相同，也是难以令人置信的。

营销案例

乐百氏的市场定位

乐百氏在行业内率先推出了"27 层净化"的概念，成功从众多饮用水品牌中脱颖而出。

水，简简单单，普普通通，随便装在任何不同的瓶子里，它依然是水。但是，当消费者在超市里面对琳琅满目的饮用水时，仍然会有各自不同的选择。在对一些消费者的调查中，我们发现，消费者在选择饮用水时，并没有一定的选择标准，很多是根据"广告宣传"来决定自己购买的饮用水品牌。

广告竞争，每个行业都一样激烈，但是，饮用水广告的硝烟似乎更浓一些，而且，饮用水广告也留下了许多至今仍为人称道的经典案例。"乐百氏 27 层净化"的广告，就是那些经典之一，至今提起来，仍有不少消费者表示有印象。在学校当助教的赵玲至今还清晰地记得乐百氏纯净水的广告语“27 层净化”，赵玲告诉记者，她初次听说“27 层净化”这个词时还在上学，当时的感觉就是没什么比那瓶水更纯净了。

当年纯净水刚开始盛行，市场上存在着众多纯净水品牌，同质化现象严重。大多数纯净水厂商都希望能从中寻求差异，运用自身独特的优势来彰显不同，从而求得生存。娃哈哈一马当先，凭借广告偶像加音乐的情感诉求一跃成为行业老大，面对这样的市场局面，乐百氏该走一条怎样的广告路线呢？乐百氏经过分析发现，当时市场上的所有纯净水品牌的广告都说自己的纯净水纯净，而消费者却不知道哪个品牌的水是真的纯净，或者更纯净，抓住这一点后，乐百氏在行业内率先推出了“27 层净化”的概念。

如图 5－15 所示，宁静幽蓝的基调，万籁俱寂。一滴晶莹的水珠缓缓坠落，每到一层，都有紫光一闪，给人“又被净化一次”的联想。经过一层层的净化，乐百氏纯净水才“千呼万唤始出来”，一个强有力的利益承诺也随之推出：乐百氏纯净水，27 层净化！这是一个堪称经典的伟大创意。它的成功不仅仅在于对纯净水概念的强调和突出，更在于其高雅的基调，吻合了消费者内心对纯净的感性理解。尤其是在当时各种水五花八门广告宣传的情况下，该广告别出心裁地为纯净水做了一个很好的定位。当年北京地区调查显示，这条广告大得消费者好评。

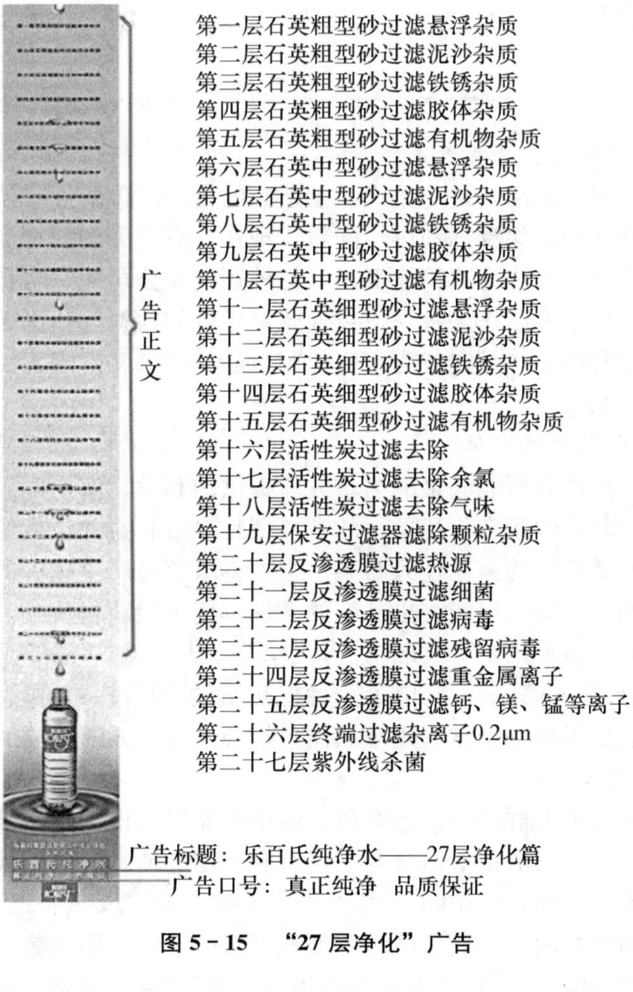

图 5－15 “27 层净化”广告

27 层净化是什么？是其他纯净水厂家达不到的工艺吗？并不是，当时其他纯净水绝大多数都经过了几十道工序以确保品质安全，可能达到甚至超过了这样一个净化标准。但是，只有乐百氏将这个概念提出来了，并在各种媒介上推出了“乐百氏的每一滴水都经过 27 层净化，是真正的纯净之水”的这种卖点统一的广告。27 层净化，给消费者一种“很纯净，可以信赖”的印象，为乐百氏纯净水的纯净提供了一个有力的支持点。这条广告也很快家喻户晓。

20 世纪 90 年代，营销学之父舒尔茨在其全球第一部《整合行销传播》(IMC) 专著中就指出：在同质化的市场中，唯有传播能创造出差异化的品牌竞争优势。而有效的传播必须有一个以消费者欲求为出发点的“轴心”概念。由此，不难看出，乐百氏的成功正是紧紧抓住了消费者对纯净水“纯净”的欲求，从众多品牌中脱颖而出。广告表现紧扣广告策略，对“品质”做了与众不同的演绎。结果，造成了鲜明的传播差异。

当年的饮用水市场，几大品牌各出奇招制胜。但是，乐百氏纯净水通过 27 层净化这样独特的广告诉求，在短短几个月的时间内，销售额就达到了 2 个亿。产品的市场占有率当年即跃居全国同类产品第二位。时隔多年，当年乐百氏纯净水的成功案例，仍然让许多人津津乐道。

资料来源：贾子玉. 乐百氏，27 层的净化 [OL]. http://www.xzbu.com/3/view—1509636.htm.

2. 根据特定的使用场合及用途定位

为老产品找到一种新用途，是为该产品创造新的市场定位的好方法。小苏打曾一度被广泛地用作家庭的刷牙剂、除臭剂和烘焙配料，现在已有不少的新产品代替了小苏打的上述一些功能。小苏打可以定位为冰箱除臭剂，另外还有家公司把它当作调味汁和肉卤的配料，更有一家公司发现它可以作为冬季流行性感冒患者的饮料。我国曾有一家生产“曲奇饼干”的厂家最初将其饼干产品定位为家庭休闲食品，后来又发现不少顾客购买是为了馈赠，又将之定位为礼品。

3. 根据顾客得到的利益定位

利益定位就是根据产品所能满足的需求或所提供的利益、解决问题的程度来定位。运用这种方法进行定位时，向顾客传达单一的利益还是多重利益并没有绝对的定论。但由于消费者能记住的信息是有限的，往往只对某一强烈诉求容易产生较深的印象，因此向消费者承诺一个利益点的单一诉求更能突出品牌的个性，使定位获得成功。例如，宝洁公司的洗发用品中，飘柔的利益承诺是“柔顺”，海飞丝是“去头屑”，潘婷是“健康亮泽”。

1975 年，美国米勒 (Miller) 推出了一种低热量的“Lite”牌啤酒，将其定位为喝了不会发胖的啤酒，迎合了那些经常饮用啤酒而又担心发胖的人的需要。

4. 根据使用者类型定位

该定位直接以某类消费群体为诉求对象，突出产品专为该类消费群体设计，以获得目标消费群的认同。把品牌与消费者结合起来，有利于增进消费者的归属感，使其产生“我自己的品牌”的感觉。例如，广东的“客家娘酒”，定位为“女人自己的酒”，这对女性消费者来说就很具吸引力，因为一般名酒酒精度数都较高，女士们多数无口福享受，客家娘酒宣称是“女人自己的酒”，就塑造了一个相当于“XO 是男士之酒”的强烈形象，在女士们心目中留下深刻的印象；金利来定位为“男人的世界”；百事可乐定位为“青年一代的可乐”，这些都是消费群体定位策略的运用。

营销案例

美国米勒啤酒公司曾将其原来唯一的品牌“高生”啤酒定位为“啤酒中的香槟”，吸引了许多不常饮用啤酒的高收入妇女。后来发现，占30%的狂饮者大约消费了啤酒销量的80%，于是，该公司在广告中展示石油工人钻井成功后狂欢的镜头，还有年轻人在沙滩上冲刺后开怀畅饮的镜头，塑造了一个“精力充沛的形象”。在广告中提出“有空就喝米勒”的宣传，从而成功占领啤酒狂饮者市场达10年之久。

事实上，许多企业进行市场定位依据的原则往往不止一个，而是多个原则同时使用。因为要体现企业及其产品的形象，市场定位必须是多维度的、多侧面的。

知识点4：市场定位策略易出现的问题

企业在实施市场定位策略时，容易出现以下四类问题。

1. 不充分定位

很多公司在市场定位时，由于定位策略选择不当或贯彻定位战略不彻底，导致市场定位模糊，潜在购买者没有真正意识到企业或产品品牌的独特之处。

2. 过分定位

过分定位是指消费者对品牌认同过于狭窄，不利于产品线延伸或品牌延伸。太太口服液在20世纪90年代初刚上市时，企业把功效定位为治疗黄褐斑，宣称“三个女人一个黄”，由于功效定位过于狭窄，市场反应不尽人意。对市场调研后，强调产品的美化肌肤功能，“肌肤健美，女人真的美”，准确的市场定位后，该企业成为我国女性保健品行业独树一帜的大企业。

3. 混淆定位

由于市场定位战略诉求点过多或者市场定位战略更迭过于频繁，使购买者对企业或产品品牌形象感到困惑不解或无从下手，会造成市场定位不清。

4. 可疑定位

可疑定位即选择不恰当的诉求点来体现企业及产品的市场定位。例如，消费者对广告中提及的产品特点、价格水平不相信，最终致使企业或产品的市场定位失败。

企业在制定和运用市场定位战略时，应设法避免以上四类错误，方能有效地开展目标市场营销活动。

任务总结

王刚等六人选择了适合他们公司发展的目标市场后，发现为了取得理想的经营效果必须进行市场定位，他们将学习结果总结如下：

市场定位是根据竞争者现有产品在细分市场上所处的地位和顾客对产品某些属性的重视程度，塑造出本企业产品与众不同的鲜明个性或形象并传递给目标顾客，使该产品在目标市场上占据强有力的竞争位置。市场定位的步骤分为：调查研究影响定位的因素、选择企业相对的竞争优势和市场定位策略，以及准确地传播企业的市场定位。市场定位的策略有迎头定位、避强定位和重新定位。市场定位依据的原则有：根据具体的产品特点定位、根据特定的使用场合及用途定位、根据顾客得到的利益定位、根据使用者类型定位。在市场定位过程中，还应当避免出现以下几个问题：不充分定位、过分定位、混淆定位和可疑定位。

思考与练习

一、关键词汇

市场定位

二、简答题

1. 市场定位的程序是什么？
2. 市场定位策略有哪些？
3. 市场定位的方法有哪些？
4. 在市场定位过程中应当避免哪些定位误区？

三、案例分析

外卖经济重压下，统一退出“方便面”市场重新定位

曾在我国物资匮乏的年代被视为“奢侈品”的方便面，随着国人开始追求健康的食品和生活方式，落入了“垃圾食品”“廉价食品”行列。即使能把方便面创新成口味好而又健康的代餐品，也将受制于技术和成本因素而失去价格竞争力。

在这一背景下，方便面品牌纷纷开始了高端化的尝试。2017 年前 3 季度，中国方便面销售额同比增长 2.5%，主要受到高端产品带动。同时，中国饮料销售额同比增长 10.1%。统一饮料销售在 2017 年第 3 季度复苏明显，主要因为经典产品销售反弹。汤达人的表现相当惊艳，其销售额在 2017 年前 3 季度同比增长 90%，增至人民币 10 亿元。

一、战略转型，发展高端市场

虽然连续几年业绩下滑，但另一方面，即便是行业下滑，这也是一个巨大的市场，而且方便面也逐渐开始朝高端发展，人民币 5 元以上的产品占比逐步拉高，这意味着出现了新的机会。2016 年，统一方便面扭亏为盈，营收同比增长 8.6%，统一在年报中解读原因，就是收益于加大高端方便面的投入。

据统一提供的数据，5 元以上的产品营业额去年占比为 12%，今年已达 21%，这意味着在中高端市场尝到甜头的统一，还要进一步押注高端方便面。

统一在 2017 年上半年年报中提出，传统老坛酸菜面还是其主力产品，但高端代表汤达人则是成长最快的品类。

二、重新定位产品，退出？不可能！

8 月 11 日，统一集团旗下的统一企业、统一中控、统一实业举行的联合法人说明会上，统一集团董事长罗智先表示，方便面持续朝高质化发展，人民币 5 元以上的产品占比逐步拉高。

“随着市场消费形态的改变，内部已有共识，将逐步退出方便面市场。”该消息随即被解读为“统一要退出方便面市场”，从而引发众多网友热议。

统一企业相关负责人表示，统一并没有表示要退出“面”市场。“上述说法是台湾媒

体误读”。该负责人表示，统一集团董事长罗智先发言中所谓的“退出”方便面市场，其实是要跳出现有框架，重新定位产品。

统一集团董事长罗智先指出，统一逐步退出泡面市场，并不意味着离开“面”的市场，而是将产品重新定位，专攻满汉大餐、汤达人等高端品牌，退出低价竞争的红海市场。

但退出的速度视市场而定，并无一定的时间表。罗智先强调，市场不把汤达人当作泡面，很多人买满汉大餐当正餐，未来将推出更多这类产品。

三、营销专家怎么看

1. 上海云连品牌管理有限公司创始人韩秀超

统一的罗智先说统一要逐步退出大陆的方便面市场，但不离“面”的市场，要重新定义不一样的面，就是说康师傅卖的是方便面，统一慢慢地要从这里撤出，重新开辟高端的健康的面市场！这一招如同当年农夫山泉的钟睒睒，宣布不再卖纯净水！罗智先厉害啊！

2. 美思美誉营销机构董事长陈崖枫

做决策的人及有话语权的人都生活在趋势的顶端。趋势有时是未来，但也可能是理想。即使是未来，漫长普及过程中的原始商机也不容小视。方便面是萎缩还是落寞，或是换个面貌重燃新机，不在于产品升级，也不在于外卖兴起，而是它是否真的不健康，是否仍满足某一类需求。

前些日子，在西北高原辽阔的天地走一圈，顺便看了下市场，忘了网购与概念控，发现我们活在营销中心，已经被电商、消费升级折磨的胆战心惊，忘了慢慢地过日子，忘了广阔天地其实并不完全由不接地气的顶层中心来设计。

四、酝酿下一个“紫色风暴”

统一当年靠着紫色包装的老坛酸菜牛肉面走红，几乎到了无人不知、无人不晓的地步。统一老坛酸菜牛肉面销售突破40亿元刮起“紫色风暴”，成为业内传奇，以至于后来出现“有人模仿我的脸，还有人模仿我的面，模仿再像也不是统一老坛酸菜面”。

就如同罗智先所说，可口可乐也不说自己是卖碳酸饮料的，统一也不是卖方便面的。统一集团品牌未来将定位国民性品牌及高层次两种路线，消费升级，产品向着高质高价方向发展，这是企业利润来源的突破口，小茗同学和汤达人的成功让中国食品企业见到了曙光，下阶段，统一将酝酿下一个“紫色风暴”。

资料来源：罗诗雨. 外卖经济重压下，统一退出“方便面”市场重新定位［OL］. 亿欧，(2017-12-26)［2018-05-26］. https://www.iyiou.com/p/63026.

分析思考：

1. 统一真的要退出方便面市场吗？
2. 你认为统一应当如何定位？

单元检测

一、单项选择题

1. 市场细分的客观基础是（　　）。

A. 需求的差异性　B. 需求的同质性　C. 需求的客观性　D. 需求的有效性

2. 无差异性市场营销策略的最大优点是（　　）。

A. 策略的有效性　B. 成本的经济性　C. 实施的便利性　D. 结果的可控性

3. 市场定位是指（　　）。

A. 产品在市场上所处的位置　　　　B. 产品在消费者心目中所处的地位
C. 产品的销售对象选择　　　　　　D. 产品的销售渠道选择

4. 消费者对某种产品的需求和爱好比较接近，企业在选择目标市场可采取（　　）。
A. 无差异性市场营销策略　　　　B. 差异性市场营销策略
C. 集中性市场营销策略　　　　　D. 密集性市场营销策略

5. 无差异性市场营销策略主要适用于（　　）情况。
A. 企业实力较弱　B. 产品性质相似　C. 市场竞争者多　D. 消费需求复杂

6. 用收入（低、中、高）、年龄（幼、少、中、青、老）和性别（男、女）三个标准及其中的若干因素，可将总体市场划分为（　　）个细分市场。
A. 十　　B. 二十四　　C. 三十　　D. 四十八

7.（　　）是被企业选定作为市场营销对象的细分市场。
A. 市场细分　　B. 细分市场　　C. 目标市场　　D. 终端市场

8. 目标市场营销由三个步骤组成：一是市场细分；二是选择目标市场；三是进行（　　）。
A. 推销　　B. 促销　　C. 竞争　　D. 市场定位

9. 一家玩具公司欲对玩具市场进行细分，用（　　）细分标准比较合理。
A. 年龄、性别、家庭收入水平　　B. 性格、职业、生活态度
C. 购买时机、购买动机、用途　　D. 购买频率、购买利益、年龄

10. 无差异性市场营销策略面对的是（　　）。
A. 整体市场　　B. 一个子市场　　C. 多个子市场　　D. 相关市场

11. 对于经营资源有限的中小企业而言，要打入新市场适宜用（　　）。
A. 集中性市场营销策略　　B. 差异性市场营销策略
C. 整合性市场营销策略　　D. 无差异性市场营销策略

12. 企业生产经营不同产品满足同一顾客群的需求的策略为（　　）。
A. 产品市场选择型　　B. 产品市场集中型
C、产品专业化　　　　D、市场专业化

二、多项选择题

1. 在细分消费者市场的标准中，属于人口因素的有（　　）。
A. 个性　　B. 职业
C. 收入　　D. 家庭规模
E. 爱好

2. 按购买行为细分消费者市场要考虑消费者（　　）等因素。
A. 对商品利益的追求　　B. 对商品的忠诚程度
C. 购买动机　　D. 所处的购买阶段
E. 对商品的态度

3. 对消费者市场进行细分的标准有（　　）。
A. 地理因素　　B. 人口因素　　C. 心理因素　　D. 行为因素

4. 企业在进行市场定位时可以依据（　　）。
A. 产品特性　　B. 用途及特定的使用场合

C. 需求　　D. 零售商
E. 使用者类型　　F. 竞争的需求
5. 有效的市场细分必须满足如下条件（　　）。
A. 有效性　　B. 可衡量性
C. 可接受性　　D. 差异性
E. 可进入性
6. 消费者市场细分的标志有（　　）。
A. 地理　　B. 人口
C. 心理　　D. 行为
E. 用途
7. 在消费品市场细分标准中，属于人口统计因素的指标有（　　）。
A. 生活方式　　B. 教育
C. 年龄　　D. 性别
E. 收入
8. 选作目标市场的条件有（　　）。
A. 潜在需求量大　　B. 有足够购买力
C. 企业有竞争优势　　D. 企业有能力进入经营
E. 有完善的物流系统
9. 良好的市场定位的要求企业的产品（　　）。
A. 符合消费者需要　　B. 有明确的形象
C. 价格低廉　　D. 质量优异
E. 有别于竞争者产品

三、判断题

1. 市场细分的依据是消费需求的差异性。（　　）
2. 为准确选定目标市场，市场细分越细越好。（　　）
3. 目标市场是企业要进入的地域空间。（　　）
4. 产品专业化是向不同市场提供同种产品。（　　）
5. 市场专业化指企业生产同种产品满足不同顾客的需求。（　　）
6. 食盐、面粉等商品宜采用集中性市场营销策略。（　　）
7. 集中性市场营销策略是中小企业首选目标市场策略。（　　）
8. 无差异性市场营销策略是对各细分市场实施相似的策略。（　　）
9. 产品导入期宜采用差异性市场营销策略以探测市场。（　　）
10. 同质产品宜采用无差异性市场营销策略。（　　）

实战演练

一、训练目标

1. 培养学生掌握制定市场营销战略的步骤和方法。

2. 培养学生制定市场营销战略的能力。

二、内容与要求

对小组构建的企业及其产品制定市场营销战略。

三、组织与实施评价

1. 以项目团队为学习小组，选出项目负责人。
2. 建立沟通协调机制，团队成员共同参与、协作完成公司任务。
3. 各项目团队根据实训内容进行讨论。
4. 评价与总结：各项目团队提交实训报告，并根据报告进行评估。

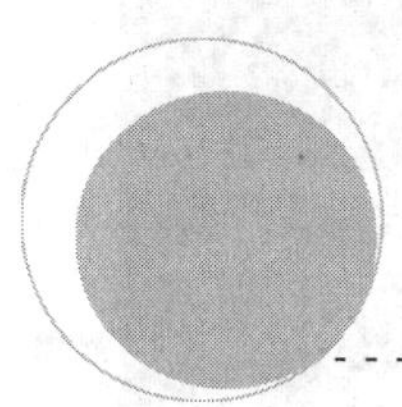

项目六 制定市场营销战术

学习目标

知识目标

- 掌握与产品有关的计划与决策。
- 了解企业定价目标，掌握企业的定价方法和定价策略。
- 了解企业分销渠道的种类，以及分销渠道的设计和管理的相关内容。
- 熟悉各种促销方式的特点和适用条件，掌握基本的促销策略和方法。

能力目标

- 初步具备为背景企业选择品牌策略和包装策略的能力。
- 初步具备定价的能力。
- 初步具备分销渠道设计的能力。
- 具备分销渠道调整的能力。
- 初步具备促销策划的能力。

素质目标

- 培养学生爱岗敬业的精神。
- 培养学生良好的团队合作观念。
- 培养学生坚忍不拔的毅力和积极乐观的心态。
- 培养学生良好的人际关系和健全的人格品质。

先导案例

苹果的本地化营销　最近你被苹果《三分钟》刷屏了吗？

2018年2月，无论是微博还是微信朋友圈，很多人都被一个短片刷屏了。这个短片就是《三分钟》（见图6-1），由陈可辛导演全程用iPhone X拍摄的这部短片满打满算只有7分钟的时长，不过已经足够吸引人了。一方面，春运和亲情戳中了人们的泪点；另一方面，iPhone X拍摄的效果也令人赞叹。

2018年的这个广告短片，以春运为拍摄背景，讲述了一位火车乘务员因为接连几年过年值班，只能在火车停靠家乡凯里站的时候，和儿子丁丁见面3分钟。这段短片既表现了春运期间列车上人们回家的欣喜，也通过主人公表现出了很有中国特色的亲情。

图 6-1 《三分钟》宣传图

人们看完片子可能会有两个反应，一些人看到了春运亲情的主题会觉得很感动，还有一些人可能会对拍摄设备 iPhone X 的能力感到震惊。毕竟整个片子都是使用 iPhone X 拍摄的，人们在短片的花絮中也看到了陈可辛导演使用 iPhone X 拍摄的情形。可能有人会问，我买了 iPhone X 是不是也可以拍出这种高水平的视频？

这里要给大家浇一盆冷水了，虽然 iPhone X 拍照片、录视频的水平在手机中目前处于顶尖水平，但是你离大师可不止差一部 iPhone X。首先，一名出色的导演在拍摄之前对于场景画面的把握是普通用户完全无法比拟的。其次，在花絮中我们可以看到拍摄过程中除了 iPhone X 之外，无人机手持稳定器等设备可能比手机还要贵，想要拍出好的效果单凭一部手机是不够的。最后，片子末尾的演职员表就有上百人，7 分钟的片子是上百人细心打磨出来的，这样才能成为一个精品。

这部据说花了 700 万元的 7 分钟短片，能够刷爆人们的朋友圈，iPhone X 的作用并不大，但它反映出苹果在国内的营销水平又提高了。2014 年，苹果在国内开始了本土化营销，一开始是在 iPhone 6 的广告上，请姜文和姜武两兄弟为"岂止于大"配音，后来每一年都会在国内推出极具中国特色的微电影。

2014 年：姜文、姜武为 iPhone 6 广告配音。

2015 年：短片《老唱片》。

2016 年：短片《送你一首过年歌》。

2017 年：年味十足的四个小视频——"全家福""色香味""好兆头""年年有鱼"。

2018 年：戳中泪点的《三分钟》。

苹果从 2014 年 iPhone 6 上市开始，就把中国列为首发地区，随后开始了本土化的营销方式，从视频短片到线下公交车站的广告，还有针对中国消费者特意推出的中国红配色的 iPhone 7，都是在迎合中国市场的用户。

苹果下大力气在中国区开展的本地化营销，也为它们带来了不小的收益。中国的互联网和经济的发展速度有目共睹，大中华区成为苹果最重要的市场之一。根据苹果财报，苹果 2018 财年第一季度大中华区营业收入为 179.56 亿美元，增长超过 10%。

苹果通过这样的一个短片，一方面触动了国人心中对于春运的情结；另一方面展示了

iPhone X 在拍照方面的高水准（iPhone X 在拍照摄像方面可以说是史上最强 iPhone 了）。通过这样一系列的营销手段，苹果应该能够在国内取得更好的营业收入和销量，且看 2018 年，苹果能够在国内取得什么样的成绩吧。

资料来源：王瑞．苹果的本地化营销 最近你被苹果《三分钟》刷屏了吗？[OL]．搜狐，(2018-02-06) [2018-05-26]．http://www.sohu.com/a/221180462_126540.

分析思考：

1. 你认为《三分钟》为什么能够引起人们的共鸣？
2. 该短片对企业的营销有什么启示？

任务一 制定产品策略

任务引入

王刚等六人在营销环境分析、消费者购买行为分析及竞争状况分析的基础上，制定了企业的发展策略。但此时他们发现将要经营的企业还是设计理念上的“空壳”企业，他们现在的首要任务是要落实企业到底经营什么业务，即决定具体产品线与产品项目；其次，对经营的产品给予怎样的内涵，即如何确定产品的构成要素？最后，在产品发展的各个阶段，应制定怎样的营销策略。

任务 1：根据王刚的需要确定模拟公司的产品线及具体的产品项目。

任务 2：在具体的营销活动中贯彻整体产品的概念。

任务 3：掌握产品生命周期不同时期的市场营销策略。

任务 4：掌握品牌策略。

任务分析

产品是企业营销组合中的一个重要因素。在现代市场上，企业之间的激烈竞争是以产品为中心的，企业其他营销因素也是围绕产品策略进行的，因此，产品决策直接影响和决定其他市场营销组合因素的决策制定，对企业市场营销活动，进而对企业的生存和发展起着决定性的作用。

知识链接

知识点 1：产品及产品整体概念

1. 产品的概念

广义的产品（Product）是指人们通过购买而获得的能够满足某种需求和欲望的物品的总和，如海尔冰箱、联想计算机、旅游度假、心理咨询、美容美发等都是产品。产品既包括有形产品，也包括无形的服务产品，还包括产品出售时的附加服务。对消费者来说，产品是一种满足他们需要的复杂利益的结合。

2. 产品整体概念

现代营销学上的产品，不单是指某种具体的、有形的东西，而是内涵和外延统一的整体，是一个包含多层次内容的整体概念，如图 6-2 所示。

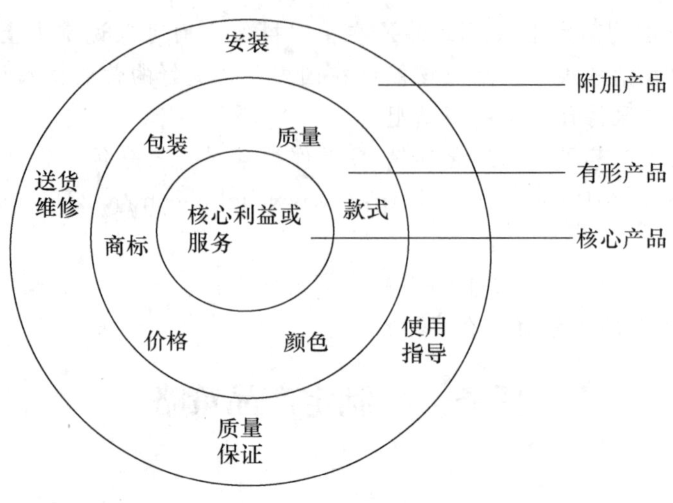

图 6－2　产品整体概念

(1) 核心产品。

核心产品又称实质产品，指产品能够提供给购买者的基本效用或益处，是购买者追求的中心内容。例如，买自行车是为了代步，买汉堡是为了充饥，买化妆品是希望美丽、体现气质、增加魅力等。因此，企业在开发产品、宣传产品时应明确产品能提供的利益，产品才能具有吸引力。

(2) 有形产品。

有形产品是产品在市场上出现时的具体物质外形，它是产品的形体、外壳，核心产品只有通过有形产品才能体现出来。产品的有形特征主要指质量、款式、颜色、包装。如电冰箱，有形产品不仅仅指电冰箱的制冷功能，还包括它的质量、造型、颜色、容量等。

(3) 附加产品。

附加产品指顾客购买产品所得到的各种附加利益的总和。它包括安装、使用指导、质量保证、维修等售前售后服务。由于产品的消费是一个连续的过程，既需要售前宣传产品，又需要售后持久、稳定地发挥效用，因此，服务是不能少的。可以预见，随着市场竞争的激烈展开和用户要求的不断提高，附加产品越来越成为竞争获胜的重要手段。

小知识

正如传统产品观念向现代产品观念发展一样，关于产品层次说的演变也由传统的三个层次演变为五个层次。

(1) 核心产品：指产品的使用价值为顾客提供的最基本的效用或利益，如旅馆是为了休息与睡眠。

(2) 形式产品：指产品的形体和外在表现，即核心产品借以实现的形式，如旅馆会提供床、浴室、毛巾、衣柜、洗手间等。

(3) 期望产品：指购买者在购买产品时通常期望或默认的一组属性和条件。如消费者期望旅馆能提供干净的床、新的毛巾、清洁的厕所、相对安静的环境。否则，会引起顾客的不满。

（4）附加产品：指提供超过顾客期望的服务和利益，以便把公司的提供物与竞争者的提供物区别开来，如有的旅馆还提供电视机、网络接口、鲜花、快捷结账、美味的晚餐等，使顾客满意。

（5）潜在产品：指该产品在将来最终可能会实现的全部附加部分和转换部分（产品将来的发展方向），如现在出现的全套家庭式旅馆。

无论是制造业还是流通业，都要确定自己经营什么、经营多少，以及如何匹配企业生产与经营的产品、品种及档次等。

知识点 2：产品组合策略

1. 产品组合的概念

（1）产品项目。

按产品目录中列出的每一个明确的产品单位，一种型号、品种、尺寸、价格、外观等产品就是一个产品项目。

（2）产品线。

产品线指一组密切相关的产品项目。它可从多方面加以理解：满足同类需求的产品项目，如不同型号的电视机；互补产品项目，如电脑的硬件、软件等；卖给相同顾客群体的产品项目，如学生的文具等。可视经营管理、市场竞争、服务顾客等具体要求来划分产品线。

小知识

某摄影用品公司经营相机、摄影器材、冲洗药品等，其中照相机是一条生产线；在相机产品线中，海鸥 DF 相机便是一个产品项目。

（3）产品组合。

产品组合指企业经营的全部产品线、产品项目结构或结合方式。

1）产品组合的宽度（Width）是指该公司拥有多少条不同的产品线。

2）产品组合的长度（Length）是指产品组合中的产品项目总数。用这个总数除以产品线的数目即为产品线的平均长度。

3）产品组合的深度（Depth）是指产品线中的每一产品项目有多少品种、规格。

4）产品组合的关联度（Consistency）是指各条产品线在最终用途、生产条件、分销渠道或者其他方面相互关联的程度。

营销案例

宝洁公司的产品组合

由表 6－1 可以看出，宝洁公司有六个产品线，即洗发护发、护肤美容、个人清洁、口腔护理、妇女保健和婴儿护理、织物和家居护理；产品品目总数是 22 个；产品线的平均长度等于总长度（这里是22）除以产品线数（这里是7），所以结果为3。再看产品线的深度，例如佳洁士牌牙膏有3种规格和2种配方（普通味和薄荷味），佳洁士牌牙膏的深度就是6。总的来讲，宝洁公司的产品关联度很强。

表6-1　　宝洁公司的产品

洗发护发	护肤美容	个人清洁	口腔护理	妇女保健和婴儿护理	织物和家居护理
飘柔 海飞丝 潘婷 沙宣 伊卡璐	玉兰油护肤系列 SK－Ⅱ 封面女郎	舒肤佳香皂 玉兰油香皂	佳洁士牙膏 佳洁士牙刷	护舒宝卫生巾 丹碧丝卫生棉 帮宝适纸尿布	碧浪 汰渍

2. 产品组合策略

（1）扩展策略。

扩展策略包括扩展产品组合的宽度和长度。前者是在原产品组合中增加一条或几条产品线，扩大企业的经营范围；后者是在原有产品线内增加新的产品项目，发展系列产品。

一般当企业预测现有产品线的销售额和盈利率在未来几年要下降时，往往就会考虑这一策略。这一策略可以充分利用企业的人力等各项资源，深挖潜力，分散风险，增强竞争能力。当然，扩展策略也往往会分散经营者的精力，增加管理困难，有时会使边际成本加大，甚至由于新产品的质量、功能等问题，而影响企业原有产品的信誉。

（2）缩减策略。

缩减策略是企业从产品组合中剔除那些获利少的产品线和产品项目，集中经营那些获利最多的产品线和产品项目。

缩减策略可以使企业集中精力对少数产品改进品质，降低成本，删除得不偿失的产品，提高经济效益。当然，企业失去了部分市场，也会增加企业的风险。

（3）产品延伸策略。

每一个企业的产品都有其特定的市场定位，例如，我国的轿车市场，“别克”“奥迪”“帕萨特”等定位于中偏高档汽车市场，“桑塔纳”定位于中档市场，“夏利”“奥拓”等则定位于低档市场。产品延伸策略是指全部或部分地改变公司原有产品的市场定位。具体做法有向下延伸、向上延伸、双向延伸。

1）向下延伸。企业原来生产高档产品，以后增加低档产品。运用向下延伸策略主要是因为高档产品在市场上受到竞争者的威胁，本企业产品在该市场的销售增长速度趋于缓慢，企业向下延伸寻找经济新的增长点。同时，某些企业出于填补产品线的空缺，防止新的竞争者加入的考虑，也会实施这一策略。

向下延伸策略的优势是显而易见的，既可以节约新品牌的推广费用，又可以使新产品搭乘原品牌的声誉便车，快速得到消费者承认。同时，企业又可以充分利用各项资源。

2）向上延伸。指企业原来生产低档产品，后来决定增加高档产品。企业采取这一策略的原因是：市场对高档产品需求增加，高档产品销路广、利润丰；欲使自己生产经营产品的档次更全、占领更多市场；抬高产品的市场形象。

向上延伸策略也有可能带来风险：一是可能引起原来生产高档产品的竞争者采取向下延伸策略，从而增加自己的竞争压力。二是市场可能对该企业生产高档产品的能力缺乏信任。三是原来的生产、销售等环节针对此市场没有足够的技能和经验。

3）双向延伸。原来生产经营中档产品，现在同时向高档和低档产品延伸，一方面增加高档产品，一方面增加低档产品，扩大市场阵地。

营销案例

丰田公司对其产品线采取了双向延伸的策略。在其中档产品“卡罗拉”的基础上，为高档市场增加了“佳美”，为低档市场增加了“小明星”。该公司还为豪华汽车市场推出了凌志牌。凌志的目标是吸引高层管理者；佳美的目标是吸引中层经理；卡罗拉的目标是吸引基层经理；而小明星牌的目标是手里钱不多的首次购买者。此种策略的主要风险是有些买主认为两种型号（如佳美和凌志之间）差别不大，因而会选择较低档的品种。但对于丰田公司来说，顾客选择了低档品种总比转向竞争者好。另外，为了减少与丰田的联系，减少自相残杀的风险，凌志并没有在丰田的名下推出，它也有与其他型号不同的分销方式。

知识点3：产品生命周期策略

1. 产品生命周期的概念

同其他事物一样，产品从投放市场到退出市场，有出生、成长、成熟到衰亡的过程，市场营销学将产品在市场上的这一过程用产品生命周期加以描述。产品生命周期（Product Life Cycle）是指产品从研制成功投入市场开始，经过成长和成熟阶段，最终到衰退被淘汰退出市场为止的整个市场营销时期。产品在市场上营销时期的长短受消费者的需求变化、产品更新换代的速度等多种因素的影响。因此，不同产品有着完全不同的生命周期。产品生命周期与产品使用寿命的概念不同，前者是指产品的市场寿命或经济寿命，产品在市场上存在时间的长短主要受市场因素的影响；而后者是指产品从投入使用到产品报废所经历的时间，其长短受自然属性、质量、使用频率和维修保养等因素的影响。

市场上的每一种产品都要经历从生产、发展直至消亡的过程，但实际上不同产品种类、品类和具体牌号之间，其生命周期大不相同。产品种类的生命周期最长，甚至在一段相当长的时间内显示不出其阶段性变化；产品品类的生命周期次之；生命周期最短的是产品的具体牌号。

小知识

糖果是一种产品种类，糖果中的口香糖是其中一个品类，而“××牌口香糖”则是产品的具体牌号。三者比较，“糖果”的生命周期最长，而“××牌口香糖”的生命周期最短。在实际经营中，企业运用产品生命周期理论分析产品种类的情况较少，而更多的是分析产品品类或具体牌号的生命周期。

产品生命周期一般以产品销量和利润的变化为标志分为四个阶段：投入期、成长期、成熟期、衰退期，如图 6－3 所示。

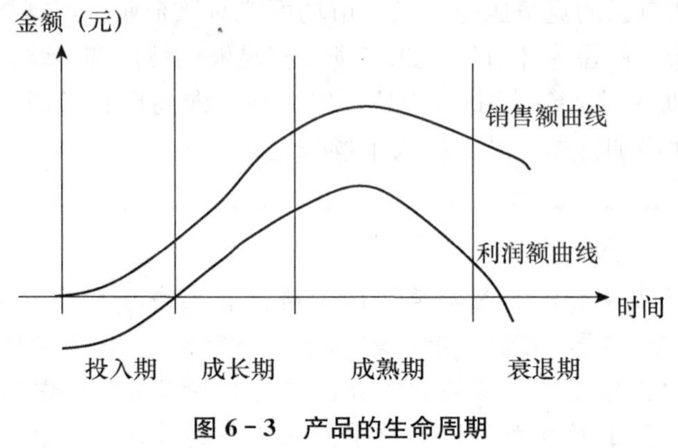

图 6－3　产品的生命周期

小知识

产品的生命周期可能还会呈现以下的发展态势，如图 6－4 所示。

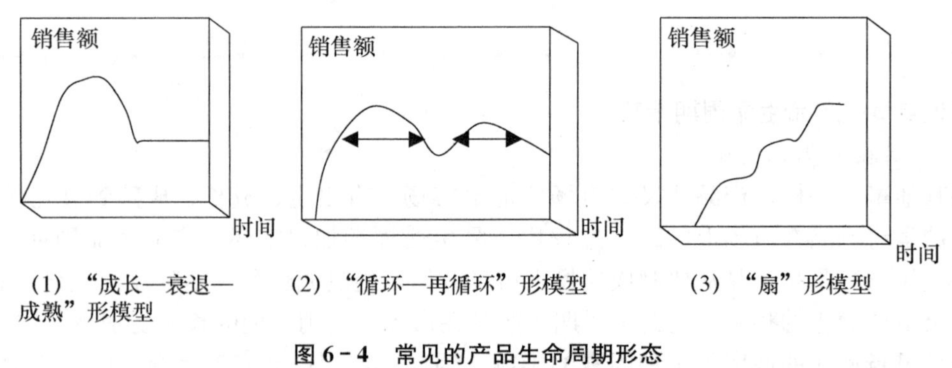

（1）“成长—衰退—成熟”形模型　（2）“循环—再循环”形模型　（3）“扇”形模型

图 6－4　常见的产品生命周期形态

2. 产品生命周期各阶段的特点

在产品生命周期的不同阶段中，销售量、利润、购买者、市场竞争等都有不同的特征，这些特征可用表 6－2 概括。

表 6－2　产品生命周期不同阶段特征

特征	投入期	成长期	成熟期		衰退期
			前期	后期	
销售量	低	快速增大	继续增长	有降低趋势	下降
利润	微小或负	大	高峰	逐渐下降	低或负
购买者	爱好新奇者	较多	大众	大众	后随者
市场竞争	甚微	兴起	增加	甚多	减少

3. 产品生命周期各阶段的营销策略

由于产品生命周期各阶段的特点不同，企业在各阶段做出的经营决策也不同。

（1）投入期的营销策略。

这一阶段新产品刚投入市场销售，由于销售量少而且销售费用高，企业往往无利可图或者获利甚微，企业营销重点主要集中在“促销—价格”策略方面，如图6－5所示。

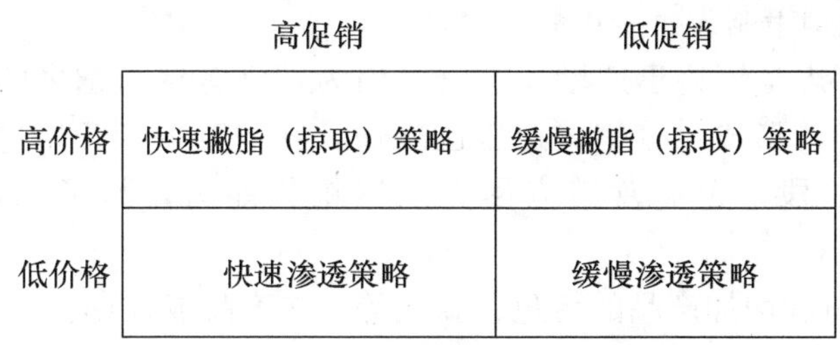

	高促销	低促销
高价格	快速撇脂（掠取）策略	缓慢撇脂（掠取）策略
低价格	快速渗透策略	缓慢渗透策略

图6－5 导入期价格—促销策略

1）快速撇脂策略。即以“高价格—高促销费用”策略推出新产品，迅速扩大销售量以加速对市场的渗透，以图在竞争者还没有反应过来时，先声夺人，把本钱捞回来。

采用这一策略的市场条件是：绝大部分消费者还没有意识到该产品的潜在市场；顾客了解该产品后愿意支付高价格；产品十分新颖，具有老产品所不具备的特色；企业面临着潜在竞争。

营销案例

1945年6月，雷诺兹到阿根廷进行商务活动，发现了一个目标——圆珠笔。

圆珠笔的原始设计早在1888年便已经出现，只是一直未能形成生产规模，因而一直未能投放市场。在雷诺兹发现这个目标时，正好有公司在改进这种产品，并准备向美国市场投放。雷诺兹认定圆珠笔的市场前景极为广阔，立即决定从阿根廷引进并在短期内制造出来。雷诺兹为它起了一个响亮的名字——原子笔。他拿着公司仅有的一支样品笔来到纽约的金贝尔百货公司，向该公司的主管展示、宣传这种笔的独到之处，称其为“原子时代的奇妙笔”，该公司一次订购了2 500支。这种笔当时的成本是0.50美元/支。雷诺兹以10美元/支卖给零售商，零售商卖20美元/支，并在圣诞节投放市场。圆珠笔普及后，该产品成本为0.05美元/支，售价为0.7美元/支。

2）缓慢撇脂策略。即以“高价格—低促销费用”策略推出新产品，高价格可以迅速收回成本撇取最大利润，低促销费用又是降低营销成本的保证。高档进口化妆品大都采取这样的策略。

采用这一策略的市场条件是：市场规模有限；消费者大多已知晓这种产品；购买者愿意支付高价；市场竞争威胁不大。

3）快速渗透策略。即以“低价格—高促销费用”策略，花费大量的广告费，以低价格争取更多消费者的认可，获取最大的市场份额。

采取这一策略的市场条件是：市场规模大；消费者对该产品知晓甚少；大多数购买者对价格敏感；竞争对手多，且市场竞争激烈。

4）缓慢渗透策略。即以“低价格—低促销费用”策略降低营销成本，并有效地阻止竞争对手介入。

采取这一策略的市场条件是：市场容量大；市场上该产品的知名度较高；市场对该产品价格相对敏感；存在着明显的竞争对手。

（2）成长期的营销策略。

成长期的主要标志是销售迅速增长。这是因为，已有越来越多的消费者喜欢这种产品，大批量生产能力已形成，分销渠道也已疏通，新的竞争者开始进入，但还未形成有力的对手。在这一阶段，企业营销应尽力发展销售能力，紧紧把握取得较大成就的机会。

1）改进产品质量和增加产品的特色、款式等。在产品成长期，企业要对产品的质量、性能、式样、包装等加以改进，以对抗竞争产品。

2）开辟新市场。通过市场细分寻找新的目标市场，以扩大销售额。在新市场要着力建立新的分销网络，扩大销售网点，并建立好经销制度。

3）改变广告内容。随着产品市场逐步被打开，该类产品已被市场接受，同类产品的各种品牌都开始走俏。此时，企业广告的侧重点要突出品牌，力争把上升的市场需求集中到本企业的品牌上来。

4）适当降价。在扩大生产规模、降低生产成本的基础上，选择适当时机降价，适应多数消费者的承受力，并限制竞争者加入。

（3）成熟期的营销策略。

成熟期的主要特征是："二大一长"，即产品在这一阶段生产量大、销售量大、阶段持续时间长。此时市场竞争异常激烈，企业总的营销策略要防止消极防御，应采取积极进攻的策略。

1）市场改进策略。通过扩大顾客队伍和提高单个顾客使用率来提高销售量。例如，强生婴儿润肤露是专为婴儿设计的，而如今"宝宝用好，您用也好"的宣传，使该产品的目标市场扩展到了成年人，从而扩大了目标市场范围，进入了新的细分市场。

2）产品改进策略。通过改进现行产品的特性，以吸引新用户或增加新用户使用量。例如，吉列剃须刀从"安全剃须刀"和"不锈钢剃须刀"到"双层剃须刀"和"三层剃须刀"，不断改进产品，使其生命周期得以不断延长。

3）营销组合改进策略。通过改变营销组织中各要素的先后次序和轻重缓急来延长产品成熟期。

（4）衰退期的营销策略。产品进入衰退期时，销售量每况愈下，消费者已在期待新产品的出现或已转向。有些竞争者已退出市场，留下来的企业可能会减少产品的附带服务。企业经常调低价格，处理存货，不仅利润下降，而且有损于企业声誉。因此，在衰退期的营销策略有以下内容：

1）收缩策略。即把企业的资源集中使用在最有利的细分市场、最有效的销售渠道和最易销售的品种上，力争在最有利的局部市场赢得尽可能多的利润。

2）榨取策略。大幅度降低销售费用，也降低价格，以尽可能增加眼前利润。这是由于再继续经营市场下降趋势已明确的产品，大多得不偿失。而且不下决心淘汰疲软产品，还会延误寻找替代产品的工作，使产品组合失去平衡，削弱企业在未来的根基。

表 6-3 展示了产品生命周期不同阶段的营销策略。

表 6-3　　产品生命周期不同阶段的营销策略

营销策略	投入期	成长期	成熟期	衰退期
产品策略	确保产品的核心产品层次	提高质量、改进款式、特色	改进工艺、降低成本、产品改进	有计划地淘汰滞销品种
促销策略	介绍商品	品牌宣传	突出企业形象	维护声誉
分销策略	开始建立与中间商的联系	选择有利的分销渠道	充分利用并扩大分销网络	处理淘汰产品的存货
价格策略	撇脂价或渗透价	适当调价	价格竞争	削价或大幅度削价

4. 延长产品市场生命周期的方法

(1) 延长的条件。

产品的生命周期长，对企业无疑是有利的。所以，企业要想方设法延长产品的生命周期。但是，生命周期的延长不能一概而论，是有条件的，对于企业来说，在下列情况下可以考虑延长产品的生命周期：

1) 为了充分利用企业现有的生产能力，防止亏损，这种产品尚能保持一定的市场占有率。在这种情况下，当新产品尚未研制成功时，可以采取各种营销措施，延长这种产品的生命周期。

2) 某种产品虽处于衰退期，但尚有一定的经济效益，尚不属于完全放弃的产品，可适当延长其生命周期。

(2) 延长的方法。

1) 增加产品的功能和用途。在原有产品功能的基础上增加新的功能。例如，在电风扇原有功能的基础上增加定时功能，方便了消费者。

美国杜邦公司因为不断发现产品新用途而使产品长盛不衰。最初，其产品是用于军事上降落伞的绳索（即尼龙绳等），市场很快饱和后，该公司又发现了材料的新用途，用它做成的袜子非常耐磨，由此出现了产品的第二个成长期。

2) 开辟新的市场。一是指在同一地区的新的目标市场；二是指到新的地区去占领市场。

我国市场广阔，基础条件不一，同一产品在不同市场上会处在不同的产品生命周期阶段，即出现产品在此处积压彼处脱销的现象。例如，在城市饱和而在农村尚待推广；在国内市场上饱和，而在国际市场上还很畅销。

3) 改进市场营销策略。如增加服务项目，降低价格，加大促销力度，提供优惠的付款方式等。

4) 转移生产场地。把处于成熟期、衰退期的产品转移到产品生命周期较早的国家或地区去进行生产，这是工业发达国家常采用的方法之一。例如，日本、美国的部分企业把处于成熟期的电视机、音响转移到中国、韩国、新加坡等地生产。因为处于成熟期的产品，降价已成为主要的市场对策，而发展中国家和地区的工资低，可以大幅度地降低成本。这些产品返销回国或在国际市场上都有较强的竞争力，同时还能占领发展中国家的一部分市场。

知识点4：品牌策略

1. 品牌的概念

品牌（Brand）是指产品的一种名称、标记、符号、设计图案或是它们的组合运用，以据此辨认某个企业的产品或服务，使之同竞争对手的产品或服务区别开来的营销手段。品牌由品牌名称和品牌标志组成。

小知识

品牌名称是品牌中可以读出声来的那一部分，是品牌中能用语言称呼的部分，如“金星”（钢笔）、“长虹”（彩电）、“永久”自行车等，它主要产生听觉效果。

品牌标志则是品牌中用以识别但不能读出声来的另一部分，如符号、图案、色彩或字母。如“奥迪”小轿车的四个圆环套，“苹果”牛仔裤的双重叠苹果，“花花公子”的兔子图形。品牌在政府有关部门注册登记后即受法律保护并享有专用权，称为商标。品牌是一般的商业用语，商标则是法律性用语。中国商标制度实行“自愿注册原则”和“申请在先原则”。未注册的品牌不受法律保护。

根据营销学者菲力普·卡特勒所下的定义，品牌就是一个名字、称谓、符号或设计，或者是上述的总和，其目的是要使自己的产品或服务有别于竞争者。一般而言，这种说法并没有错，但随着生产技术及营销渠道的演进，消费者有了更多的产品可供选择，在这种情况下，如何突出自己的产品便成为供应商最大的挑战，而如何设计出一套具有现代感的商标，已远比强化产品的异质性更重要，当今成功品牌讲求的是个性，就像电影明星、运动偶像或虚构出来的英雄一样。可口可乐、IBM和唐老鸭都一样的出名。换言之，品牌是用以辨别不同企业、不同产品的文学、图形或文字的有机结合。它包括品牌名称、品牌标志和商标。所有的品牌名称、品牌标志和商标，都是品牌或品牌的一部分。

2. 品牌的内涵

品牌的要点，是销售者向购买者长期提供的一组特定的特点、利益和服务。最好的品牌传达了质量的保证。然而，品牌还是一个更为复杂的符号标志。一个品牌能表达出以下六层意思：

（1）属性。

一个品牌首先给人带来特定的属性。例如，梅赛德斯表现出昂贵、优良制造、工艺精良、耐用、高声誉等属性。

（2）利益。

属性需要转换成功能和情感利益。例如，属性“耐用”可以转化为功能利益：“我可以几年不买车了”；属性“昂贵”可以转换成情感利益：“别人羡慕我拥有这辆车”。

（3）价值。

品牌还体现了该制造商的某些价值感。例如，梅赛德斯体现了高性能、安全和威信。

（4）文化。

品牌可能象征了一定的文化。例如，梅赛德斯意味着德国文化：有组织、有效率、高品质。

(5) 个性。

品牌代表了一定的个性。例如，梅赛德斯可以使人想起一位不无聊的老板（人），一头有权势的狮子（动物），一座质朴的宫殿（标的物）。

(6) 使用者。

品牌还体现了购买或使用这种产品的是哪一种消费者。例如，人们期望看到的是一位55岁的高级经理坐在梅赛德斯的后座上，而非一位20岁的秘书。

品牌的挑战是要深入开发一组正面联系品牌的内涵。营销者必须决定对品牌的认知如何锁定。如果一家公司把品牌仅看作是一个名字，它就忽视了品牌内涵的关键点。错误之一是只促销品牌的属性。首先，购买者感兴趣的是品牌而不是属性。其次，竞争者会很容易地复制这些属性。最后，当前的品牌属性在将来可能毫无价值。

一个品牌最持久的含义应该是它的价值、文化和个性，它们确定了品牌的基础。例如，梅赛德斯表示了高技术、绩效、成功。这就是梅赛德斯必须采用的品牌策略。如果梅赛德斯的名字在市场廉价销售，这就是错误。因为这冲淡了梅赛德斯多年来所建立的价值观和个性。

3. 商标

品牌的一部分或全部若经国家商标局注册则称为注册商标，依法享有专有权，受法律保护。注册商标往往会在商标的右上角或右下角加以表示，“R”是“Register”注册商标的缩写。“TM”则是“Trademark”的缩写，代表商标符合的意思，并对商标起到保护作用，表示该商标已经向国家商标局提出申请，并且国家商标局已经下发了《受理通知书》，进入了异议期，这样可以防止其他人提出重复申请，也表示现有商标持有人有优先使用权。

(1) 注册商标的特点。

想要使品牌得到全方位的保护，需要对品牌进行商标注册。注册商标具有两个特点。

第一，注册商标具有行业性和地区性，也就是说，只要在这个行业中注册了，就具有在这个行业中的专有性，在其他行业是不具有专有性的；若在这个地区注册了，就拥有在这个地区的专有性，在其他地区不享有专有性。

第二，商标具有“注册在先”和“使用在先”的特点。谁先注册，谁就拥有商标的专有权，如果都没有注册，若发生纠纷，谁先使用谁就拥有专有权。

(2) 商标侵权。

凡是在同一种商品或类似商品上使用与某注册商标雷同或近似的品牌，可能引起欺骗和混淆，而损害原商标声誉的行为都可称为商标侵权。

营销案例

2011年10月3日，北京一家餐馆将奥巴马头像作为招牌并命名为“OFC”引发网上热议，如图6-6所示。附近居民表示，该餐馆是大学生创业开店，尚未开张。针对OFC，肯德基中国发表了一份英文声明，称“OFC”与肯德基没有任何关系，而且“OFC”侵犯了肯德基的商标权，他们将要采取法律措施解决。10月7日，这家小店将名字改为“UFO”，但奥巴马的头像依旧保留。在国内，商标侵权事件举不胜举，如“康帅博”模仿

“康师傅”，“营养快线”“营养伙伴”“营养客栈”模仿“营养快线”。

资料来源：盘点 2005—2012 年商标侵权“战争”，联商，2012-02-24，http://www.linkshop.com.cn/web/archives/2012/197067.shtml.

图 6-6 OFC 侵权

4. 品牌命名

进行品牌建设的第一步，便是要给品牌起一个好名字，品牌命名的七大原则总结如下：

(1) 合法。

在给品牌命名时要先查看这个品牌是否已经被注册了，已经注册的商标不能用，否则会被认为侵权。当然还要看这个品牌名称能否用于注册，我国规定有些名称是不能注册的，如一些地名等。

营销案例

苹果旗下有多个品牌，其中在我国热销的有 iPhone 手机和 iPad。iPad 是苹果公司在 2010 年 1 月发布的平板电脑，但是其实早在 2000 年，唯冠旗下的唯冠台北公司在多个国家和地区分别注册了 iPad 商标。2001 年，唯冠国际旗下的唯冠科技（深圳）有限公司在中国内地注册了 iPad 商标。2009 年，唯冠台北公司将 iPad 全球商标以 3.5 万英镑价格转让给苹果。但唯冠深圳方面表示，iPad 中国内地商标权并没有包含在 3.5 万英镑的转让协议中。于是，2010 年，苹果以撤销闲置不用商标为理由把唯冠深圳告上了法庭。但依据中国的法律，如果商标进行转让需要双方当事人同时向商标局提出申请，通过商标局许可才能完成商标的转让，由于未履行这项程序，所以判定唯冠深圳仍是 iPad 商标的合法注册人。后来，双方陷入了无休止的官司中，原因是赔偿问题谈不拢。两年后，即 2012 年，由于唯冠科技（深圳）有限公司陷入财务危机，双方才达成和解。苹果公司同意向唯冠深圳支付6 000 万美元。

资料来源：盘点 2005～2012 年商标侵权“战争”，联商，2012-02-24，http://www.linkshop.com.cn/web/archives/2012/197067.shtml.

(2) 尊重文化与跨越地理限制。

由于各国、各地区的风俗习惯、历史文化、价值观念不同，因此品牌在命名时，一定要考虑这些因素。例如，“长虹”和“海信”这两个品牌，汉字的寓意都很好。有个成语是“气贯长虹”，形容正气磅礴，像是要贯通天空的长虹一样。“长虹”这个品牌取其正气旺盛，精神崇高之意。“海信”则表示“海纳百川，诚信无限”。但是两个国产品牌推向国际时，则采取了不同的翻译方式。“长虹”翻译为中文拼音“CHANGHONG”，在外国人看来无任何意义；而“海信”则翻译为“Hisense”，相当于“High”和“Sense”两个词的组合，可以理解为“高品位、高享受、高科技”。

另外，“Whisky”进入中国时翻译为“威士忌”，人们将这三个字拆分后理解为“威严的绅士忌讳”，自然不敢尝鲜。而“Brandy”进入中国时翻译为“白兰地”，则可以理解为“洁白如雪的兰花盛开在大地上”，人们自然会对它的第一印象比较好。这些都足以看出尊重当地文化有多么重要。

（3）简单易记忆。

品牌命名一定要简单易记忆，如“三九”“小天鹅”“青岛啤酒”，相信很多人第一次听到就能记住。例如，“IBM”是全球IT第一巨头，在过去半个世纪销量遥遥领先，被称为“蓝色巨头”。这三个字母是公司英文名称“International Business Machines”（国际商用机器公司）的缩写，由于名字太长，不好记忆，于是便取每个单词的首字母组合成“IBM”，看起来比较简单，也比较容易记忆。

（4）上口易传播。

品牌叫起来朗朗上口，比较容易传播。例如，“吉普（Jeep）”是越野车的一个品牌，有一种说法是该品牌来源于一种鸟叫声，而正是由于其具有传奇历史和响亮易记的发音，让很多人都记住了它，甚至将吉普车视为越野车的代名词。

（5）正面联系。

一个好的品牌名，应该让人们产生正面联想。例如，“金利来”这个品牌，其广告语为“金利来，男人的世界”，金利来公司主要生产领带、西服、衬衫等，是中国最早、最权威的男士商务第一巨头国际品牌。品牌英文为“Goldlion”，翻译为“金狮”，是喜庆吉祥的象征，狮为百兽之王，预示在服装行业里独占“男人世界”的鳌头。但“Goldlion”起源于香港，其创始人曾宪梓发现，在粤语中“金狮”和“尽输”谐音，为防止顾客忌讳，就把“Gold”译为“金”，Lion取其谐音译为“利来”，这样既不失原来金狮的霸气，又有金利滔滔的兆头，牌名响亮，雅俗咸宜，大受欢迎。

（6）暗示产品属性。

品牌也可以暗示产品的特点。例如，“脑白金”用于保健品，“五粮液”用于白酒，“固特异”用于轮胎，“劲量”用于电池，这些企业都将品牌名和产品类型扣合的很紧密，使消费者容易产生认同感。但是这种方法适用于专业化策略，却不利于多元化发展，而且品牌名和产品属性结合越紧密，对今后的发展越不利。

（7）预埋发展管线。

如果企业想实现多元化发展，在品牌命名时就要预先埋好发展管线，也就是说，可以命名一个无具体意义而不带任何负效应的品牌名。例如，海尔一直宣传其核心理念“真诚到永远”，却不指向特定产品，这使海尔的产品扩展到很多领域。现在海尔除了有家电，还有手机数码类产品、整体厨房和海尔地产。

营销案例

在“40选1”中诞生“Lenovo”

2001年，走国际化发展之路已成为联想下一步策略规划的重点，此时的“Legend”

变成了联想海外扩张的第一个绊脚石。换标行动的执行者、联想集团时任助理总裁李岚告诉记者："几乎在欧洲所有国家，'Legend'都已经被注册过了，而且注册范围涵盖了计算机、食品、汽车等多个领域，回购根本就不可能。"

Intel、Sony，很多国外企业在取名的时候，都采取了自己"造词"的办法，并最终让这些"莫名其妙"的字母变得家喻户晓，联想也打算走同样的道路。

在造了近40个含义不同的词语后，Lenovo脱颖而出。"读的时候重音应该在'no'上面"，联想集团时任高级副总裁兼首席财务官马雪征带着联想总裁室的全体成员一起读过新标识，很顺口。总裁杨元庆在解读这个全新的字母组合时表示："'novo'是一个拉丁词根，代表'新意'，'le'取自原先的'Legend'，承继'传奇'之意，整个单词寓意为'创新的联想'"。联想集团在北京正式对外宣布启用品牌新标识"Lenovo"，以代替原有的英文标识"Legend"。原来为消费者所熟识的状似5寸软盘的外方内圆的联想品牌图形同时被取消。

资料来源：从"Legend"到"Lenovo"：京报追述联想"变脸"记［OL］. 中国新闻网，(2003-05-15). http://news.sina.com.cn/o/2003-05-15/1030125967s.shtml. 有删改.

5. 标志设计

(1) 简单明了。

品牌标志设计一定要简单明了，特征鲜明。"苹果"品牌的第一代标志设计是一副钢笔画，"牛顿在一颗苹果树下看书，树上一个金光灿灿的苹果即将落下"，如图6-7所示。因为设计过于复杂，又改为第二代商标，"一个彩色的、水平色条的苹果，一侧被咬了一口"，设计者表示这样设计是为了防止苹果看起来像一个西红柿，如图6-8所示。最后，苹果公司又将标志进一步简化，设计成金属带有阴影的银灰色，就是现在人们看到的苹果品牌的标志，这样更有质感，更醒目，冲击力更强。

图6-7 苹果第一代标志

提到耐克的标志"Nike"，无人不知，它造型简洁明了，容易辨认。"Nike"的英文原

图 6-8　苹果第二代、第三代标志

意指希腊女神，在西方人眼里很吉利，而且易读易记。刀形的标志象征希腊胜利女神翅膀上的羽毛，代表着速度，同时也代表着动感和温柔，造型简洁有力，急如闪电，一看就让人联想到使用耐克体育用品后所产生的速度和爆发力。

（2）准确表达品牌特征。

如同品牌名称一样，品牌标志设计也可以表达出品牌特征。例如，“M”这个字母，用在不同的行业可以进行不同的设计，用在食品行业，如“麦当劳”的标志设计会让人感觉亲切、美味、干净，同时让人联想到“麦当劳叔叔”的风趣；用在电子行业，如“摩托罗拉”的标志设计则体现出高科技属性。同样是“M”，一个橙色，一个蓝色，一个棱角圆润，一个棱角分明。

（3）有美感。

品牌标志的设计要让人看到美感，感觉很舒服。例如，百事可乐的圆球标志，上半部分是红色，下半部分是蓝色，中间是一根白色飘带，让人看起来格外舒畅。白色飘带好像一直在流动着，这会使人联想到饮用百事可乐时畅快淋漓的感觉。

当然，品牌的命名只是外在的表现，就像一个人一样，先穿上漂亮、得体、让人过目不忘的衣服之后，还要讲究内涵。因此，企业一定不要忘记，除了要给品牌起一个好名字，还需要建设品牌的内涵。

6. 品牌策略

品牌命名后，需要考虑品牌策略问题，是用企业名称做产品品牌还是再建一个品牌，是用一个品牌还是用多个品牌，接下来会涉及八大品牌策略。

（1）多品牌策略。

多品牌策略是指企业运营两个或两个以上的品牌。

1）同一类产品拥有不同品牌。多品牌策略的典范当属宝洁公司，该公司仅洗发水就有飘柔、潘婷、海飞丝、沙宣和伊卡璐等多个品牌。即每一类产品拥有好几个品牌，每一个品牌定位不同的群体。

2）不同档次给予不同品牌。而海尔公司除了“海尔”这个品牌外，还有卡萨帝和统帅两个品牌。这两个品牌也是指向电子产品，卡萨帝直指高端市场，统帅主要是网络定制。这是根据不同的产品档次确定不同的品牌。

3）不同类别产品命名不同品牌。例如，上海冠生园旗下有四个品牌：冠生园、大白兔、佛手和华佗。冠生园是蜂蜜、月饼等产品，大白兔是糖果类产品，佛手是鸡精等调味品，华佗是酒类产品。

不管是哪一类情形，多品牌策略的好处是品牌之间互不影响，但要求企业必须有一定的实力做推广。

（2）单一品牌策略。

单一品牌策略是指所有产品只用一个品牌。例如，佳能旗下有很多产品，包括照相机、摄像机、望远镜、打印机、投影机、眼科设备等，它们都用“佳能”这一个品牌。单一品牌策略在工业品上比较常见，比如徐工集团都用“徐工”这个品牌。这种品牌策略的好处是节省推广费用，有利于推出新产品，最大的问题是若某一产品出了问题，会“株连九族”，产生连锁反应。

营销案例

宝洁的品牌策略

宝洁是全球500强企业，在中国日化行业占据了半壁江山，其营销和品牌策略都被写入了各种教科书，究其成功之处，主要是多品种策略。从香皂、牙膏、漱口水、洗发水、护发素、柔软剂、洗涤剂，到咖啡、橙汁、烘焙油、蛋糕粉、土豆片，再到卫生纸、化妆纸、卫生棉，宝洁横跨了清洁用品、食品、纸制品等多种行业。凭借充足的运作资金，以日化联合体的形式进行统一策划和统一运作。

一、多品牌策略

单一品牌延伸策略便于企业形象的统一，资金、技术的集中，减少营销成本，易于被顾客接受，但单一品牌不利于产品的延伸和扩大，且单一品牌一荣俱荣，一损俱损。而多品牌虽然营运成本高、风险大，但灵活，也利于市场细分。宝洁公司的名称没有成为任何一种产品和商标，而是根据市场细分洗发、护肤、口腔等几大类，各以品牌为中心运作。在中国市场上，香皂用的是“舒肤佳”、牙膏用的是“佳洁士”，卫生棉用的是“护舒宝”，洗发水有“飘柔”“潘婷”“海飞丝”等品牌。洗衣粉有“汰渍”“碧浪”等品牌。要问世界上哪个公司的牌子最多，恐怕非宝洁公司莫属。多品牌的频频出击，使宝洁公司在顾客心目中树立起实力雄厚的形象。

二、差异化营销

宝洁公司经营的多种品牌策略不是把一种产品简单地贴上几种商标，而是追求同类产品不同品牌之间的差异，包括功能、包装、宣传等方面，从而形成每个品牌的鲜明个性。这样，每个品牌都有自己的发展空间，市场就不会重叠。不同的顾客希望从产品中获得不同的利益组合。以洗衣粉为例，有些人认为洗涤和漂洗能力最重要，有些人认为使织物柔软最重要，还有人希望洗衣粉具有气味芬芳、碱性温和的特征。于是宝洁就利用洗衣粉的几个细分市场，设计了几种不同的品牌。利用一品多牌从功能、价格、包装等各方面划分出多个市场，满足不同层次、不同需要的各类顾客的需求，从而培养消费者对本企业某个品牌的偏好，提高其忠诚度。由于边际收入递减，要将单一品牌市场占有率从30%提高到40%很难，但如重新另立品牌，获得一定的市场占有率相对容易，这是单个品牌无法达到的。

三、广告针对性强

牙膏和香皂多选择易受细菌感染、需要保护而且喜欢模仿的儿童使用者，许多广告语成为社会流行语。而洗衣粉则对精明的家庭主妇使出了“价平质优”的撒手锏，“海飞丝”的广告策略是全明星阵容，为的是吸引追星族，“沙宣”选用很酷的不知名的金发美女，强调有型、个性，要的就是追求时尚另类青少年。“飘柔”主打顺滑，“海飞丝”主打去屑，“潘婷”主打营养，“沙宣”主打专业美发。“伊卡璐”是宝洁击败联合利华、德国汉高、日本花王，花费巨资从百时美施贵宝公司购买的品牌，主要定位于染发，此举构筑了一条完整的美发、护发、染发的产品线。宝洁的市场细分在很大程度上不是靠功能和价格来区分的，而是通过广告诉求给予消费者不同心理暗示。

四、内部竞争法

如果某一个种类的市场还有空间，最好那些“其他品牌”也是宝洁公司的产品。因此宝洁不仅在不同种类产品设立品牌，在相同的产品类型中，也大打品牌战。洗发水在中国销售的就有“飘柔”“海飞丝”“潘婷”“伊卡璐”“沙宣”等。“飘柔”“海飞丝”“潘婷”使用效果和功能相近，广告的诉求和价位也基本相同，普通消费者除颜色外根本无法区分，如果从细分市场考虑，根本没有必要。但几大品牌竞争激烈，使其他公司望而生畏。“伊卡璐”以草本为招牌，其广告并未强调是宝洁的产品，并没有利用宝洁品牌优势，因其所针对的市场宝洁从未介入，风险较大，一有闪失即可丢弃，不会影响宝洁整体。

资料来源：宝洁的品牌策略［OL］. 个人图书馆，（2010-05-12）. http://www.360doc.com/content/10/0512/12/1208600_27202981.shtml. 有删改.

（3）企业产品同名策略。

企业产品同名策略指产品品牌名称即是企业名称，宣传企业的同时也宣传了产品，宣传产品的同时也在宣传企业。例如，海尔张瑞敏当时砸了76台有缺陷的冰箱本是企业行为，这说明企业对产品质量的重视，但也间接宣传了产品。当然这种品牌策略同单一品牌策略类似，若产品出现问题将会给企业声誉带来影响，企业出了问题会对产品品牌产生影响，如“三鹿奶粉”就是一个典型案例。

（4）副品牌策略。

副品牌策略是指以一个成功品牌作为主导品牌，再给不同产品起一个生动活泼、富有魅力的名字作为副品牌，这样既有利于借助主品牌推广新品牌，又有利于区分不同的产品。例如，丰田旗下就有很多副品牌，包括皇冠、卡罗拉、花冠、威驰、锐志、凯美瑞等。

（5）担保品牌策略。

宝洁公司的任何品牌产品的推出都会告知消费者“宝洁公司出品”，宝洁就起到了担保品牌的作用。担保品牌是指某一品牌要素以某种方式出现在包装、标号或者产品外观上，但不直接作为品牌名称的一部分。如“习酒”现在品牌知名度、美誉度上升很快，因为在习酒的外包装上会醒目地印上“贵州茅台集团”，人们虽然不了解“习酒”这个品牌，但是贵州茅台却享誉神州，人们自然会认为“习酒”也不错。因此，此种品牌策略有利于推出新品牌和新产品。但是担保品牌既是支持，也是制约，担保品牌的形象可能会抑制被担保品牌走出一条属于自己的路。例如，宝洁公司生产的日化产品消费者能够认同，但是用在食品行业可能就不行。

（6）联合品牌策略。

联合品牌策略是指两个或多个品牌相互联合，相互借势，共同出现在同一品牌中，以实现1+1>2的做法。例如，索尼爱立信就是日本索尼公司和瑞典爱立信公司分别出资50%建立的索尼爱立信移动通信公司推出的品牌。此种品牌策略的好处是能够实现强强联合，弊端在于如果合作对象选择不合适，或者是利益冲突，反倒起不到预想的效果。

（7）品牌授权策略。

品牌授权策略指品牌拥有者利用自身的优势，允许被授权者使用品牌，同时，向被授权者收取费用。常见的特许加盟就是这种形式，比如广药一开始就独家授权加多宝使用“王老吉”这个品牌生产红罐装凉茶。品牌授权方可以通过授权品牌获取巨额利润，而被授权方也可以借助知名度进行生产经营，从而获利。但是也可能会出现类似于王老吉和加多宝之间的纠纷，或者像肯德基的苏丹红事件、可乐加冰细菌超标事件，因为一家肯德基餐厅出现问题而牵连整个品牌声誉。

（8）品牌虚拟经营策略。

品牌虚拟经营策略指品牌持有者并不生产，而专注于技术、服务和推广，生产则找工厂代工。例如，耐克并不生产产品，而只是负责产品设计和营销，具体的生产交由其他工厂代工。而类似于富士康这样的企业则只专注于生产，专门给其他企业做贴牌。这样的好处在于实现生产和品牌的分离，使得生产者专注于生产，而品牌持有者能够从繁重的生产实务中解脱出来，专注于技术、服务和品牌推广。

当然以上八种品牌策略都各有利弊，具体采用哪种品牌策略，应根据企业的具体情况而定。

7. 品牌延伸

品牌对于企业来说是一项重要资产，运用得好就能起到事半功倍的作用，这又涉及另外一个方面——品牌延伸。所谓品牌延伸，就是指企业将某一知名品牌或成功品牌拓展到其他产品，凭借现有产品成功推出新产品。

营销案例

“三九”在消费者的印象中就是一个专业制药企业，“三九胃泰”留给消费者的印象很深。曾经有一段时间，三九企业在石家庄一带推出过“三九冰啤酒”，销量不好，恐怕是人们感觉酒里有股药味。虽然人们都知道“喝酒伤胃”，但这难道是让消费者喝了“三九冰啤酒”再来吃“三九胃泰”？幸好，啤酒的销售区域很窄，全国其他地区很少有人知道，三九企业把负面效应降低到了最低点。无独有偶，20世纪80年代初，广告语“活力28，沙市日化”深入人心，人们自然会把“活力28”和日化产品联系起来。但后来，公司推出活力28纯净水，销量不容乐观，可能人们总是感觉水里面有洗衣粉的味道。

以上这两个都是品牌延伸失败的例子，当然也不乏成功的例子。“娃哈哈”就是一个品牌延伸成功的典范。1989年，娃哈哈推出了“娃哈哈儿童营养液”（见图6－9），主要是解决孩子不爱吃饭的问题，当时“喝了娃哈哈，吃饭就是香”的广告语家喻户晓；1992年又推出娃哈哈果奶，从此人们认定娃哈哈主要定位群体是儿童；出乎人们意料的是，1995年又推出娃哈哈纯净水，产品定位由儿童转到了成年人身上；1998年推出“非常可乐”，广告语是“中国人自己的可乐”；2002年又推出了娃哈哈童装，随后又推出了众多的产品，有娃哈哈八宝粥、爽歪歪、奶粉、茶饮料、激活、启力、娃哈哈格瓦斯等。娃哈哈的多款产品都取得了细分市场的第一名，尤其是娃哈哈纯净水卖得非常好。“娃哈哈”不再仅仅是儿童品牌的代名词，它已发展成为一个包揽众多消费群体的实力强大的饮料品牌。

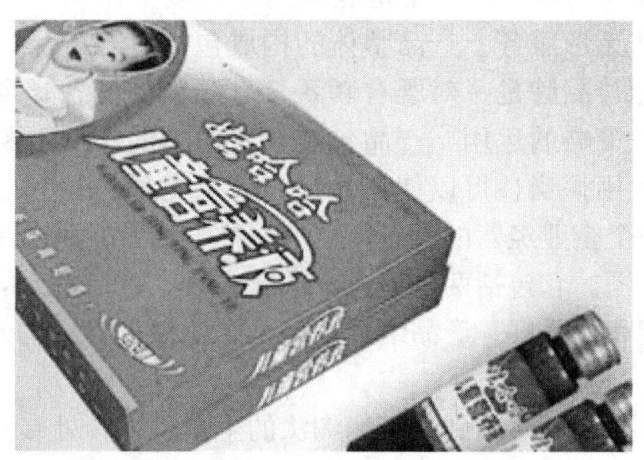

图 6-9 娃哈哈儿童营养液

如果想对品牌进行成功的延伸需要具备以下两个特点：

(1) 虚化品牌。

如果想成功地进行品牌延伸，前提是先虚化品牌，使人们提到某个品牌时不会首先想起品牌所代表的产品，要转变品牌的诉求点。例如，一提到“三九”，人们会想到药；一提到“固特异”，人们会想到轮胎，这些品牌只适合在专业领域进行延伸，不适合在其他领域延伸。而海尔公司一开始就虚化了品牌，强调“海尔，真诚到永远”，不把海尔和家电挂钩，所以海尔向整体厨房或地产进行品牌延伸时，消费者就很容易接受。

(2) 符合企业核心价值。

一个成功的品牌往往具有独特的核心价值，如果这一核心价值能包容延伸产品且不冲突，则可以进行品牌延伸。

营销案例

创建于 1950 年的皮尔·卡丹是服装界的成功典范，它是进入中国最早的国际品牌。皮尔·卡丹在男装、女装和童装领域上取得了巨大的成功之后，开始了奇迹般的延伸，包括饰品、香水、家具，除此之外，还有食品、酒店、汽车，甚至飞机造型，无所不包。虽然产品各不相同，但都能够提供一个共同利益，即身份的象征、尊贵的标志，能让人获得高度的尊重和满足感。

美国派克笔一直以价高质优而著称，是上层人士身份的象征，但是后来派克利令智昏，竟然推出了每支仅 3 美元的低档笔，结果不但没有顺利打入低档笔市场，反而丧失了一部分高档笔市场，因为其高贵的品牌形象受到严重损伤。试想，当老板们发现自己的员工也在使用派克笔时，派克笔就已经不再是身份的象征了。

任务总结

王刚的公司经过努力，终于确定了他们要经营的产品线与产品项目，并按照现代的营销理念赋予产品先进的内涵，他们将其总结如下：

（1）产品是一个复合的概念，它是指能够通过交换满足消费者或者某一用户需求和欲望的任何有形物品和无形服务。产品整体的构成包括核心产品、有形产品和附加产品三个层次。产品的商标与品牌是一对既有联系又有区别的概念，现代企业的发展必须要重视品牌的设计与品牌策略的运用，产品包装在营销中的作用不断增强，包装的方法和技术也在不断更新，运用得当，可以使产品提高市场竞争力。

（2）产品组合是一个企业经营的所有产品的总称，通常它由若干产品线和产品项目所组成，即企业的业务范围。它包括两个概念——产品线、产品项目，四个因素——产品组合的宽度、长度、深度和关联度。产品组合策略是企业根据自己的营销目标，对产品组合进行取优决策。

（3）产品一般都有从投放市场到被市场淘汰的生命周期，处在产品生命周期的不同阶段要采取不同的营销策略，为此判断产品所处生命周期的阶段变得十分重要。随着市场竞争的不断加剧，新产品开发已经成为当今企业生存和发展的唯一前提，只有创新的产品才能够改变企业的未来。开发新产品是推动企业成长的根本途径，新产品的开发必须遵循相应的步骤。

（4）品牌包括品牌名称和品牌标志。品牌命名有七大原则，标志设计有三大准则，品牌策略有八大策略。

思考与练习

一、关键词汇

产品　　　　　　产品生命周期　　　　　　品牌

二、简答题

1. 如何理解产品整体的概念？
2. 有哪些产品组合策略可供选择？
3. 简述产品生命周期各阶段的特点及市场营销策略。
4. 品牌策略包括哪些？

三、案例分析

案例一：俺们需要热产品

你有热产品吗？最近，宗庆后为一本书撰写的序文中，明确提到了娃哈哈的热产品战略。何谓热产品战略？就是“需求扩容”“研发需求”。作为中国饮料行业教父级的人物，宗庆后对软饮料行业的理解，就是任何竞争性产品的制造配方已经没有秘密可言，关键就在于企业是否拥有属于自己的热产品，而主要的表现就是自己产品的更新速度。在中国的饮料市场上，更新速度最快的，应该非可口可乐莫属了。

这一理论很抽象，对于站在超市里的普通老百姓来说，他们直接面对的就是货架上眼花缭乱，分不清名字、功能，甚至分不清品牌的一瓶瓶花花绿绿的饮料，在如此多的“C”和如此多的“橙”之间寻找自己熟悉的口味和品牌，并不是一件容易的事。他们选择的原因大部分基于两个：价格和听上去不错的名称与功能诉求。这决定了快消品市场最显著的一个消费特点——快速流动和喜新厌旧。当然，这也可以用来解释，为什么收购汇源失败以来，可口可乐在中国市场上全然不顾金融危机的肆虐，大手笔地挥金撒银，这些大手笔的投资在未来三年内将达到20亿美元，其中包括在中国大陆推出最新研发的果粒奶优，首次进军含乳饮料。

可口可乐的频频出击，显然让人们开始逐渐淡忘其收购汇源的失败，只有在新闻发布会上，才会有记者一次次地提问，这些投入是否与收购汇源存在相关的联系，可口可乐的回答也是一如既往地“以消费者需求为前提”回应。饮料市场竞争是如此残酷，不停纠缠在某个产品或某个品类的得失上，并非上上之举，高浓度果汁不行，再开发一个含乳饮料，这就是所谓的西方不亮东方亮。

“没有疲软的市场，只有疲软的产品。”这是宗庆后在书中亮出的另外一个观点。他坚信快速消费品领域的游戏规则是不进则退，而这个行业的最大挑战就是经常遇到同质化竞争。同质化竞争在金融危机中，甚至会给弱势企业带来灾难性打击。娃哈哈之所以能够跑在行业的前列，原因之一就是推出更多的好产品、热产品。可口可乐并不是一个弱势企业，收购汇源的失败并没有让可口可乐停止多元化的脚步，在全球性的金融危机下，全力挺进的并非是传统的含气类核心业务，一系列动作表明其正细分着越来越多的品类市场。这对一直陷入同质化竞争的民族品牌来说，不能不说既有启发，又存在着巨大的压力。

资料来源：宗庆后．热产品．北京：中国经济出版社，2009.

分析思考：

你如何看待热产品战略？

案例二：J牌小麦啤酒生命周期延长策略

国内某知名啤酒集团针对啤酒消费者对啤酒口味需求日益趋于柔和、淡爽的特点，积极利用公司的人才、市场、技术、品牌优势，进行小麦啤酒研究。2000年利用其专利科技成果开发出具有国内领先水平的J牌小麦啤。这种产品泡沫更加洁白细腻、口味更加淡爽柔和，更加迎合啤酒消费者的口味需求，一经上市便在低迷的啤酒市场上掀起一场规模宏大的J牌小麦啤消费的概念消费热潮。

一、J牌小麦啤的基本状况

J牌啤酒公司当初认为，J牌小麦啤作为一个概念产品和高新产品，要想很快获得大份额的市场，迅速取得市场优势，就必须对产品进行一个准确的定位。J牌集团把小麦啤定位于零售价2元/瓶的中档产品，包装为销往城市市场的500ml专利异型瓶装和销往农村、乡镇市场的630ml普通瓶装两种。合理的价位、精美的包装、全新的口味、高密度的宣传，使J牌小麦啤2000年5月上市后，迅速风靡本省及周边市场，并且远销到江苏、吉林、河北等外省市场，当年销量超过10万吨，成为J牌集团一个新的经济增长点。由于上市初期准确的市场定位使J牌小麦啤迅速从诞生期过渡到高速成长期。

高涨的市场需求和可观的利润回报使竞争者也随之发现了这座“金矿”，本省的一些中小啤酒企业不顾自身的生产能力，纷纷上马生产小麦啤酒。一时间市场上出现了五六个品牌的小麦啤酒，而且基本上都是外包装抄袭J牌小麦啤，酒体仍然是普通啤酒，口感较差，但凭借1元左右的超低价格，在农村及乡镇市场迅速铺开，这很快造成小麦啤酒市场竞争秩序的严重混乱，J牌小麦啤的形象遭到严重损害，市场份额也严重下滑，形势非常严峻。J牌小麦啤因此结束高速成长期，一部分市场迅速进入了成熟期，销量止步不前，而一部分市场由于杂牌小麦啤酒低劣质量的严重影响，消费者对小麦啤不再信任，J牌小麦啤销量也急剧下滑，产品提前进入了衰退期。

二、J牌小麦啤的策略抉择

面对严峻的市场形势，是尽量延长产品的成熟期和衰退期最后被市场自然淘汰，还是选择放弃小麦啤酒市场策略，开发新产品投放其他的目标市场？决策者经过冷静的思考和深入的市场调查后认为：小麦啤酒是一个技术壁垒非常强的高新产品，竞争对手在短期内很难掌握此项技术，也就无法缩短与J牌小麦啤之间的质量差异；小麦啤酒的口味迎合了当今啤酒消费者的流行口味，整个市场有较强的成长性，市场前景是非常广阔的。所以选择维持与放弃策略都是一种退缩和逃避，失去的将是自己投入巨大的心血打下的市场。而且研发新产品开发其他的目标市场，研发和市场投入成本很高，市场风险性很大。如果积极采取有效措施，调整营销策略，提升J牌小麦啤的品牌形象和活力，使其获得新生，重新退回到成长期或直接过渡到新一轮的生命周期，J牌小麦啤将重新成为小麦啤酒的市场引领者。

事实上，通过该公司准确的市场判断和快速有效的资源整合，J牌小麦啤化险为夷，重新夺回了失去的市场。J牌小麦啤重新焕发出强大的生命活力，重新进入高速成长期，开始了新一轮的生命周期循环。

资料来源：闫志民．中国营销传播网，2002-06-14.

分析思考：

1. 分析J牌小麦啤的优势与劣势。
2. 如果你是公司的决策者，你会采取哪些具体措施来延长J牌小麦啤的生命周期？

案例三：名企注册“防御性商标”只是权宜之计

据媒体报道，为防止被恶意抢注相同、近似商标，很多企业在商标注册上“山寨”了自己，如图6-10所示。近日，有网络消息称，为保护自己的商标，大白兔注册了十几个近似商标：有“大灰兔”“大黑兔”“大花兔”“小白兔”“金兔”“银兔”……；阿里巴巴注册了“阿里爸爸”“阿里妈妈”“阿里姐姐”“阿里妹妹”“阿里姑姑”“阿里叔叔”“阿里哥哥”“阿里弟弟”等商标；老干妈注册了“老干爹”“老干娘”“老干爸”“干儿子”“干儿女”“老姨妈”等商标。

图6-10 防御性商标

据悉，知名企业抢注的这些看上去挺“山寨”，实际上很正规的商标，叫作“防御性商标”，是为了防止他人注册和使用这些商标，以免给自己的主品牌造成干扰，同时也是为了避免消费者混淆主品牌。可见，知名企业“山寨”自己也是迫不得已的做法。

近年来，不少知名企业在商标上吃过亏，企业之间在“山寨商标”上争端不断。例如，“康师傅”被“康帅傅”冒充，“娃哈哈”被“娃恰恰”假冒，“思念”被“恩念”混淆，“奥利奥”被“粤利粤”模仿……诸如此类“李逵”遇到“李鬼”的案例，不胜枚举。另一些不知名商标，攀附知名老字号商标，制造“亲戚关系”的现象也很多，混淆了品牌，误导了消费者。

可以说，知名企业“山寨”自己，是对恶意抢注相同或近似商标、恶意傍名牌行为的反击。此前知名企业对“山寨商标”的反击，往往是以法律手段维权，但所耗时间、人力、经济成本较高，如果“山寨商标”众多还会疲于应付。现在他们主动“山寨”自己，将与主品牌相同、近似的商标尽早注册，这是为了让竞争者无隙可钻。不过这只是权宜之计，大量注册“山寨商标”需要掏钱，商标到期还需缴费续展，增加企业的负担。再说了，相同、近似商标注册得完吗？比如大白兔就疏忽了“小贝兔”“大日兔”“大白兔”“太白兔”“大白免”……

对于恶意抢注商标与傍名牌的行为，需要企业主动防御，更需要相关部门加大打击力度，加强对知名品牌的保护，加强对商标交易的监管。一些抢注者本身没有生产产品，却注册系列商标，傍名人、傍品牌、傍旅游胜地等，目的在于待价而沽，通过转让或许可攫取暴利。相关部门在审查发现后应不予注册，已注册的要宣告无效。侵犯他人商标专用权的，还要采取法律制裁措施。总之，相关部门要从知名企业“山寨”自己的现实中，读出对恶意抢注商标行为打击不力的反讽意味，全力弥补商标注册与管理中可能出现的漏洞。

资料来源：何勇海．名企注册“防御性商标”只是权宜之计［N/OL］．中国商报，2017-06-21．http://news.hexun.com/2017-06-21/189726818.html．

分析思考：

1．名企为什么要注册防御性商标？

2．如何能有效避免恶意抢注商标与傍名牌的行为？

任务二　制定价格策略

任务引入

王刚等六人选定了自己经营的产品，但是，如何给自己的产品定价？在营销环境分析、消费者购买行为分析及竞争状况分析的基础上，制定了企业的发展策略。

任务1：了解影响定价的因素。

任务2：掌握定价的方法。

任务3：掌握定价策略。

任务分析

价格在市场营销组合中与产品、渠道和促销相比，是企业促进销售、获取效益的关键因素。价格是否合理直接影响产品或服务的销售，是竞争的主要手段，关系到企业营销目标的实现。因此，企业定价既要考虑其营销活动的目的和结果，又要考虑消费者对价格的接受程度，从而使定价具有买卖双方双向决策的特征。

知识链接

价格是商品价值的货币表现，以货币来表示的商品或服务的价值就称为该商品或服务的价格。一方面，价格的高低直接影响市场需求，影响产品在市场上的竞争地位和市场占有率，从而影响企业的销售收入和利润。另一方面，价格又是企业其他营销策略的函数，也是营销组合中最活跃的因素，需与营销组合的其他策略相辅相成地发挥作用。企业定价程序如图 6-11 所示。

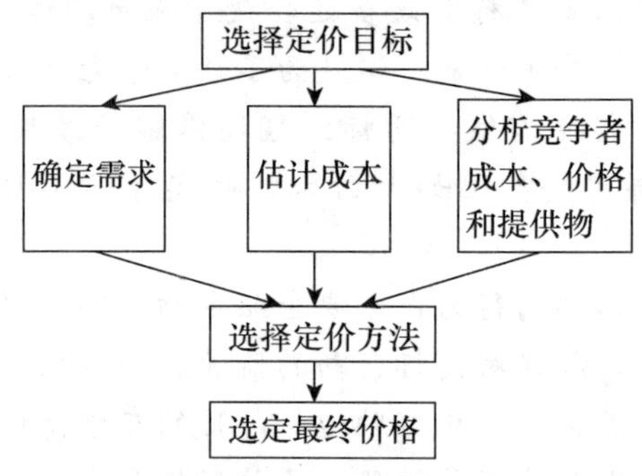

图 6-11　企业定价程序

知识点 1：影响定价的因素

影响定价的因素是多方面的，包括定价目标、产品成本、市场需求和竞争状况等。

1. 定价目标

定价目标是指企业通过制定及实施价格策略所希望达到的目的。任何企业制定价格，都必须按照企业的目标市场战略及市场定位战略的要求来进行，定价目标必须在整体营销战略目标的指导下被确定，而不能相互冲突。由于定价应考虑的因素较多，定价目标也多种多样，不同企业可能有不同的定价目标，同一企业在不同时期也可能有不同的定价目标，企业应当权衡各个目标的利弊，谨慎加以选择。企业定价目标主要有以下几种。

(1) 维持生存。

如果企业产量过剩，或面临激烈竞争，或试图改变消费者需求，则需要把维持生存作为主要目标。只要其价格能弥补可变成本和一些固定成本，企业的生存便可得以维持。

(2) 当期利润最大化。

有些企业希望制定一个能使当期利润最大化的价格。他们估计需求和成本，并据此选择一种价格，使之能产生最大的当期利润、现金流量或投资报酬率。

(3) 市场占有率最大化。

有些企业想通过定价来取得控制市场的地位，即让市场占有率最大化。企业确信赢得最高的市场占有率之后将享有最低的成本和最高的长期利润，企业制定尽可能低的价格来追求市场占有率领先地位。当具备下述条件之一时，企业就可以考虑通过低价来实现市场占有率的提高。

1）市场对价格高度敏感，因此低价能刺激需求的迅速增长。

2）生产与分销的单位成本会随着生产经验的积累而下降。

3）低价能吓退现有的和潜在的竞争者。

(4）产品质量最优化。

企业也可以考虑产品质量领先这样的目标，并在生产和市场营销过程中始终贯彻产品质量最优化的指导思想。这就要求用高价格来弥补高质量和研究开发的高成本。产品优质优价的同时，还应辅之以相应的优质服务。

2. 产品成本

任何企业都不能随心所欲地制定价格。成本是商品价格构成中最基本、最重要的因素，也是商品价格的最低经济界限。从长远来看，任何产品的销售价格都必须高于成本费用，只有这样，才能以销售收入来抵偿生产成本和经营费用，否则就无法经营。因此，企业制定价格时必须估算成本。公司制定的价格除了应包括所有生产、销售、储运该产品的成本，还应考虑公司所承担的风险。这里对通常涉及的几个成本概念稍做分析。

(1）固定成本。

固定成本指不随产量变化而变化的成本，如固定资产折旧、月房租租金、行政人员的薪水、利息等。

(2）变动成本。

变动成本指随产量变化而变化的成本，如原材料、生产工人工资等。

(3）总成本。

总成本指一定水平的生产所需的固定成本和变动成本的总和。

(4）平均固定成本。

平均固定成本指总固定成本除以产量。虽然固定成本不随产量的增减而变动，但是平均固定成本将随着产量的增加或减少而相应地下降或上升。

(5）平均变动成本。

平均变动成本指总变动成本除以产量。变动成本随产量的增减而同向增减，但平均变动成本不随产量变动而发生变动，其数值通常保持在某一特定水平。

(6）平均总成本。

平均总成本指给定的生产水平的单位成本，简称平均成本，它等于总成本除以产量，一般随产量的增加而减少。企业所制定的价格至少应该包括该单位成本。

(7）边际成本。

边际成本指每增减一单位产量所增加或减少的总成本。一般来说，边际成本的变化取决于产量的大小。在产量增加初期，由于固定的生产要素使用效率逐渐提高，使产量自然增加呈现收益递增现象，从而边际成本递减。而在产量达到一定规模后，由于增加的可变生产要素无法获得足够的固定生产要素的配合，即在短期内无法增加固定成本投入，使得产量逐渐出现递减现象，收益递减甚至出现负值的收益率，此时，边际成本将巨额递增。只有当平均成本与边际成本相等时，才能使平均成本最低。企业要实现利润最大化，必须让价格等于边际成本。

（8）机会成本。

机会成本指企业从事某一项经营活动而放弃另一项经营活动的机会，即另一项经营活动本应取得的收益。

3. 市场需求

市场营销理论认为，产品的最高价格取决于产品的市场需求，最低价格取决于该产品的成本费用。在最高价格和最低价格的幅度内，企业能把产品价格定多高，则取决于竞争者同种产品的价格水平。可见，市场需求、成本费用、竞争产品价格对企业定价有着重要影响。而需求又受价格和收入变动的影响。因价格和收入等因素而引起的需求的相应的变动率，就是需求弹性。

需求弹性是指因价格变动所引起的需求呈相应的变动率，反映了需求变动对价格变动的敏感程度。需求弹性分为需求的收入弹性、价格弹性和交叉弹性。

$$\text{需求弹性}(E)=\frac{\frac{\text{需求的变动量}}{\text{原需求量}}(Q)}{\frac{\text{价格的变动量}}{\text{原价格}}(P)}$$

（1）需求的收入弹性。

需求的收入弹性是指因收入变动而引起的需求的相应的变动率。有些产品的需求收入弹性大，这意味着消费者货币收入的增加将导致该产品的需求量有更大幅度的增加；有些产品的需求收入弹性较小，这意味着消费者货币收入的增加将导致该产品需求量下降。

（2）需求的价格弹性。

不同的产品价格会影响市场需求。在正常情况下，市场需求会按照与价格相反的方向变动，需求曲线是向下倾斜的。但也有例外情况，菲利普·科特勒指出，显示消费者身份地位的商品的需求曲线有时是向上倾斜的（如图 6－12 所示）。需求的价格弹性反映需求量对价格的敏感程度，以需求变动的百分比与价格变动的百分比之比值来计算，亦即价格变动百分之一会使需求变动百分之几。在需求富有弹性的情况下，企业需考虑适当降价，以刺激需求，促进销售，增加销售收入；反之，则不应降价促销。需求弹性如图 6－13 至图 6－15 所示。

图 6－12　不同的需求价格弹性

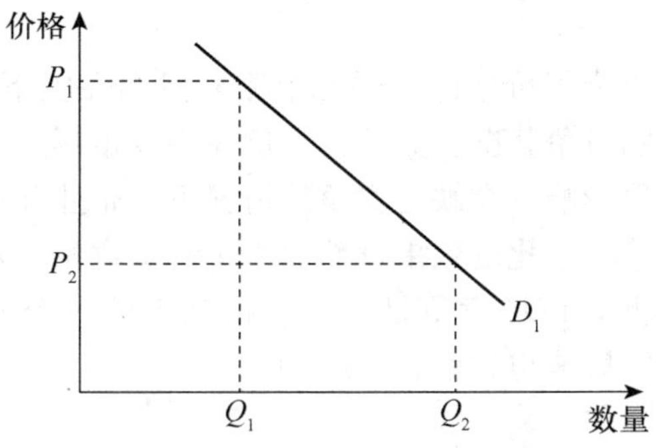

图 6-13　$E=1$，需求无弹性

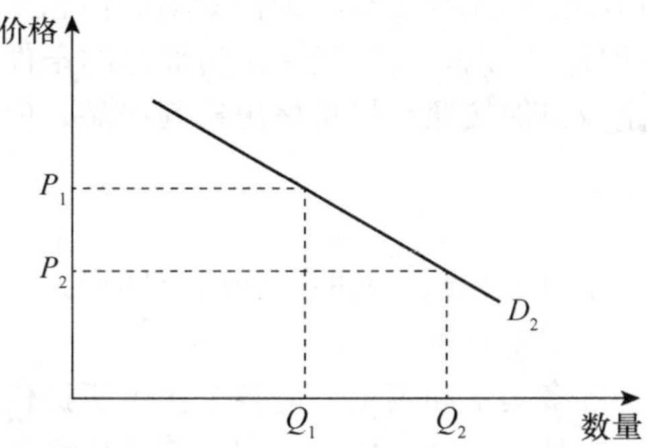

图 6-14　$E>1$，需求弹性大

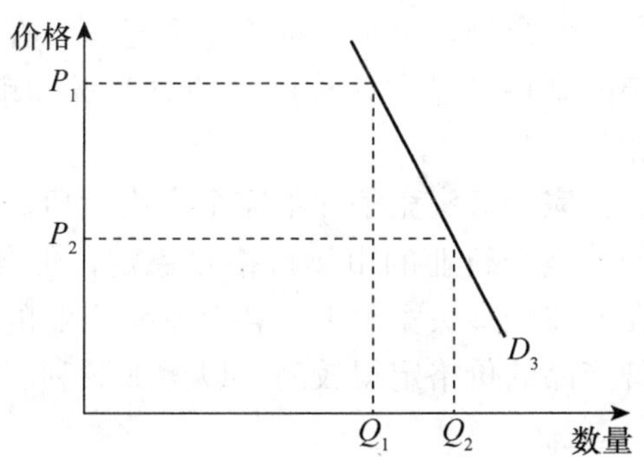

图 6-15　$E<1$，需求缺乏弹性

（3）需求的交叉弹性。

在为产品大类定价时还必须考虑产品项目之间相互影响的程度。产品大类中的某一个产品项目很可能是其他产品的替代品或互补品，同时，一项产品的价格变动往往会影响其他产品项目销售量的变动，两者之间存在着需求的交叉价格弹性。交叉弹性对于替代品来说是正值，对于互补品来说是负值。

所谓替代性需求关系，是指在购买者实际收入不变的情况下，某项产品价格的小幅度变动将会使其关联产品的需求量出现大幅度的变动。而互补性需求关系，则是指在购买者实际收入不变的情况下，虽然某项产品价格发生大幅度变动，但其关联产品的需求量并不发生太大变化。

4. 竞争状况

成本因素和需求因素决定了价格的下限和上限，然而在上下限之间确定具体价格时，则很大程度上要考虑市场的竞争状况。竞争性定价在当今市场上越来越普遍，价格战也越打越激烈，没有人不受竞争影响。在缺乏竞争的情况下，企业几乎可以完全依照消费者对价格变化的敏感性来预期价格变化的效果，然而由于有了竞争，对手的反应甚至可以完全破坏企业的价格预期。因此，市场竞争是影响价格制定的一个非常重要的因素。一般来说，竞争越激烈，对价格的影响也越大。

（1）完全竞争。

完全竞争市场必须具备以下条件：第一，市场有许多卖主和买主，他们买卖的商品只占商品总量的一部分；第二，他们买卖的商品都是相同的；第三，新卖主可以自由进入市场；第四，卖主和买主对市场信息尤其是市场价格变动的信息完全了解；第五，生产要素在各行业之间有完全的流动性；第六，所有卖主出售商品的条件都相同。

在完全竞争条件下，企业只能按照市场价格出售其产品。但需要指出的是，各国并不存在完全竞争的市场。

（2）垄断竞争。

垄断竞争是一种介于完全竞争和纯粹垄断之间的市场形式，既有垄断倾向，又有竞争成分，因而垄断竞争是一种不完全竞争。

在垄断竞争市场上，有许多卖主和买主，但各个卖主所提供的产品有差异，或购买者在心理上认为他们有差异。产品差异是制造商控制其产品价格的一种主要战略。各个企业仍依照边际成本等于边际收益的原则决定其产量和价格。

（3）寡头竞争。

寡头竞争是竞争和垄断的混合物，也是一种不完全竞争。在一个行业中只有少数几家大公司，它们所生产和销售的某种产品占这种产品的总产量和市场销售总量的比例很大，它们之间的竞争就是寡头竞争。

寡头竞争的形式有两种：完全寡头竞争和不完全寡头竞争。在完全寡头竞争下，各个寡头企业的产品都是同质的，整个行业的市场价格较稳定，但各个寡头企业在广告宣传、促销等方面竞争较激烈；在不完全寡头竞争下，各个寡头企业的产品都有某些差异，企业可以将自身的有区别的名牌产品的价格定得较高，以增加盈利。

（4）纯粹垄断。

纯粹垄断是指在一个行业中某种产品的生产和销售完全由一家企业独家经营和控制。纯粹垄断有两种：政府垄断和私人垄断（包括私人管制垄断和私人非管制垄断）。垄断企业根据边际成本等于边际收益的法则来决定其产量。

5. 其他因素

企业的定价策略除受定价目标、产品成本、市场需求以及竞争状况的影响外，还受到其他多种因素的影响。这些因素包括政府或行业组织的干预、消费者心理和习惯、企业或产品的形象等。

（1）政府或行业组织干预。

政府为了维护经济秩序或为了其他目的，可能通过立法或者其他途径对企业的价格策略进行干预。政府的干预包括规定毛利率，规定最高、最低限价，限制价格的浮动幅度，规定价格变动的审批手续，实行价格补贴等。例如，美国某些州政府通过租金控制法将房租控制在较低的水平上，将牛奶价格控制在较高的水平上；法国政府将宝石的价格控制在低水平，将面包的价格控制在高水平；我国为反暴利对商业毛利率的限制等。一些贸易协会或行业性垄断组织也会对企业的价格策略进行影响。

（2）消费者心理和习惯。

价格的制定和变动在消费者心理上的反映也是价格策略必须考虑的因素。在现实生活中，很多消费者存在“一分钱一分货”的观念。面对不太熟悉的商品，消费者常常从价格上判断商品的好坏，从经验上把价格同商品的使用价值挂钩。消费者心理和习惯上的反应是很复杂的，某些情况下会出现完全相反的反应。例如，在一般情况下，涨价会减少购买，但有时涨价会引起抢购，反而会增加购买。如“非典”初发期，白醋、板蓝根等商品的大幅涨价反而引起了人们的抢购。因此，在研究消费者心理对定价的影响时，要持谨慎态度，要仔细了解消费者心理及其变化规律。

营销案例

在比利时的一间画廊里，一位美国画商正和一位印度画家讨价还价，争辩得很激烈。其实，印度画家的每幅画底价仅为 10～100 美元。但当印度画家看出美国画商购画心切时，对其所看中的 3 幅画单价非要 250 美元不可。美国画商对印度画家敲竹杠的宰客行为很不满意，强烈要求降价成交。印度画家也毫不示弱，竟将其中的一幅画用火柴点燃，烧掉了。美国画商亲眼看着自己喜爱的画被烧，很是惋惜，随即又问剩下的两幅画卖多少钱。印度画家仍然坚持每幅画要卖 250 美元。从对方的表情中，印度画家看出美国画商还是不愿意接受这个价格。这时，印度画家气愤地点燃了火柴，竟然又烧了另一幅画。至此，酷爱收藏字画的美国画商再也沉不住气了，态度缓和了许多，他乞求说：“请不要再烧最后这幅画了，我愿意出高价买下！”最后，此画竟以 800 美元的价格成交。

企业在制定商品价格时，不仅应迎合不同消费者的心理，还应影响消费者的心理，使其消费行为向有利于自己营销的方向转化。同时，要主动积极地考虑消费者的长远利益和社会整体利益。

（3）企业或产品的形象。

有时企业根据企业理念和企业形象设计的要求，需要对产品价格做出限制。例如，企业为了树立热心公益事业的形象，会将某些有关公益事业的产品价格定得较低；为了形成高贵的企业形象，会将某些产品价格定得较高等。

知识点 2：定价的主要方法

在影响定价的几种因素中，成本因素、需求因素与竞争因素是影响价格制定与变动的最主要因素。企业通过考虑这三种因素中的一个或几个来定价，但是，在实际工作中企业通常根据实际情况侧重于考虑某一方面的因素并据此选择定价方法，此后再参考其他方面因素的影响对制定出来的价格进行适当的调整。因此，企业的定价导向可以划分为三大基本类型，即成本导向定价法、需求导向定价法和竞争导向定价法。不同企业所采用的定价方法是不同的，就是在同一种定价方法中，不同企业选择的价格计算方法也有所不同，企业应根据自身的具体情况灵活选择，综合运用。

1. 成本导向定价法

成本导向定价法（Cost-driven Pricing）是企业以成本费用为基础来制定价格，主要包括成本加成定价法和目标利润定价法两种具体方法。

（1）成本加成定价法。

成本加成定价法就是在单位产品成本的基础上，加上预期的利润额作为产品的销售价格。售价与成本之间的差额即利润称为“加成”。其计算公式为：

销售收入＝总成本＋预期利润

单位产品价格＝单位产品总成本＋单位产品总成本×单位产品预期利润率

＝单位产品总成本×(1＋加成率)

［例 6-1］ 某企业生产某种产品 10 000 件，单位可变成本为 20 元，固定总成本为 200 000元，预期利润率为 15％。可计算如下：

固定总成本＝200 000(元)

单位固定成本＝200 000÷10 000＝20(元/件)

单位可变成本＝20(元/件)

单位产品总成本＝20＋20＝40(元/件)

单位产品预期利润率＝15％

产品价格＝40＋40×15％＝46(元/件)

这种定价方法的优点在于价格能补偿并满足利润的要求；计算简便，有利于核算；能协调交易双方的利益，保证双方基本利益的满足。缺点是定价依据的是个别成本而并非社会成本，忽视市场供求状况，难以适应复杂多变的竞争情况。因而，这种方法一般适用于经营状态和成本水平正常的企业，以及供求大体平衡，市场竞争比较缓和的产品。

（2）目标利润定价法。

目标利润定价法又称目标收益定价法、投资报酬定价法，这是制造企业普遍采用的一种定价方法。该方法的操作过程是企业在单位总成本、预计销售量等指标的基础上，考虑企业的投资所能获得的投资报酬率来制定价格。公式为：

$$单位产品价格=单位总成本+\frac{总投资额\times 投资报酬率}{预计销售量(单位)}$$

［例 6-2］ 假设某电视机厂商投资 1 000 万元，想要获得 20％的投资报酬率，电视机的单位总成本为 1 600 元，统计销售量为 5 000 台，则其目标收益价格可计算为：

$$单位产品价格=1\,600+\frac{10\,000\,000\times 20\%}{5\,000}=2\,000(元)$$

如果企业对成本和预测的销售量都计算得较准确，采用这种方法确定的价格能实现 20％的投资收益，且计算非常简单。但是，销售量会受到市场需求、竞争状况等诸多因素的影响，企业还应考虑销售量达不到 5 000 台的状况。我们可以绘制一张保本图来了解其他销售水平的情况，如图 6-16 所示。假设固定成本始终保持为 300 万元，在固定成本上附加变动成本，总成本随着销售量增加而直线上升，总收入曲线从零开始，以价格为斜率，随市场销售量而上升。

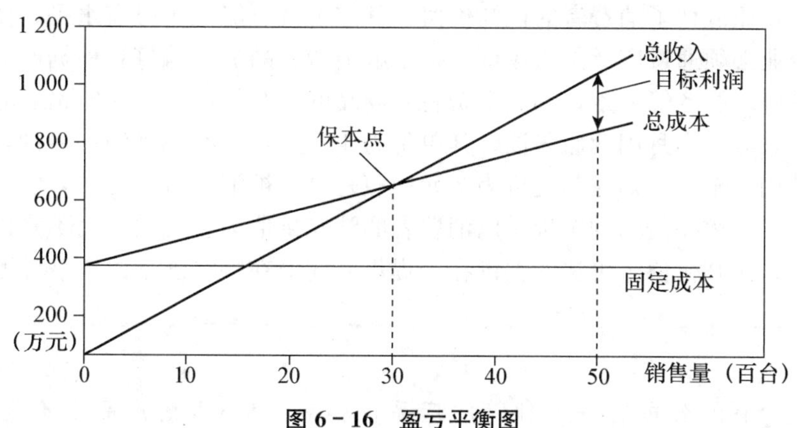

图 6-16 盈亏平衡图

总收入曲线和总成本曲线在 3 000 台处相交，则 3 000 台为保本销售量，也就是目标利润为零时的销售量。保本销售量的计算公式为：

$$\text{保本销售量}=\frac{\text{固定成本}}{\text{价格}-\text{变动成本}}=\frac{3\ 000\ 000}{2\ 000-1\ 000}=3\ 000(\text{台})$$

以每台 2 000 元销售，至少要销售 3 000 台电视机才能保证企业不发生亏损，即总收入可弥补总成本。若企业希望在市场上能以 2 000 元的价格销售 5 000 台电视机，此时 1 000 万元的投资将获利 200 万元。然而，这在很大程度上取决于价格弹性和竞争者的价格。

成本导向定价法曾一度为多数企业所推崇，因为它简单易行。但是，这种定价导向存在很明显的缺陷。在大多数行业中，要在产品价格确定之前确定产品单位成本是不可能的，这是因为单位成本随产品的销量而变化。为了解决确定单位成本的问题，成本导向的定价者，只能假设产品价格不影响销售数量，销售量也不影响成本，这显然与实际情况相违背。成本导向定价往往容易导致在市场疲软时定价过高，在市场景气时定价过低。

从国际上看，近年来定价问题的特点有了相当大的变化。除了极少数企业外，都废弃了单纯的成本导向定价法，而转变为需求导向定价法和竞争导向定价法，基于竞争和消费者心理的定价策略越来越受到重视。

2. 需求导向定价法

现代市场营销观念要求，企业的一切生产经营必须以消费者需求为中心，并在产品、价格、分销和促销等方面予以充分体现。只考虑产品成本，而不考虑竞争状况和顾客需求的定价，不符合现代营销观念。根据市场需求状况和消费者对产品的感觉差异来确定价格的方法称为需求导向定价法（Demand-driven Pricing），又称市场导向定价法、顾客导向定价法，主要包括认知价值定价法、反向定价法、低价定价法、集团定价法、需求差异定价法等，其中需求差异定价法将在定价策略中专门论述。

（1）认知价值定价法。

认知价值定价法（Perceived-value Pricing）是指企业依据消费者对商品价值的理解，而不是依据企业的成本费用水平来定价，通过运用各种营销策略和手段，在消费者心目中建立并加强认知。认知价值定价法的关键和难点，是获得消费者对有关商品价值认知的准确资料。企业如果过高估计消费者的认知价值，其定价就可能过高，难以达到应有的销量；反之，若企业低估了消费者的认知价值，其定价就可能低于应有水平，使企业收入减少。因此，企业必须通过广泛的市场调研，了解消费者的需求偏好，根据产品的性能、用途、质量、品牌、服务等要素，判定消费者对商品的认知价值，然后据此来定价。

例如，某家庭一个月用两瓶酱油，其单价为 4.5 元，现有一种浓缩酱油，一瓶可以让同样的家庭使用一个月，则对其定价为 7 元一瓶是可以被消费者接受的，因为每月可为消费者节省 2 元。该浓缩酱油的定价是以消费者的认知价值为基础的，而不是以产品的实际成本为基础的。认知价值定价法的关键在于提供并向潜在顾客展示比竞争者更高的价值。

营销案例

小天鹅股份有限公司有一个独特的产品价格观："小天鹅产品定价是由消费者确定的。"

小天鹅股份有限公司开发新产品前先做市场调研，从全国各地区、各阶层消费者的实际需求、购买欲望和购买能力等方面看消费者对什么产品能接受什么样的价位，然后再研究决定开发什么样的产品。定下来以后小天鹅股份有限公司会对设计人员提出要求，不仅包括技术设计、功能设计和工艺设计的要求，也包括成本控制的要求。

"小天鹅"认为，"小天鹅产品定价是由消费者确定的"不是一个空洞的口号，而是一个实实在在的运作过程。

---

(2) 反向定价法。

反向定价法主要不是考虑产品成本，而是重点考虑需求状况，依据消费者能够接受的最终销售价格，反向推算出中间商的批发价和生产企业的出厂价格。反向定价法被分销渠道中的批发商和零售商广泛采用。该方法的特点是：价格能反映市场需求情况，有利于加强与中间商的良好关系，保证中间商的正常利润，使产品迅速向市场渗透，并可以根据市场供求情况和竞争状况及时调整，定价比较灵活。

[例 6-3] 消费者对某牌号电视机可以接受的价格为 2 500 元，电视机零售商的经营毛利为 20%，批发商的批发毛利为 5%。

零售商可接受价格＝消费者可接受价格×(1－20%)
＝2 500×(1－20%)
＝2 000(元)

批发商可接受价格＝零售商可接受价格×(1－5%)
＝2 000×(1－5%)
＝1 900(元)

1 900 元即为该电视机的出厂价。如果该厂家欲获取 10%的利润，那么该电视机的成本就应该控制在 1 710 元以内：

1 900×(1－10%)＝1 710(元)

（3）低价定价法。

目前，顾客都希望从购买的商品中获取高价值，所以，采用以低价出售高质量供应品的价值定价法在某种程度上可获得顾客忠诚，其主要的表现形式就是天天低价（Everyday Low Pricing，EDLP）定价法，它被许多零售商采用。沃尔玛等四个最成功的美国零售商都使用天天低价定价法。这种定价方法强调把价格定得较低，但它们的定价并非总是市场上的最低价。因此，从某种意义上说，“天天低价”中的“低”并不一定最低。对这种定价方法更准确的表述应该是“每日稳定价”，因为它防止了每周价格的不稳定性。成功运用天天低价法会使零售商从与对手的残酷价格战中撤出。一旦顾客意识到价格是合理的，他们就会更多、更频繁地购买。天天低价法下的稳定价格还减少了高/低定价法中的每周进行大量促销所需要的广告，而是把注意力更多地放在塑造企业形象上。另外，天天低价法的销量和顾客群都较为稳定，不会因贱卖的刺激而产生新的突发消费群，因而销售人员可以在稳定的顾客身上花更多的时间，多为顾客着想，提高企业整体服务水平。由于对大多数零售商而言，天天低价难以保持，且采用天天低价法，零售商的商品价格与其竞争者的价格必须是可比的，比如某百货公司销售的全国名牌产品或超级市场上的牛奶和糖这样的日用品。因而，在零售市场上与天天低价法对立的高/低定价法也被广泛采用。在高/低定价法（High/Low Pricing Strategy）中，零售商制定的价格会高于其竞争者的天天低价，但会使用广告进行经常性的降价促销。在降价过程中常常出现“仅此一天，过期不候”的氛围，从而大大刺激了消费。过去，零售商仅仅在季末降价销售时尚商品，杂货店和药店也只有在供货方提供优惠价格或存货过多时才会降价销售。现在，许多零售商对日益加剧的市场竞争和顾客对价值的关注做出反应，采用经常降价的方式进行促销。杂货店和药店的供货方也通过增加“处理期”获得更高收益。在“处理期”内，制造商则对零售商购买的商品提供特惠价格。

当然，零售商也可以交替使用这两种定价方法。在美国，较早实行天天低价的零售商（如沃尔玛）现在也开始进行经常性的促销活动，而主要使用高/低定价法的零售商则为努力稳定其价格而使用天天低价法。

（4）集团定价法。

为了给顾客更多的实惠，不少企业制定了一系列团购价，尤其是对一些金额较大的商品，如顾客自发组织起来以团购价购买小汽车，可以大大降低购买价格。互联网的兴起更加便利了这种方式，毫不相识的顾客通过互联网，可以加入企业已有购买意向的顾客当中，当购买量达到一定标准后，顾客便可用理想的价格进行购买。当然，这种方式对顾客的耐性是一种挑战，因为有些顾客可能等不到团购价格实行的时候就退出了。

3. 竞争导向定价法

竞争导向定价法（Competition-driven Pricing）是指在激烈的竞争性市场上，企业通过研究竞争对手的生产条件、服务状况、价格水平等因素，依据自身的竞争实力，参考成本和供求状况来确定商品的价格。其特点是：价格的制定以竞争者的价格为依据，与企业自身商品的成本及市场需求状况不发生直接关系。竞争导向定价主要包括以下三种方式：

（1）通行价格定价法。

通行价格定价法（Going-rate Pricing）又称随行就市定价法，即依据本行业通行的价格水平或平均价格水平制定价格的方法。它要求企业制定的产品价格与同类产品的平均价格保持一致。在有许多同行相互竞争的情况下，当企业生产的产品大致相似时（如钢铁、粮食等），如企业产品价格高于别人，会造成产品积压；价格低于别人又会损失应得的利润，并引起同行间竞相降价，两败俱伤。因此，在产品差异很小的行业，往往采取这种定价方法。另外，对于一些难以核算成本的产品，或者打算与同行和平共处，或者企业难以准确把握竞争对手和顾客反应的，也往往采取这一种定价办法。

当然，这种定价法也有一定风险，一旦竞争者由于劳动生产率提高，成本降低，突然降低其产品价格，则往往会使追随者陷入困境，长虹彩电几次大幅度降价造成许多彩电小厂倒闭便是一例。

（2）竞争价格定价法。

与通行价格定价法相反，竞争价格定价法是一种主动定价方法，一般为实力雄厚或独具特色的企业所采用。企业定价时首先将市场上竞争产品价格与本企业估算价格进行比较，分为高于、低于和一致三个层次。其次，将产品的性能、质量、成本、式样、产量与竞争企业进行比较，分析造成价格差异的原因。再次，根据以上综合指标确定本企业产品的特色、优势和市场定位。最后，在此基础上，按定价所要达到的目标确定产品价格。

（3）投标定价法。

投标定价法是指在商品和劳务的交易中，采用投标招标方式，由一个买主对多个卖主的出价择优成交的一种定价方法。在国际上，建筑包工和政府采购，往往采用这种方法。投标定价法有如下步骤：

1）招标。招标是由招标者发出公告，征集投标者的活动。在招标阶段，招标者要完成下列工作：

制定招标书：招标书又称招标文书，是招标人对招标项目成交所提出的全部约束条件。包括：招标项目名称、数量；质量要求与工期；开标方式与期限；合同条款与格式等。

确定底标：底标是招标者自行测标的愿意成交的限额，它是评价是否中标的极为重要的依据。底标一般有两种：一是明标，它是招标者事先公布的底标，供投标者报价时参考；二是暗标，它是招标者在公证人监督下密封保存，开标时方可当众启封的底标。

2）投标。由投标者根据招标书规定提出具有竞争性报价的标书送交招标者，标书一经递送就要承担中标后应尽的职责。在投标中，报价、中标、预期利润三者之间有一定的联系。一般来讲，报价高，利润大，但中标概率低；报价低，预期利润小，但中标概率高。所以，报价既要考虑企业的目标利润，也要结合竞争状况考虑中标概率。

3）开标。招标者在规定时间内召集所有投标者，将报价信函当场启封，选择其中最有利的一家或几家中标者进行交易，并签订合同。

知识点 3：定价策略

定价策略是指企业在特定的情况下，依据确定的定价目标，所采取的定价方针和价格对策。它是指导企业正确定价的一个行动准则，也是直接为实现定价目标服务的。由于企业生产经营的产品和销售渠道以及所处的市场状况等条件各不相同，所以，应采取不同的定价策略。

1. 新产品定价策略

新产品定价合理与否，关系到新产品能否及时打开销路、占领市场和获得预期利润的问题，对于新产品以后的发展具有十分重要的意义。新产品定价策略有以下三种：

（1）撇脂定价策略。

撇脂定价（Skim Pricing）策略，又称“撇油”定价，意为提取精华，快速取得利润。这是一种高价策略，即在新产品投放市场的初期，利用消费者求新、求奇的心理动机和竞争对手较少的有利条件，以高价销售，在短期内获得尽可能多的利润。以后随着产量的扩大，成本的下降，竞争对手的增多，再逐步降低价格。

采用撇脂定价策略必须具备四个基本条件：一是产品的质量和形象必须能够支持产品的高价格，并且有足够的购买者想要这个价格的产品；二是产品必须新颖，具有较明显的质量、性能优势，并且有较大的市场需求量；三是产品必须具有特色，在短期内竞争者无法仿制或推出类似产品；四是生产较少数量产品的成本不能够高到抵消设定高价格所取得的好处。这种策略的优点是：能够在短期内获得较高的利润，尽快收回投资，并掌握降低价格的主动权。缺点是：风险大，容易吸引竞争者加入，若产品不为消费者接受，会导致产品积压，造成亏损。因此，采取此策略时，要求企业对市场需求有较准确的预测。

营销案例

柯达公司生产的彩色胶片在20世纪70年代初突然宣布降价，这立刻吸引了众多的消费者，挤垮了其他国家的同行企业，柯达公司甚至垄断了彩色胶片市场90%的份额。到了80年代中期，日本胶片市场被“富士”所垄断，“富士”胶片压倒了“柯达”胶片。对此，柯达公司进行了细致的研究，发现日本人对商品普遍存在重质而不重价的倾向，于是制定高价政策打响牌子，保护名誉，进而实施与“富士”竞争的策略。柯达公司在日本发展了贸易合资企业，专门以高出“富士”1/2的价格推销“柯达”胶片。经过5年的努力和竞争，“柯达”终于被日本人接受，走进了日本市场，并成为与“富士”平起平坐的企业，销售额也直线上升。

1945年，美国雷诺公司从阿根廷购进圆珠笔专利，迅速制成大批成品，并趁第一颗原子弹在日本爆炸的新闻热潮，将圆珠笔取名原子笔。由于圆珠笔确实使用方便，免去了使用墨水笔的诸多不便和烦恼，短期内无竞争者能模仿，该公司每支笔制造成本仅0.5美元，却让零售商以20美元/支的零售价投放市场。半年时间，雷诺公司生产原子笔投入2.6万美元，竟获得15.6万美元的丰厚利润。此后竞争者见原子笔获利甚厚便蜂拥而至，原子笔价格不断下降，雷诺公司把每支笔价格降至0.7美元，给竞争者有力一击。

当英特尔率先研制出奔腾芯片时，单位定价约为1 000美元。其结果是电脑制造商对它们的第一台奔腾PC机的定价达到3 500美元甚至更高，吸引的顾客仅仅是严肃的电脑使用者和商业购买者。但是，在导入期之后，英特尔将奔腾芯片的价格每年削减30%，最后将奔腾PC机的价格降到一般家用电脑购买者所能承受的范围之内。通过这种方法，英特尔从不同的细分市场中撇取了最大限度的收益。

（2）渗透定价策略。

渗透定价（Penetration Pricing）策略是一种低价策略，即在新产品上市初期，将产品价格定得低于人们的预期价格，给消费者以物美价廉的感觉，借此打开销路，占领市场。

渗透定价策略适用于资金实力雄厚、生产能力强、扩大生产以后有降低成本潜力的企业，或者是新技术已经公开，竞争者纷纷效仿生产和需求弹性很大，市场上已有代用品的中、高档消费品。这种策略的优点是：有利于吸引顾客，增强产品的竞争能力，使竞争者不敢贸然进入；有利于迅速打开产品销路，开拓市场。缺点是：低价利微，收回投资的时间较长，在产品生命周期和需求弹性预测不准的条件下，具有一定的风险性。

（3）满意定价策略。

满意定价（Neutral Pricing）策略，又称“均匀”定价。这是一种中价策略，即在新产品刚进入市场的阶段，将价格定在高价和低价之间，力求使买卖双方均感满意。

满意定价策略适用于需求价格弹性较小的日用生活必需品和主要的生产资料。这种策略既可以避免撇脂定价因高价而带来的风险，又可消除渗透定价因低价而引起的企业生产经营困难，因而既能使企业获取适当的平均利润，又能兼顾消费者利益。

例如，通用汽车公司的雪佛莱汽车（Chevrolet Camaro）就是采用的满意定价策略，该品牌汽车的价格为绝大部分市场所能承受，其市场规模远远大于高价的“运动型”外形的细分市场。在雪佛莱汽车十分流行，供不应求时，公司仍采用满意定价策略数年不变。原因在于通用汽车跑车生产线上已经有一种采取撇脂定价的产品——科尔维特（Corvette），若对雪佛莱汽车也采取撇脂定价，会影响原来高价产品的销售。

满意定价策略由于获得的是平均利润，既可吸引消费者，又可避免价格竞争，从而能让企业在市场上站稳脚跟，获得长远发展，但要确定企业与顾客双方都比较满意的价格比较困难。

2. 折扣定价策略

折扣定价（Discount Pricing）策略，又称差别价格策略，是指企业根据产品的销售对象、成交数量、交货时间、付款条件、取货地点以及买卖双方负担的经济责任等方面不同，给予不同价格折扣的一种策略。常用的折扣定价策略有以下几种：

（1）现金折扣。

现金折扣，又称付款期限折扣，即对现金交易或按约定日期提前付款的顾客给予不同价格折扣。它是为鼓励买方提前付清货款而采用的一种减价策略，目的是加速资金周转，降低销售费用和经营风险。其折扣率的高低，一般由买方提前付款期间利息率的多少、提前付款期限的长短和经营风险的大小来决定。

小知识

现金折扣是为了鼓励顾客尽早付款，加速资金周转，降低销售费用，减少企业风险，而给购买者的一种价格折扣。财务上常用的表示方式为“2/10，n/30”，其含义是双方约定的付款期为30天，若买方在10天内付款，将获得2%的价格折扣，超过10天，在30天内付款则没有折扣，超过30天要加付利息。现金折扣的前提是商品的销售方式为赊销或分期付款，因此，采用现金折扣一般要考虑三个因素：折扣比例；给予折扣的时间限制；付清全部货款的期限。

（2）批量折扣。

批量折扣，即根据购买数量多少而给予不同程度的价格折扣。它是为了鼓励消费者批量购买或集中购买一家企业的产品而采用的一种减价策略。一般来说，购买的数量或金额越大，给予的折扣也越大。批量折扣有一次折扣和累计折扣两种形式。

1）一次折扣。一次折扣是指按照单项产品一次成交数量或金额的多少，规定不同的价格折扣率。一般适用于能够大量交易的单项产品，用于鼓励消费者大批量购买。

2）累计折扣。累计折扣是指在一定时期内购买一种或多种产品的数量或金额超过规定数额时，给予消费者的价格折扣。折扣的大小与成交数量或金额的多少成正比。一般适用于单位价值较小，花色品牌复杂，不宜一次大量进货的产品，以及大型机器设备和耐用消费品。

（3）交易折扣。

交易折扣，又称功能性折扣，是指企业根据交易对象在产品流通中的不同地位和功能，以及承担的职责给予不同的价格优惠。对买方企业实行何种价格折扣，是以其在产品流通中发挥何种作用为依据的。为鼓励各类经营企业的积极性，各种折扣和差价应补偿其必要的流通费用，并提供合理利润。

（4）季节折扣。

季节折扣，是指企业对于购买非应季产品或服务的用户的一种价格优惠。一些产品常年生产、季节消费，宜采用此策略。目的在于鼓励消费者在淡季提前定购和储存产品，使企业生产保持相对稳定，也减少因存货所造成的资金占用负担和仓储费用。例如，商家在夏季对冬季服装进行的打折促销便是季节折扣。

（5）促销折扣。

促销折扣指企业在进行促销活动的过程中给顾客价格上的优惠。由于促销活动往往是在一定期限内进行的，因此这种折扣一般有时间上的限制。

营销案例

日本东京银座“美佳”西服店采用了一种折扣销售方法，颇获成功。具体方法是：先发一个公告，介绍某商品的品质、性能等一般情况，再宣布打折的销售天数和具体日期，最后说明打折方法：第一天打九折，第二天打八折，第三、四天打七折，第五、六天打六折，依此类推，到第十五、十六天打一折。这个销售方法的实践结果是：第一、二天顾客不多，来者多半是来探听虚实和看热闹的。第三、四天人渐渐多起来。第五、六天打六折时，顾客拥向柜台争购。以后连日爆满，没到一折售货日期，商品早已售缺。

这是一则成功的促销折扣定价策略。妙在准确地抓住了顾客的购买心理，有效地运用折扣售货方法销售。人们当然希望买质量又好又便宜的货，最好能买到以二折、一折价格出售的货，但是有谁能保证到你想买时还有货呢？于是出现了头几天顾客犹豫，中间几天抢购，最后几天买不到的情景。

---

3. 心理定价策略

心理定价策略是指销售企业根据消费者的心理特点，迎合消费者的某些心理需要而采取的一种定价策略。这种策略主要适用于零售环节。常用的心理定价策略主要有以下几种：

（1）尾数定价策略。

尾数定价（Mantissa Pricing），又称零头定价、缺额定价，即给产品定一个零头数结尾的非整数价格。大多数消费者购买产品时，尤其是购买一般的日用消费品时，乐于接受尾数价格，如0.99元、9.98元等。消费者会认为这种价格经过精确计算，购买不会吃亏，从而产生信任感。价格虽离整数仅相差几分或几角钱，但给人一种低一位的感觉，符合消费者求廉的心理愿望。这种策略通常适用于基本生活用品。当然，企业要想真正地打开销路，占有市场，还是得以优质的产品作为后盾，过分看重数字的心理功能，或流于一种纯粹的数字游戏，只能赢一时之利。

小知识

肥皂的零售价定为3.9元而不是4.1元。虽然前后仅相差2角钱，但会让消费者产生一种前者便宜很多的错觉。有时价格尾数让消费者觉得真实，如98.95元一瓶的葡萄酒，让消费者觉得其价格是经过企业仔细算出来的，给人以货真价实的感觉。有时候尾数的选择完全是出于满足消费者的某种风俗和偏好，如西方国家的消费者对“13”忌讳，日本的消费者对“4”忌讳；美国、加拿大等国的消费者普遍认为单数比双数少，奇数比偶数显得便宜；我国的消费者则喜欢“6”和“8”的尾数。

（2）整数定价策略。

整数定价（Integer Pricing）与尾数定价正好相反，企业有意将产品价格定为整数，以显示产品具有一定质量。整数定价多用于价格较贵的耐用品或礼品，以及消费者不太了解的产品。对于价格较贵的高档产品，顾客对质量较为重视，往往把价格高低当作衡量产品质量的标准之一，所谓“一分价钱一分货”的感觉，从而有利于销售。

小知识

将一套西服定价为1 000元，而不是998元，尽管实际价格仅相差2元钱，给人的感觉却是这套西服上了一个档次，因为它的价格是在1 000元的范围内，而不是900元的范围内。因此，对那些高档名牌商品或消费者不太了解的商品，采用整数定价可以提高商品形象。另外，将价格定为整数还省去了找零的麻烦，提高了商品的结算速度。

（3）声望定价策略。

声望定价（Prestige Pricing）即针对消费者“便宜无好货”“价高质必优”的心理，对在消费者心目中享有一定声望，具有较高信誉的产品制定高价。不少高级名牌产品和稀缺产品，如豪华轿车、高档手表、名牌时装、名人字画、珠宝古董等，在消费者心目中享有极高的声望和地位，价格越高，心理满足的程度也越高。如德国的奔驰轿车，虽然价格偏高，但仍然畅销无阻。这一方面也反映了企业创名牌、树商誉的重要性。

小知识

声望定价往往采用整数定价方式，这更容易显示商品的高档。当然，声望定价策略切不可滥用，一般适用于名优商品，如果企业本身信誉不好、商品的质量也不过硬，采用这一策略反而容易失去市场。另外，为了使声望价格得以维持，有时需要适当控制市场拥有量。英国名车劳斯莱斯的价格在所有汽车中雄踞榜首，除了其优越的性能、精细的做工外，严格控制产量也是一个很重要的因素。在过去的50年中，该公司只生产了15 000辆。

(4) 习惯定价策略。

有些产品在长期的市场交换过程中已经形成了为消费者所适应的价格，成为习惯价格。企业对这类产品定价时要充分考虑消费者的习惯倾向，采用“习惯成自然”定价策略。对消费者已经习惯了的价格，不宜轻易变动。降低价格会使消费者怀疑产品质量是否有问题；提高价格会使消费者产生不满情绪，导致购买的转移，在不得不需要提价时，应采取改换包装或品牌等措施，减少抵触心理，并引导消费者逐步形成新的习惯价格。

(5) 招徕定价策略。

招徕定价（Fetch-in Pricing）是适应消费者“求廉”的心理，将产品价格定得低于一般市价，个别的甚至低于成本，以吸引顾客、扩大销售的一种定价策略。采用这种策略，虽然几种低价产品不赚钱，甚至亏本，但从总的经济效益看，由于低价产品带动了其他产品的销售，企业还是有利可图的。采用这种策略要注意以下几点：商品的降价幅度要大，一般应接近成本或者低于成本。只有这样，才能引起消费者的注意和兴趣，才能激起消费者的购买动机；降价品的数量要适当，数量太多商店亏损太大，数量太少容易引起消费者的反感；用于招徕的降价品，应该与低劣、过时商品明显地区别开来。招徕定价的降价品，必须是品种新、质量优的适销产品，而不能是处理品。否则，不仅达不到招徕顾客的目的，反而可能使企业声誉受到影响。

营销案例

日本“创意药房”在将一瓶200元的补药以80元超低价出售时，每天都有大批人潮涌进店中抢购补药，按说如此下去肯定赔本，但财务账目显示出盈余逐月骤增，其原因就在于没有人来店里只买一种药。人们看到补药便宜，就会联想到“其他药也一定便宜”，促成了盲目的购买行动。

4. 差别定价策略

差别定价（Discrimination Pricing），又称价格歧视，它是指企业以两种或两种以上不反映成本比例差异的价格来销售某种产品或服务。差别定价主要有以下一些形式：

(1) 因顾客而异的差别定价。

即企业将同一种产品或服务以不同价格出售给不同的顾客。例如，电力部门对工商企业和居民用电分别制定了不同的价格；由于消费者的商品知识、讨价还价能力及需求强度存在差异，商家可能将同样的服装以不同的价格卖给不同的消费者；商品销售中对老客户和新客户、长期客户和短期客户、女性和男性、儿童和成人、残疾人和健康人、工业用户和居民用户等，分别采用不同的价格；我国的火车票对学生的售价就是半票，比售给一般人的价格要低。

小知识

上海市市属供水企业自来水价格见表 6-4。

表 6-4　　上海市市属供水企业自来水价格

用户类型	现行价格（2013 年 8 月 1 日起）（元/立方米）
居民生活用水	1.70
行政事业	4.90
工商业	5.00
特种行业——桑拿	13.60/18.60
特种行业——洗车	8.60
特种行业——饮料	6.10

说明：根据《上海市节约用水管理办法》，计划用水单位超计划用水的，超计划用水部分除按水价收取水费外，另按水价的两倍收取加价水费。

（2）因产品式样而异的差别定价。

产品式样不同，价格也不同，但是价格的差异与它们间的成本差异不成比例。例如，某超市里“喜之郎”果冻布丁散装价格为每千克 15 元，但装在塑料玩具小背包或塑料玩具坦克里，600 克就卖了 13 元和 18 元；新潮服装与普通式样的服装虽然成本近似，但价格差异较大。

（3）因地点而异的差别定价。

对处于不同地点的同一商品收取不同的价格，即便在不同地点提供的商品的成本是相同的。比较典型的例子是影剧院、体育场、飞机等地点的座位，其位置不同，票价也不一样。这样做的目的是调节客户对不同地点的需求和偏好，平衡市场供求。

（4）因时间而异的差别价格。

企业为不同季节、不同日期甚至同一天内不同时间的产品或劳务制定不同的价格。例如，旅游业在淡季和旺季的收费有所不同；洛杉矶至纽约的经济舱往返机票最便宜时仅为 250 美元，最贵时达 1 500 美元以上。

营销案例

哈尔滨市某商场规定，商场的商品从早上 9 点开始，每一小时降价 10%。特别在午休时间及晚上下班时间商品降价幅度较大，吸引了大量上班族消费者，使商场在未延长营业时间的情况下，带来了销售额大幅度增加的好效果。

（5）渠道定价。

渠道定价指企业对经不同渠道出售的同一商品制定不同的价格。例如，出售给批发商、零售商和用户的价格往往不同；在图书城出售的书与在网上书店出售的书的价格也不一样。

企业实行差别定价应该具备一定的条件：市场必须是能够细分的，并且各个细分市场要具备不同的需求强度；以低价购买产品的顾客不可能将产品用高价转卖出去；竞争者不可能在企业以较高价格销售产品的市场上以低价倾销产品；细分市场和控制市场的费用不超过因实行差别定价所获得的额外收入；实行的差别定价不会引起顾客的反感；差别定价的形式不违法。我国的《价格法》规定，“提供相同商品或服务，对具有同等交易条件的其他经营者实行价格歧视”属于不正当的价格行为。

5. 产品组合定价策略

一个企业往往并非只提供一种产品，而是提供多种产品。产品组合定价策略的着眼点在于制定一组使整个产品组合利润最大化的价格。企业在考虑制定或调整某一产品价格的时候，不仅要考虑调价对该产品本身利润和成本的影响，还要考虑由于这种产品价格或变化，对其他相关联产品的利润和成本的可能影响，以使整个产品系列获得最大的经济利益。常用的产品组合定价有以下几种形式：

（1）产品线定价。

产品线定价是指根据产品线内各项目之间在质量、性能、档次、款式、成本、顾客认知、需求强度等方面的不同，参考竞争对手的产品与价格，确定各个产品项目之间的价格差距，以使不同的产品项目拥有不同的市场形象，吸引不同的顾客群，扩大产品销售，争取实现更多的利润。

营销案例

某服装店对某型号女装制定了三种价格：260 元、340 元、410 元，在消费者心目中形成低、中、高三个档次，人们在购买时就会根据自己的消费水平选择不同档次的服装，从而消除了在选购商品时的犹豫心理。企业以保本甚至微亏的价格来制定低价产品的价格，往往可增加顾客流，使生产与销售迅速达到一个理想的规模，遏制竞争。高价产品则可树立企业的品牌形象，以超额利润迅速收回投资，增强企业的发展后劲。中价产品通过发挥规模效益可为企业带来合理的利润，维持企业的正常运行。企业采用这一策略要注意档次的划分要适当，商品档次既不要分得过细也不要过粗，价格档次的差距既不要过大也不要过小。

（2）选择品定价。

选择品定价是指企业在提供主要产品时，还提供各种可选择产品或具有特色的产品。比较典型的例子如餐馆、酒吧等。餐馆的主要提供物为饭菜，另外，顾客还可要烟、酒、饮料等。有的餐馆将食品的价格定得较低，而将烟酒类商品的价格定得较高，主要靠后者赢利；有的餐馆则将食品的价格定得较高，将酒类商品的价格定得较低，以吸引那些爱酒人士。

（3）替代产品定价策略。

替代品是能使消费者实现相同消费满足的不同产品，它们在功能、用途上可以互相替代。假设 Q1、Q2 是一组替代产品，提高 Q1 的价格，Q1 的需求量就会下降，对 Q2 的需求却会相应地上升。企业可以利用这种效应来调整产品结构。

（4）互补品定价策略。

互补品定价是指必须与主要产品一同使用的产品。互补品是在功能上互相补充、需要配套使用的产品。互补品广泛存在于日常消费中，如照相机与胶卷、录音机与磁带、钢笔与墨水等。人们把互补品中发挥主要功效、耐用性强的产品称为基础产品或互补产品中的主件，而发挥辅助功效、易耗的产品称为辅助产品或互补产品中的次件。互补产品的价格相关性表现在它们之间需求的同向变动上。假设 Q1 产品与 Q2 产品存在互补关系，那么，降低 Q1 价格引起对 Q1 产品的需求上升后，Q2 产品的需求也会相应提高。企业利用这种互补效应和主次件的关系，可以降低某种产品尤其是基础产品的价格来占领市场，再通过增加其互补产品的价格使总利润增加。

营销案例

柯达公司以物美价廉的照相机吸引消费者，同时生产较其他牌号昂贵得多的柯达胶卷，二者相配使用效果极佳。柯达相机利微，但在柯达胶卷的厚利下得到弥补。需要注意的是，互补品的需求影响是相互的，如果辅助产品价格定得过高，消费者难以承受，也会影响基础产品的销量。

（5）产品捆绑定价。

企业常常将一些产品捆绑在一起进行销售，捆绑价低于单件产品的价格总和。如化妆品公司将润肤露、洗发水、啫喱水、防晒霜等捆绑在一起进行销售，虽然有的消费者并不需要其中的某项，但看到价格比单件购买便宜很多，便买下了。因而，在一定程度上，这种定价策略可推动消费者购买。

6. 价格变动的原因

（1）企业降价的原因。

对企业来说，降低价格往往出于被迫无奈，但在下列情况下，必须考虑降价：

1）第一种情况是产品供过于求，生产能力过剩。这时企业需要扩大业务，然而增加销售力量、改进产品、努力推销或采取其他可能的措施都难以达到目的。企业会放弃“追随主导者”的定价方法，即设定与主要竞争者相同的价格，采用攻击性减价的方法来提高销售量。但是，正如航空公司、建筑设备和其他行业近几年所取得的教训一样，在生产能力过剩行业减价会挑起价格战，因为竞争者都要设法保住自己的市场份额。

2）第二种情况是市场竞争激烈，产品市场占有率下降。竞争者实力强大，占有明显优势，消费者偏好发生转移，本企业产品销量不断减少。例如，美国的汽车、家用电器、手表和钢铁等行业，市场份额被日本竞争者抢走，因为这些日本竞争者的产品质量更高、价格更低。美国企业采取了更有攻击性的定价行动来反击，如通用汽车公司在与日本竞争最激烈的西海岸，把它的超小型汽车价格降低 10%。

3）第三种情况是生产成本下降，为挤占竞争对手市场。这是一种主动降价行为，可能导致同行业内竞争加剧。条件是，主动降价企业必须比竞争对手有更强的实力。不管企业是从低于竞争者的成本开始，还是从夺取市场份额的希望出发，都会通过销售量的扩大进一步降低成本。例如，博士伦（Baush & Lomb）采用攻击性的低成本、低价格战略，成为软性隐形眼镜竞争市场中的早期领导者。

4）第四种情况是企业转产，老产品清仓处理。在新产品上市之前，及时清理积压存货。

（2）企业提价的原因。

1）由于通货膨胀、物价上涨，导致成本费用提高。在通货膨胀条件下，许多企业往往采取种种方法来调整价格，以对付通货膨胀。第一，采取推迟报价定价方法，即企业暂时不规定最后价格，等到产品制成或交货时方规定最后价格。在工业建筑和大型设备制造业等行业中一般采取这种方法。第二，在合同上规定调整条款，即企业在合同上规定在一定时期内（一般到交货时为止）可按某种价格指数来调整价格。第三，采取不包括某些商品和服务的定价方法，即企业决定产品价格不动，但是原来提供的服务要计价。第四，减少价格折扣，即企业决定削减正常的现金和数量折扣，并限制销售人员以低于价目表的价格来推销。第五，取消低利产品。第六，降低产品质量，减少产品特色、功能和服务。

2）企业的产品供不应求，不能满足其所有的顾客的需要。在这种情况下企业就必须提价。提价方式包括：取消价格折扣，在产品大类中增加价格较高的项目，或者提价。

3）政策、法规限制消费或淘汰产品的税率提高。出于保护环境和合理使用稀缺资源的需要，政府对某些产品采用经济手段调控致使价格上升。

价格具有刚性，从长期来看，价格有不断上升的趋势。但在短期内，提高价格常会引起消费者和中间商的不满而拒绝或减少购买和进货，甚至本企业的销售人员都反对。一般只有在某些特殊情况下采用此策略。但是，成功的提价会极大地促进利润的增长。例如，如果企业的边际利润是销售额的3%，提价1%不至于影响销售量的话，利润就增加3%。

7．价格变动所引起的反应

企业无论提价或降价，都会影响购买者、竞争者的利益，并引起他们不同程度的反应。为此，价格变动时必须考虑各方面的反应。

由于不同的产品的需求价格弹性存在差异，因此不同产品的价格调整对顾客的影响是不同的。另外，顾客不仅关心产品的买价，还关心产品的使用、维修费用。如一般的分体空调使用3～5年后都要加注氟利昂，而海信集团投资100万美元引进氟检测装置，保证了空调器终身不用加注氟利昂。这就降低了空调昂贵的维修使用费，使企业的产品能以较高的价格出售。

（1）顾客对价格变动的反应。

1）顾客对降价的反应。顾客对企业降价做出的反应是多种多样的，有利的反应是认为企业生产成本降低了，或企业让利于顾客。不利的反应是：第一，这种产品的样式老了，将被新型产品所代替。第二，这种产品有某些缺点，销路不畅。第三，企业财务困难，难以继续经营下去。第四，价格还要进一步下跌。第五，这种产品的质量下降了。

2）顾客对提价的反应。当企业提价时顾客也会做出各种反应，有利的反应会认为产品的质量提高了，价格自然提高；或认为这种产品畅销，供不应求，因此提高了售价，而且价格可能继续上升，不及时购买就可能买不到了；该产品正在流行等。不利的反应是认为企业是想通过提价获取更多的利润。顾客还可能做出对企业无害的反应，如认为提价是通货膨胀的自然结果。

3）提价技巧。对于提价，为防止顾客不满，企业也要注意采用一些技巧。

避免全面涨价：如一个咖啡店具有代表性的商品是咖啡和红茶，其中一个涨价，另一个就要保持原价，以缓解顾客的不满，让顾客慢慢地适应。

把明涨变为暗涨：如把包装里食品的分量减轻，而袋子的大小保持不变，价格也不变。顾客一般注意力集中在价格上，而对袋子里装多少东西则不大注意。这并非欺骗消费者，因为袋子上明明白白地写着产品的重量。

小知识

只要有可能，企业应该考虑采用其他的办法来弥补增加的成本和满足增加的需求，而不用提高价格的办法。例如，可以缩小产品而不提高价格，这是糖果生产商们经常采用的办法。或者可以用较便宜的配料来替代，或者除去某些产品特色、包装或服务，或者可以“拆散”产品和服务，去除和分散本应是产品一部分的定价因素。

总费用不涨：顾客虽然关心产品价格变动，但是通常更关心取得、使用和维修产品的总费用。因此，如果企业能使顾客相信某种产品取得、使用和维修的总费用较低，那么，它就可以把这种产品的价格定得比竞争者高。

4）把握“价格敏感商品”。某些商品的价格是不能随意提价的，否则就会给消费者造成一种“这个商店价格比别家贵”的感觉，这类商品就是“价格敏感商品”。对于非价格敏感商品可以视情况适当提价，对“价格敏感商品”提价则需谨慎。所谓价格敏感商品，指消费者经常使用、高频率购买、对价格熟知度高且易比较的商品，如可乐、酱油、肥皂、餐巾纸等商品。非价格敏感商品，则是指非当今商品，或是耐用消费品，如反季节家电、盒装果品等。

小知识

大卖场里出售的商品总要比普通商店的便宜些，这似乎是不少消费者的“思维定势”。事实果真如此吗？其实不然。一些消费者不太经常购买的奶粉、沙滩椅等商品，在大卖场里不但不便宜，反而要贵上不少。调查者分别抽取了品牌、规格相同的5种消费者经常购买的商品和5种不常购买的商品，将它们在大卖场与食品店、百货店中的价格进行比较，结果发现：5种消费者经常购买的商品在大卖场中的售价的确较低，而消费者不常购买的商品，大卖场的价格则都一致地比食品店、百货店的价格要高，价格差幅最多的竟相差30%。

为什么会有这种情况呢？其实，这是大卖场的经营之道。商家把握住了消费者的购物心理，给商品来个双重定价标准。对于经常购买的商品，消费者对价格都心中有数，所以大卖场定低价，吸引消费者去购买；相反，对于那些不太经常购买的商品，消费者对价格不甚清楚，即使有大幅变化也不太敏感，所以，很多消费者在买到便宜货的同时，不知不觉中也买了一些高价货。如果消费者在大卖场购买的都是些可乐、酱油之类的东西，肯定有利可图，但在不少情况下，不但无利可图，反而会比在其他地方购买要“赔”上不少。

（2）竞争者对价格变动的反应。

企业在考虑改变价格时，不仅要考虑到购买者的反应，而且还必须考虑竞争对手对企业的产品价格的反应。

若企业只有一个强大的竞争者，我们可将竞争者的反应分为以下两种情况。

1）竞争者对其对手的价格变更以一种既定的方式做出反应。在这种情况下，竞争对手的反应可以预测。企业可以通过获取并分析该竞争者的内部资料、历史案例来预测其可能的反应，也可以从与该竞争者接触较多的顾客、供应商、代理商、金融机构等方面获取信息来预测其可能的反应。

2）竞争者将每一次价格变更都视为一种新的挑战。此时，企业必须了解竞争者当时的自身利益。这就需要对竞争者的财务状况、销售情况、生产能力、顾客的忠诚性及企业目标等进行调查与分析。如果竞争者的经营目标是市场份额，它可能会跟进这次价格变动；如果竞争者的经营目标是获取最大利润，它可能在其他方面做出反应，如增加广告预算、加强产品促销、提高产品质量等。

若企业同时面临多个竞争者，在调价时就必须估计每一个竞争者的可能反应。如果所有竞争者的行为大体相同，企业只需分析具有代表性的典型竞争者即可。如果每个竞争者在企业规模、市场占有率或企业政策等关键因素上具有显著差异，则他们对价格变动的反应也会有较大区别，此时，企业需对每个竞争者逐一进行分析。

总之，企业在调整价格时，应充分利用内、外资源来推测竞争者可能的反应，以便采取适当的营销对策。

8. 企业对竞争者调价的对策

前面讲的是企业先调价时应预测其他相关方的反应，那么当竞争者的价格先变动时，企业相应地又该如何做出反应呢？

企业对竞争者调价的反应会因市场的不同而不同。在同质产品市场，如果竞争者降价，企业必随之降价，否则企业会失去顾客。如果竞争者提价，且提价对整个行业有利，其他企业会随之提价，但如有一个企业不提价，提价的企业将不得不取消这次提价。在异质产品市场，企业对竞争者价格变动的反应有更多选择的自由，因为此时的购买者不仅考虑产品价格高低，而且考虑质量、服务、可靠性等因素，因而他们对较小的价格差额并不敏感。

企业在做出反应前，应分析竞争者调价的目的是什么？调价是暂时的，还是长期的？如果企业对此不做出反应，本企业的市场份额和利润将会如何变化？如果企业对此做出反应，竞争者又会采取什么行动？

作为市场领导者的企业往往会更多地受到其他较小企业的攻击，它们往往通过“侵略性的削价”来抢占市场领导者的市场份额。在这种情况下，市场领导者可有以下几种选择：

（1）维持原价。此时市场领导者认为：如果降价就会使利润减少过多；维持原价不会失去很多的市场份额；虽然维持原价会导致目前市场份额降低，但失去的市场阵地很快能重新恢复。

（2）维持原价，同时改进产品、服务、沟通等。企业发现运用这种战略比低价经营更划算。

（3）降价。此时市场领导者认为：降价后成本会随着数量的增加而下降；由于市场对价格很敏感，不降价将使市场占有率大幅下降；维持原价导致市场份额降低后将难以恢复原有的市场份额。如果企业降价，不应降低产品质量和服务水平，否则会损坏企业形象，影响以后的发展。

（4）提价，同时推出某些新品牌，以围攻竞争对手的品牌。

（5）推出廉价的产品线。企业可在竞争者所攻击的产品线中增加廉价的产品，以迎接竞争者的挑战。

受到竞争对手进攻的企业还必须考虑：产品在其生命周期中所处的阶段；产品在企业产品业务组合中的重要性；竞争者的意图和资源；市场对价格和质量的敏感性；成本费用随着销售量和产量的变化的情况；企业可选择的机会。

然而，在实战中深入分析企业可选择的每一种方案几乎是不可能的。尽管竞争对手在调整价格之前经过了较长时间的思考与权衡，但是一旦决定调价，其动作会非常迅速，有时是一夜之间的事。这时要求企业能迅速做出反应，没有过多的时间进行充分思考。因而企业需预先准备备用的反应措施，并建立一个价格反应程序，以缩短价格反应的决策时间。

任务总结

价格作为营销组合中最活跃的因素，受多方面的影响，这些因素主要包括定价目标、产品成本、市场需求、竞争状况、消费者心理及政策法规等。

不同的企业有不同的定价目标，同一企业在不同时期的定价目标也不尽相同。企业的定价目标一般有：维持生存、当期利润最大化、市场占有率最大化、产品质量最优化等。

在实际工作中，公司往往侧重考虑成本因素、需求因素与竞争因素的某一个方面，此后再参考其他方面因素的影响对制定出来的价格进行适当的调整。因此，企业的定价导向可以划分为三大基本类型：成本导向定价法、需求导向定价法和竞争导向定价法。

企业的定价策略归纳起来有：新产品定价策略、折扣定价策略、心理定价策略、差别定价策略、产品组合定价策略。

企业制定价格后，还应经常监测环境的变化，并适当降价或调价，以求更好地在市场上生存和发展。面对竞争者发动的价格变更，企业需要了解竞争者的意图和价格变更可能持续的时间，它的产品是同质的还是异质的，来选择相应的策略。

思考与练习

一、关键词汇

成本导向定价法　　需求导向定价法
竞争导向定价法　　折扣定价
通行价格定价法　　差别定价
撇脂定价　　渗透定价
满意定价　　尾数定价
整数定价　　招徕定价
声望定价　　认知价值定价法

二、填空题

1. 企业的定价导向可以划分为三大基本类型，即________、________和________。

2. ________定价法是指在新产品上市初期，将新产品价格定得较高，以便在较短的时间内获取丰厚利润，尽快收回投资，减少投资风险。

3. ________是为了鼓励顾客尽早付款，加速资金周转，降低销售费用，减少企业风险，而给购买者的一种价格折扣。

4. ________定价策略是指根据消费者的求名心理，企业有意将名牌产品的价格制定得比市场中同类商品的价格高。

5. 价格调整策略主要有________、________两种。

三、简答题

1. 影响企业定价的因素有哪些？
2. 企业的定价导向有哪三种？
3. 竞争导向定价的方法有哪几种？
4. 什么是撇脂定价？什么是渗透定价？
5. 常见的心理定价策略有哪几种？
6. 面对竞争者的价格变动，市场领导者可采取哪些行动？

四、案例分析

案例一：史米尔诺夫酒的价格调整策略

休布兰公司在美国伏特加酒的市场上属于营销出色的公司，其生产的史米尔诺夫酒在美国伏特加酒的市场占有率达23%。在20世纪60年代，另一家公司推出一种新型伏特加酒——华而夫施密特，其质量不比史米尔诺夫酒低，每瓶价格却比它低1美元。按照惯例，休布兰公司有3条对策可选择：(1) 降价1美元，以保住市场占有率；(2) 维持原价，通过增加广告费用和推销支出来与对手竞争。(3) 维持原价，听任其市场占有率降低。由此看出，不论公司采取上述哪种策略，都处于市场的被动地位。但是，公司的市场营销人员经过深思熟虑后，却采取了对方意想不到的第四种策略。那就是，将史米尔诺夫酒的价格再提高1美元，同时推出了另外一种品牌雷尔斯卡来同华而夫施密特竞争，并且还生产另一种品牌波波夫，以低于华而夫施密特的售价出售。

这一策略，一方面提高了史米尔诺夫酒的品牌形象，同时使竞争对手的华而夫施密特沦为一种普通的品牌。结果，休布兰公司不仅渡过了难关，而且利润大增。实际上，休布兰公司的上述3种产品的味道和成分几乎相同，只是该公司懂得以不同的价格来销售相同的产品的而已。

分析思考：

你如何理解休布兰公司的价格调整策略？还有没有更好的价格调整方法？

案例二：一个珠宝定价的有趣故事

位于深圳的异彩珠宝店，专门经营由少数民族手工制成的珠宝首饰。该店位于游客众多，风景秀丽的华侨城（周围有著名的旅游景点世界之窗、民族文化村、欢乐谷等），生意一直比较稳定。客户主要来自两部分：游客和华侨城社区居民（华侨城社区在深圳属于高档社区，生活水平较高）。

几个月前，珠宝店店主易麦克特（维吾尔族）进了一批由珍珠质宝石和银制成的手镯、耳环和项链的精选品。与典型的绿松石造型中的青绿色调不同的是，珍珠质宝石是粉红色略带大理石花纹的颜色。就大小和样式而言，这一系列珠宝中包括了很多种类。有的珠宝小而圆，式样很简单，而有的珠宝则要大一些，式样别致、大胆。不仅如此，该系列还包括了各种传统样式的由珠宝点缀的丝制领带。

与以前的进货相比，易麦克特认为这批珍珠质宝石制成的首饰的进价还是比较合理的。他对这批货十分满意，因为它比较独特，可能会比较好销售。在进价的基础上，加上其他相关的费用和平均的利润，他定了一个价格，觉得这个价格应该十分合理，肯定能让顾客觉得物超所值。

这些珠宝在店中摆了一个月之后，销售统计报表显示其销售状况很不好，易麦克特十分失望，不过他认为问题并不是在首饰本身，而是营销的某个环节没有做好。于是，他决定试试在中国营销传播网上学到的几种销售策略，如让店中某种商品的位置有形化以使顾客产生更浓厚兴趣的策略。他把这些珍珠质宝石装入玻璃展示箱，并将其摆放在该店入口的右手侧。可是，这些珠宝的销售情况仍然没有什么起色。

易麦克特认为应该在一周一次的工作会上与员工好好谈谈了。他建议销售员花更多的精力来推销这一独特的产品系列，并安排了一个销售员专门促销这批首饰。他不仅给员工们详尽描述了珍珠质宝石，还给他们发了一篇简短的介绍性文章以便他们能记住并讲给顾客。不幸的是，这个方法也失败了。

就在此时，易麦克特要再次外出选购产品。因对珍珠质宝石首饰销售情况十分失望，他急于减少库存以便给更新的首饰腾出地方来存放。他决心将这一系列珠宝半价出售。临走时，他给副经理匆忙地留下了一张字条，上面写着："调整一下那些珍珠质宝石首饰的价格，所有都×1/2"。

当他回来的时候，易麦克特惊喜地发现该系列所有的珠宝已销售一空。"我真不明白，这是为什么，"他对副经理说，"看来这批首饰并不合顾客的胃口。下次我在新添宝石品种的时候一定要慎之又慎。"而副经理对易麦克特说，她虽然不懂为什么要对滞销商品进行提价，但她惊诧于提价后商品出售速度惊人。易麦克特不解地问："什么提价？我留的字条上是说价格减半啊。""减半？"副经理吃惊地问，"我认为你的字条上写的是这一系列所有商品的价格一律按双倍计。"结果，副经理将价格增加了一倍而不是减半，而产品销售一空。

分析思考：

1. 请解释为什么珠宝以原价 2 倍的价格出售会卖得这么快？

2. 易麦克特对珍珠质宝石首饰的需求曲线做出了怎样的假设？实际上这种产品的需求曲线是什么样的？

3. 心理定价法的观念对易麦克特有什么帮助？在未来的定价决策方面你会给易麦克特提出什么建议？

4. 讲讲你身边"因提价而畅销"的销售故事。

案例三：商家的心理战

1. 只降 2 美分

一个炎热的夏天，美国一家日用杂货品商店购进了一批单人凉席，定价每张 1 美元。这样炎热的天气，凉席本该很快销售一空，但结果却并不令人满意。商店只得降价销售，但由于进价过高，每张凉席只能降价 2 美分，奇怪的是，顾客纷至沓来，凉席很快售完。商店老板在有了这个惊喜的发现后，马上照葫芦画瓢，大量进货，居然屡试不爽。

2. 每件 6 美元

美国西部有一家商店特别引人注目，店门前挂着一块醒目的招牌："本店各式服装一律每件6美元。”店内陈列的商品品种繁多，从内衣到外套应有尽有。自开业以来，该店的生意一直十分红火。

3. 自动降价

美国波士顿市中心有一家自动降价商店。走进去之后，你会发现货架上的每一件商品除了标明售价以外，还标着该件商品第一次上架的时间，旁边的告示栏里说明，该件商品按上架陈列时间自动降价，陈列时间越长，价格越低。例如，某件商品陈列了13天还没有售出，就自动降价20%；又过6天，降价50%；再过6天，降价75%。如果该件商品标价为500美元，到第13天只能卖400美元，到第19天只能卖250美元，到第25天时只能卖125美元。若第25天后，再过6天仍无人购买，就把该件商品从货架上取下来送到慈善机构去了。

分析思考：

1. 价格与销售之间是什么样的关系？
2. 如何使降价取得较好的促销效果？

任务三　制定渠道策略

任务引入

王刚等六人选定了产品，也制定了合理的价格，接下来的问题是从哪里进货。

任务1：了解分销渠道的类型。

任务2：掌握分销渠道设计要点。

任务3：掌握分销渠道管理方法。

任务分析

消费者需求是企业营销的源头活水。销售渠道如同灌溉系统。在销售工作中，制造商这一大水库一直控制着整个灌溉系统的流量；经销商是分散在各地的小水库，从制造商那里获得水，并通过水渠向田间送水；零售商就是田间地头的蓄水池，消费者从蓄水池里取水浇田。从大水库到小水库再到蓄水池，只有水流的通道畅通无阻，才能保证需要的水田地能够有水浇。

如果制造商只考虑蓄水——制造产品，而没有通道向经销商输送产品，那么水库的水位只能越来越高，到最后可能导致整个水库决堤——企业会被其过大的库存拖垮；经销商同样也要平衡其小水库的蓄水量和田间蓄水池的需求，不同的一点是灌溉中蓄水池的需求是由下向上的，而经销商则要从上向下去推动零售商；零售商因为直接面对消费者，其要清楚地知道田里什么时候要水，什么时候向小水库要水，如何最近距离地靠近田地使农民浇地方便。

虽然都是蓄水设备，但制造商、经销商、零销商三个环节考虑渠道问题的侧重点是不一样的。制造商着重渠道的广度、深度、速度、到达率，经销商关注渠道政策、资金周转、利润，零销商则对产品的及时性、厂家的促销政策、产品的种类最为敏感。即使其侧重点有差异，三方的利益却是同整个渠道的运营效率息息相关的。三方都要管好各自大水库、小水库、蓄水池的阀门，并共同清理水渠中的烂泥沉沙，使商品流效率得到最大限度的提升，这样渠道的价值才能最大化，否则任何一处的堵塞都会影响整个灌溉系统。

知识链接

分销渠道（Sale/Distribution Channel）又称销售渠道、流通管道、通道、分配路线等，是指某种产品和服务在从生产者向消费者转移的过程中，取得这种产品和服务的所有权或帮助所有权转移的所有组织和个人。

首先，分销渠道是一个网络。

分销渠道往往不是由单一渠道构成的，而是由若干条相互补充、配合的渠道共同形成的系统，即企业针对多个细分市场和地域市场的不同要求和特点，根据批量、等待时间、空间的便利性、商品多样性和服务支持等需要，从点的布局、线的联结、面的广度上形成的一个网络。

其次，分销渠道由一系列成员构成，包括：

（1）商流：产品从生产领域向消费领域转移过程的一系列买卖交易活动。

（2）物流：产品转移过程中的一系列产品实体运动，包括原材料采购供应，生产各工序间的运输，产品的分类、包装、运输、保管等。

（3）货币流：产品转移过程中的货币运动。

（4）信息流：产品转移过程中所发生的信息收集、传递和处理活动。

（5）促销流：产品转移过程中，企业通过各类传媒进行的一切促销努力。

分销渠道的起点是制造商，终点是最终消费者，中间环节是与商品所有权转移有关的各种类型的机构。商品在转移过程中是“五流合一”的过程，即商流、物流、货币流、信息流、促销流统一的过程。

最后，分销渠道正常运作需要建立一定的机制。

生产者如何选择和构造分销渠道？中间商为什么乐于经销某一产品？为什么有的产品渠道又长又宽，有的产品渠道则又短又窄？这一切都有赖于完善的机制的建立。

知识点 1：分销渠道的类型

1. 直接渠道和间接渠道

生产者在与消费者联系过程中，按是否有中间商参加，可将分销渠道分为直接渠道和间接渠道。

（1）直接渠道。

直接渠道指制造商直接把商品销售给消费者，而不通过任何中间环节的销售渠道。

直接渠道的形式主要有：定制、销售人员推销、门市部销售等。

直接渠道的优点主要有以下几点：

1）了解市场：生产者通过与用户直接接触，能及时、具体、全面地了解消费者的需求和市场变化情况，从而能及时地调整生产经营决策。

2）减少费用：销售环节少，商品可以很快地到达消费者手中，从而缩短了商品流通时间，减少流通费用，提高了经济效益。

3）加强推销：技术含量较高的商品，生产者可以对推销员进行训练，有利于扩大销售。较之中间商，消费者往往更信赖生产者直销的商品。

4）控制价格：一般情况下，分销渠道越长，生产者对产品价格控制的能力越差；分销渠道越短，对价格控制能力越强。

5）提供服务：生产者能够直接给用户提供良好的服务，增强企业竞争力，促进产品销售。

直接渠道的缺点有以下几点：

1）生产者增设销售机构、销售设施和销售人员，也就相应增加了销售费用，同时也分散了生产者的精力。

2）由于生产者自有的销售机构总是有限的，致使产品市场覆盖面过窄，易失去部分市场。

3）由于生产者要自备一定的商品库存，这就相应减缓了资金的周转速度，从而减少了对生产资金的投入。

4）商品全部集中在生产者手中，一旦市场发生变化，生产者要承担全部损失。

（2）间接渠道。

间接渠道指生产者通过中间商来销售商品。绝大部分生活消费品和部分生产资料都是采用间接渠道销售的。

间接渠道的优点有以下几点：

1）中间商具有庞大的销售网络，利用这样的网络能使生产商的产品具有最大的市场覆盖面。

2）充分利用中间商的仓储、运输、保管作用，减少了生产者的资金占用和耗费，并可以利用中间商的销售经验，进一步扩大产品销售。

3）对生产者来说，减少了花费在销售上的精力、人力、物力、财力。

间接渠道的缺点有以下几点：

1）流通环节多，销售费用增多，也增加了流通时间。

2）生产者获得市场信息不及时、不直接。

3）中间商对消费者提供的售前售后服务，往往由于不掌握技术等原因而不能使消费者满意。

小知识

直销模式分为单层次直销和多层次直销两种形式。单层次与多层次的根本区别在于：单层次直销模式下，直销商只能从自己的销售额中获得提成，而多层次直销模式下，直销商可以从自己招募的团队成员的销售额中获得报酬。

从全球范围看，安利的销售模式分为三种：（1）专卖店＋雇佣推销员（主要集中在中国）；（2）捷星电子商务＋IBO（主要集中在北美地区）；（3）传统的直销商模式（主要集中在除中国和北美以外的其他地区）。这三种模式的本质都是多层次直销模式。

2005 年，中国《直销管理条例》正式颁布，多层次直销模式并没有获得国家认可。安利不得不宣布将多层次直销模式调整为单层次直销模式，用“专卖店＋雇佣推销员”的销售模式。但安利并没有因此真的放弃多层次直销。

安利采用“专卖店＋雇佣推销员”模式后，逐渐在中国建立起 180 多家专卖店，同时招募 18 万名直销人员，而且采用的是团队计酬模式。尽管从形式上看，安利采用了“专卖店＋雇佣推销员”模式，已经背离了其多层次直销模式，但事实上安利专卖店的功能设定在服务与形象展示方面，而不是产品销售。安利专卖店的产品一般都是全价，而通过直销员购买的产品基本上可以打八折甚至更低的折扣，因此绝大多数消费者会选择通过推销员来购买产品，专卖店向消费者销售的产品少之又少。这样，安利实质上就成功地避开了专卖店渠道对直销渠道的冲击。专卖店成为安利直销员的后勤基地，每个城市的安利专卖店都成为当地直销员的提货中心、仓储中心、信息中心和培训中心。

2. 长渠道和短渠道

按生产者生产的商品通过多少环节销售产品，可将分销渠道分为长渠道和短渠道。

(1) 长渠道。

长渠道是指生产者在产品销售过程中利用两个或两个以上的中间商分销商品。

长渠道的优点：

1) 渠道长、分布密、触角多，能有效地覆盖市场，扩大商品的销售。

2) 能充分利用中间商的职能作用，市场风险小。

长渠道的缺点：

1) 使生产者市场信息迟滞；

2) 生产者、中间商、消费者之间关系复杂，难以协调；

3) 商品价格一般较高，不利于市场竞争。

(2) 短渠道。

短渠道是指生产者仅利用一个中间商或自己销售产品。

短渠道能减少流通环节，流通时间短，费用省，产品最终价格较低，能增强市场竞争力；信息传播和反馈速度快；由于环节少，生产者和中间商较易建立直接的、密切的合作关系。但短渠道迫使生产者承担更多的商业职能，不利于集中精力搞好生产。

小知识

零级渠道：即制造商—消费者。

一级渠道：即制造商—零售商—消费者。

二级渠道：即制造商—批发商—零售商—消费者，多见于消费品分销；或者是制造商—代理商—零售商—消费者，多见于工业品分销。

三级渠道：制造商—代理商—批发商—零售商—消费者。

3. 宽渠道和窄渠道

当企业将产品销向一个目标市场时，按使用中间商的多少，可将分销渠道划分为宽渠道和窄渠道。分销渠道的宽度是指分销渠道的每个环节或层次中，使用相对类型的中间商的数量，同一层次或环节使用的中间商越多，渠道就越宽；反之，渠道就越窄。

企业使用的同类中间商多，产品在市场上的分销面广，称为宽渠道。如一般的日用消费品（毛巾、牙刷等），由多家批发商经销，又转卖给更多的零售商，能大量接触消费者，大批量地销售产品。

企业使用的同类中间商少，称为窄渠道，它一般适用于专业性强的产品，或贵重耐用消费品，由一家中间商统包，几家经销。它使生产企业容易控制分销，但市场销售面受到限制。

根据分销渠道宽窄的不同选择，可以形成以下三种分销形式。

（1）密集性分销。

密集性分销指尽可能通过较多的中间商来分销商品，以扩大市场覆盖面或快速进入一个新市场，使更多的消费者可以买到这些产品。消费品中的便利品（卷烟、肥皂等）和工业用品中的标准件、通用小工具等，适于采取这种分销形式，为购买者提供最大便利。但是，采用这种分销形式，生产者付出的销售成本较高，中间商积极性较低。

（2）独家分销。

独家分销指企业在一定时间、一定地区只选择一家中间商分销商品。生产者采用这种分销形式可以得到中间商最大限度的支持，如价格控制、广告宣传、信息反馈、库存等。其不足之处是市场覆盖面有限，而且当生产者过分信赖中间商时，就会加大中间商的砍价能力。

（3）选择性分销。

选择性分销指在一个目标市场上，依据一定的标准选择少数中间商销售产品。这种分销形式对各类产品都适用，它比独家分销面宽，有利于扩大销路，开拓市场，展开竞争；比密集性分销又节省费用，并较易于控制，不必分散太多的精力；有条件地选择中间商，还有助于加强彼此之间的了解和建立长期关系，使被选中的商家愿意努力提高推销水平。因此，对某些产品（家用电器、家具等）来说，这种分销形式效果较好。

课上小练习

眼镜业流行这样一句话：20 元的眼镜，200 元卖给你是讲人情，300 元卖给你是讲交情，400 元卖给你是讲行情。可以说，眼镜行业就是一个暴利行业。

在中国眼镜之乡丹阳，“记忆合金架”每副 11 元，“时尚合金架”每副 16 元，“板材架”每副 16 元，其中最贵的是纯钛制眼镜架，每副也只要 60 元。但一进销售门店，这些眼镜框架身价暴涨，翻了 10 倍，甚至 50 倍。

在北京，折射率 1.56 的镀膜镜片，在商家的价格单上，一般约为 300 元；折射率 1.61，镜片售价约为 600 元；折射率 1.67，镜片售价约为 800 元。而在江苏丹阳，最普通也是配得最多的折射率 1.56 加绿膜树脂镜片，每副批发价仅为 8 元；折射率 1.56 黄金膜树脂镜片每副 19 元；折射率 1.61 非球面树脂镜片每副 21 元。

眼镜的实际加工时间，远比店员宣称的时间短，有的仅需要 10 分钟。让顾客等几天的原因是：统一送货、加工，总体上可以节约生产时间、机器损耗的成本。

资料来源：中金在线. 当今中国七大隐性暴利行业　闷声发大财［OL］.（2016-02-14）. http://business.sohu.com/20160407/n443568607.shtml.

分析思考：

眼镜行业为何暴利？

知识点 2：分销渠道的设计

1. 影响分销渠道设计的因素

影响分销渠道设计（Design Distribution Channel）的因素很多，其中主要因素有以下几种。

（1）产品因素。

产品的特性不同，对分销渠道的要求也不同。

1）价值大小。一般而言，产品单价越小，分销渠道一般既宽又长，以追求规模效益。反之，单价越高，分销渠道越短越窄。

2）体积与重量。体积庞大、重量较大的产品，如建材、大型机器设备等，要求采取运输路线最短、搬运过程中搬运次数最少的渠道，这样可以节省物流费用。

3）变异性。易腐烂、保质期短的产品，如新鲜蔬菜、水果、肉类等，一般要求采用短而宽的分销渠道，因为时间拖延和重复搬运会造成巨大损失。同样，对式样、款式变化快的时尚商品，也应采用短而宽的渠道，可以避免不必要的损失。

4）标准化程度。产品的标准化程度越高，采用中间商的可能性越大。例如，毛巾、洗衣粉等日用品，以及标准工具等，单价低、毛利低，往往通过批发商转手。而对于一些技术性较强或一些定制产品，需要根据顾客要求进行生产，一般由生产者自己派员直接销售。

5）技术性。产品的技术含量越高，分销渠道就越短，常常是直接向用户销售，因为技术性产品，一般需要提供各种售前售后服务。

（2）市场因素。

市场因素是分销渠道设计时最重要的影响因素之一。

1）市场类型。不同类型的市场，要求不同的渠道与之相适应。例如，日用消费品的最终消费者购买行为与生产资料用户的购买行为不同，所以就需要有不同的分销渠道。

2）市场规模。一个产品的潜在顾客比较少，企业可以自己派销售人员进行推销；如果市场规模大，分销渠道就应该长些、宽些。

3）顾客集中度。在顾客数量一定的条件下，如果顾客集中在某一地区，则可由企业派人直接销售；如果顾客比较分散，则必须通过中间商才能将产品转移到顾客手中。

4）用户购买数量。如果用户每次购买的数量大，购买频率低，可采用直接分销渠道；如果用户每次购买数量小、购买频率高，则宜采用长而宽的分销渠道。例如，食品生产企业会向大型超市直接销售，因为大型超市订购数量庞大。但是，食品生产企业往往会通过批发商向小型食品店供货，因为这些小商店的订购量太小，不宜采用过短的分销渠道。

5）竞争者的分销渠道。在选择分销渠道时，应考虑竞争者的分销渠道。如果自己的产品比竞争者有优势，可选择同样的渠道；反之，则应尽量避开。

（3）企业自身因素。

企业自身因素是分销渠道选择和设计的根本立足点。

1）企业的规模、实力和声誉。企业规模大、实力强，往往有能力担负起部分商业职能，如仓储、运输、设立销售机构等，有条件采取短渠道。而规模小、实力弱的企业无力销售自己的产品，只能采用长渠道。声誉好的企业，希望为之推销产品的中间商就多，生产者容易找到理想的中间商进行合作；反之则不然。

2）产品组合。企业产品组合的宽度越宽，越倾向于采用短渠道；产品组合的深度越大，越适宜采用短渠道。反之，如果生产者产品组合的宽度和深度都较小，则只能通过批发商、零售商来转卖产品，采用的分销渠道通常比较长而宽。产品组合的关联性越强，则越应使用性质相同或相似的渠道。

3）企业的营销管理能力和经验。管理能力较强和经验较丰富的企业可以选择较短的渠道，甚至直销；而管理能力较差和经验较少的企业一般将产品的分销工作交给中间商去完成，自己则专心于产品的生产。

4）企业对分销渠道的控制意愿。生产者为了实现其战略目标，往往要求对分销渠道实行不同程度的控制。如果这种意愿强，就会采取短渠道；反之，渠道可适当长些。

（4）环境因素。

影响分销渠道设计的环境因素既多又复杂。科学技术的发展可能为某些产品创造新的分销渠道，如食品保鲜技术的发展使水果、蔬菜等的销售渠道有可能从短渠道变为长渠道。在经济萧条时，企业也可能被迫缩短渠道。

（5）中间商因素。

不同类型的中间商在执行分销任务时各自有其优势和劣势，分销渠道的设计应充分考虑不同中间商的特征。一些技术性较强的产品，一般要选择具备相应技术能力或设备的中间商进行销售。有些产品（如冷藏产品、季节性产品等）需要特定的储备，就需要寻找拥有相应储备能力的中间商进行经营。零售商的实力较强，经营规模较大，企业就可直接通过零售商经销产品；零售商实力较弱，规模较小，企业只能通过批发商进行分销。

2. 分销渠道的设计

企业的分销渠道是在考虑上述影响因素的基础上设计的，包括确定渠道模式、确定中间商数目及规定渠道成员彼此的权利和责任三个方面的内容。

（1）确定渠道模式（即决定渠道的长度）。

企业分销渠道设计首先要决定采用什么类型的分销渠道，是派推销人员上门推销或以其他形式自销，还是通过中间商分销。如果决定利用中间商分销，还要进一步决定选用什么类型和规模的中间商。

（2）确定中间商数目（即决定渠道的宽度）。

这主要取决于产品本身的特点、市场容量的大小和需求面的宽窄。通常有三种可供选择的形式：密集性分销、独家分销、选择性分销。

（3）规定渠道成员彼此的权利和责任。

在确定了渠道的长度和宽度之后，企业还要规定与中间商彼此之间的权利和责任。对不同地区、不同类型和不同购买量的中间商给予不同的价格折扣，提供质量保证和跌价保证，以促使中间商积极进货。还要规定交货和结算条件，以及彼此为对方提供哪些服务。例如，产方提供零配件，代培训技术人员，协助促销；销方提供市场信息和各种业务统计资料等。

3. 分销渠道的评估

企业在设计分销渠道时，要对可供选择的渠道方案进行评估，根据评估结果选出最有利于实现企业长远目标的渠道方案。评估主要从三个方面进行：经济性标准、控制性标准、适应性标准。

（1）经济性标准。

经济性标准是最重要的标准，是企业营销的基本出发点。经济效益方面主要考虑的是每一条渠道的销售额与成本的关系。一方面，要考虑自销和利用中间商哪种方式销售量大；另一方面，要比较二者的成本。一般来说，利用中间商的成本较企业自销的成本低，但是当销售额增长超过一定水平时，用中间商所花费的成本则越来越高。因此，规模较小的企业或大企业在销售额较小的地区，利用中间商较合算，当销售额达到一定水平后，则宜于设立自己的分销机构自销。

（2）控制性标准。

企业对分销渠道的设计和选择不仅应考虑经济效益，还应该考虑企业能否对其分销渠道实行有效的控制。因为分销渠道是否稳定对于企业能否维持其市场份额，实现其长远目标是至关重要的。

企业对渠道的控制力方面，自销当然比利用中间商更有利。因为中间商是独立的商业机构，主要关心的是能为它带来最高收益的顾客，而不是某个企业生产的产品。而且，中间商也不一定能完全有效地掌握企业产品的技术细节。

（3）适应性标准。

在评估各渠道方案时，还有一项需要考虑的标准，那就是分销渠道是否具有地区适应性、时间适应性和中间商适应性。

1）地区适应性。在某一地区建立产品的分销渠道，应充分考虑该地区的消费水平、购买习惯和市场环境。

2）时间适应性。根据产品在市场上不同时期的适销状况，企业可采取不同的分销渠道与之相适应。例如，季节性产品在非当令季节就比较适合于利用中间商的吸收和辐射能力进行销售；而在当令季节就比较适合于扩大自销比重。

3）中间商适应性。企业应根据各个市场上中间商的不同状态采用不同的分销渠道。例如，在某一市场若有一两个销售能力特别强的中间商，渠道可以窄一点；若不存在突出的中间商，则可采取较宽的渠道。

企业在与中间商签订长期合约时要慎重，因为在签约期内不能根据需要随时调整渠道，将会使渠道失去灵活性和适应性，所以涉及长期承诺的渠道方案，只有在经济效益和控制力方面都十分优越的条件下，才可以考虑。

知识点3：分销渠道的管理

分销渠道管理的实质就是要解决分销渠道中存在的矛盾冲突，提高分销渠道成员的满意度和积极性，促进分销渠道的协调性，提高分销的效率。

1. 选择分销渠道成员

如果企业确定了间接分销渠道，下一步就应做出选择中间商的决策。如果选择得当，能有效地提高分销效率。选择中间商，首先要广泛搜集有关中间商的业务经营、资信、市场范围、服务水平等方面的信息；其次，要确定审核和比较的标准；最后，要说服中间商接受各种条件。

（1）中间商类型。

中间商是指产品从生产者转移到消费者的过程中，专门从事商品流通的企业。

1）按中间商在流通过程中所起的作用划分，分为批发商和零售商。

批发商是指大批量购进商品，又以较小批量转售给其他商业企业的商业组织。批发商按不同标准可以分为不同类型，按商品性质划分，可分为生活资料批发商和生产资料批发商；按业务范围划分，可分为专业批发商和综合批发商；按在流通领域的位置划分，可分为生产地批发商、中转地批发商和销地批发商。

零售商是指直接向最终消费者出售商品的商业组织。零售商可分为两大类，一类是店铺零售，如百货商店、专业商店、超级市场、大卖场等，另一类是无店铺零售，如邮购、自动售货、网店等。

2）按产品流通过程中有无所有权转移，分为经销商和代理商。

经销商是指自己进货，取得商品所有权后再出售的商业企业。

代理商不取得产品的所有权，只是通过与买卖双方的商洽，来完成买卖活动。

(2) 选择中间商的条件。

生产者为自己的产品选择中间商时，有时候可能会面临两种极端情况：一种是生产者可以毫不费力地找到中间商并使之加入分销系统，如一些知名品牌很容易吸引中间商销售它的产品。另一种是生产者必须通过种种努力才能使中间商加入分销系统。不管是哪一种情况，选择中间商必须考虑以下条件：

1）中间商的市场范围。市场范围是选择中间商最关键的考虑因素，选择中间商首先要考虑预定的中间商的经营范围与产品预定的目标市场是否一致，这是最根本的条件。

2）中间商的产品政策。中间商承销的产品种类及组合情况是中间商产品政策的具体体现。选择时一要看中间商的产品线，二要看各种经销产品的组合关系。

3）中间商的地理区位优势。区位优势即位置优势。选择零售商最理想的区位应该是顾客流量较大的地点，选择批发商则要考虑其所处位置是否有利于产品的储存与运输。

4）中间商的产品知识。许多中间商被名牌产品的企业选中，往往是因为其对销售某种产品有专门的经验和知识。选择对产品销售有专门经验的中间商有助于快速打开销路。

5）预期合作程度。中间商与生产企业合作得好，会积极主动地推销企业的产品，这对生产企业和中间商都很重要。有些中间商希望生产企业能参与促销，生产企业应根据具体情况确定与中间商合作的具体方式。

6）中间商的财务状况及管理水平。例如，中间商能否按时结算，对生产企业业务正常有序运作具有重要意义。

7）中间商的促销政策和技术。采用何种方式推销产品及运用什么样的促销技术，这些都直接影响中间商的销售规模和销售速度。有些产品广告促销较合适，有些产品则适合人员销售，有些产品需要有一定的库存量，有些产品则应快速运输，选择中间商时应该慎重考虑这些情况。

8）中间商的综合服务能力。现代商业经营服务项目甚多，选择中间商要看其综合服务能力如何，如售后服务、技术指导、财务援助、仓储等。合适的中间商所提供的服务项目与能力应与企业产品销售要求一致。

2. 渠道冲突与管理

由于分销渠道是由不同的独立利益企业组合而成的，出于对各自物质利益的追求，相互间的冲突是经常的。必须正视渠道冲突，并采取切实措施来协调各方面关系。

(1) 渠道冲突的类型。

渠道冲突有横向冲突和纵向冲突两种类型。

1）横向冲突。横向冲突是指存在于渠道同一层次的渠道成员之间的冲突。例如，某产品在某一市场采取密集型分销策略，其分销商有超市、便利店、大卖场等，由于各家公司的进货数量、进货环节不同引起进货成本的差异，加上各企业不同的促销政策，同一产品在不同类型零售企业中会有不同的零售价。为此，这些商业企业之间有可能发生冲突。

2）纵向冲突。纵向冲突指分销渠道不同层次类型成员之间的冲突，如生产者与批发商之间的冲突、生产者与零售商之间的冲突等。生产者要以高价出售，并倾向于现金交易，而中间商则愿意支付低价，并要求优惠的商业信用；生产者希望中间商只销售自己的产品，中间商只要有销路就不关心销售哪一种产品；生产者希望中间商将折扣让给买方，而中间商却宁肯将折扣让给自己；等等。这些都可能导致纵向冲突。

（2）处理渠道冲突的原则。

冲突是营销管理的推动力量，它能迫使管理阶层不断检讨和改善管理。处理渠道冲突的原则有以下几条：

1）促进渠道成员合作。分销渠道的管理者及成员必须认识到分销渠道网络是一个体系，一个成员的行动常常会对增进或阻碍其他成员实现目标产生很大的影响。生产者必须发现中间商与自己不同的立场，例如，中间商希望经营几个生产者的各种产品，而不希望只经营一个生产者的有限品种。

2）密切关注网络冲突。在分销渠道网络中经常会发生拖欠货款、相互抱怨、推迟完成订货计划等，渠道管理者应关注实际问题或潜在问题，及时收集信息并分析原因。

3）设计解决冲突的策略。例如，从增进渠道成员的满意度出发，采取分享管理权的策略，接受其他成员的建议；在权力平衡的情况下，采取说服和协商的方法；使用权力，用奖励或惩罚的办法，促使渠道成员服从自己的意见。

4）渠道管理者发挥关键作用。合作是处理冲突的根本途径，但要达到目标，渠道管理者应主动地走出第一步，并带头做出合作的努力。

5）渠道成员调整。单纯地注意冲突和增进合作并不一定能保证完成渠道分销任务，有时有些渠道成员确实缺乏必要的条件，如规模太小、专业知识不足、财务状况不良等。此时，就应果断做出调整和改组的决策。

（3）激励渠道成员。

1）了解中间商的特征。激励中间商并使其有良好表现，必须从了解中间商的特征开始。中间商并非受雇于生产者，而是一个独立的经营者。经过一定的实践后，其会安于某种经营方式，自由制定经营政策。中间商经常以顾客的采购代理人为主，而以供应商的销售代理人为辅，任何有销路的产品其都有兴趣经营。中间商试图把所有产品组成产品组合出售。

把握中间商的特征，正是生产者设计激励措施的基础和核心。

2）提供优质产品。为使双方合作朝着健康方向发展，生产者应不断提高产品质量，扩大生产规模，不断满足中间商的要求。唯有如此，双方之间的关系才会长久，才会取得良好的效益。企业的产品优质、畅销，是对中间商最好的激励。

（4）给重要中间商特殊政策。

重要中间商指生产者的主要分销商，其分销积极性至关重要。对于重要中间商，应采取必要的政策倾斜。

1）互相投资、控股。生产者和中间商通过相互投资，成为紧密利益统一体，从经济利益机制上保证双方合作得更一致、更愉快。

2）给予独家经销权和独家代理权。在某一时段、某一地区只选择一家重要中间商来分销产品，有利于充分调动其积极性。

3）建立分销委员会。吸收重要中间商参加分销委员会，共同商量决定产品分销的政策，协调行动，统一思想。

（5）共同促销。

生产者需要不断地进行广告宣传来增强或维持产品的知名度和美誉度，否则中间商可能拒绝经销。同时，生产者也希望中间商承担一定的广告宣传工作。另外，生产者还应经常派人前往一些主要中间商处，协调安排产品陈列、举办产品展览等活动。

（6）人员培训。

生产者应经常向中间商提供人员培训服务，对销售人员和维修人员的培训尤其重要。

（7）协助市场调查。

任何中间商都希望得到充分的商业情报。因此，生产者应协助中间商搞好市场分析和市场调查，并保持良好的沟通状态。实践表明，生产者只有与中间商保持经常的密切的联系，才能减少彼此之间的矛盾。

（8）销售竞赛。

除了销售利润外，生产者还给予销售成绩优秀者一定的奖励。奖励可以是奖金，也可以是奖品，还可以是精神奖励，如在公司的刊物上表扬。

（9）物质利益保证。

为进入市场，扩大市场份额和争取中间商，生产者往往需要给中间商一个具有竞争力的销售量边际利润，这是一种最简单而直接的手段。如果中间商经销产品的利润不高，就会缺少积极性。有的生产者为鼓励重要中间商全心全意地经销本企业产品，承诺“只要认真经销本产品，保证不亏本”。例如，一家企业不直接支付25%的销售佣金，而是按下列标准支付：保持适度的存货，付5%；满足销售配额的要求，付5%；有效地服务顾客，付5%；及时通报顾客的意见及建议，付5%；正确管理应收账款，付5%。

3. 分销渠道评估

生产者除了选择和激励分销渠道成员外，还必须定期评估其绩效。如果某成员的绩效低于既定标准，则需找出主要原因，并考虑可能的弥补办法。

（1）评估方法。

评估中间商的绩效，主要有两种方法可供使用：

1）将各中间商的销售绩效与上期的绩效进行比较，并以整个群体的升降百分比作为评价标准。对低于该群体平均水平的中间商，必须加强评估与激励措施。如果对后进中间商的环境因素加以调查，可能会发现一些不可控因素，如当地经济衰退、主力推销员退休等。对此，生产商就不应对中间商采取惩罚措施。

2）将各中间商的绩效与该地区的销售潜量分析所设立的计划相比较，即在销售期过后，根据中间商实际销售额与其潜在销售额的比率，将各中间商按先后名次进行排列。

（2）评估的内容。

对中间商的评估并不仅仅着眼于销售量的分析，一般比较全面的评估应包括以下内容：

1）检查中间商的销售量及其变化趋势。

2）检查中间商的销售利润及其发展趋势。

3）检查中间商对推销本公司产品的态度是积极的、一般的还是较差的。

4）检查中间商同时经销几种与本企业产品相竞争的产品，其状况如何。

5）检查中间商能否及时发出订货单。

6）检查中间商对用户的服务能力和态度，是否能保证满足用户的需要。

7）检查中间商信用的好坏。

8）检查中间商收集市场情报与提供反馈的能力。

4. 分销渠道成员的调整

对分销渠道成员的调整，即对成员的加强、削弱、取舍或更换。

（1）调整的条件。

对分销渠道成员的调整一般是在以下情况下进行的：

1）合同到期。合同到期后是续签，还是变更合同，或者中断合作？一般地说，没有找到合适的替代者之时，生产者不应该草率终止合作。

2）合同变更和解除。合同的变更指合同没有履行或没有完全履行前，按照法定条件和程序，由当事人双方协商或由享有变更权的一方当事人对原合同条款进行修改或补充。合同的解除是指在合同没有履行或没有完全履行前，按照法定条件和程序，由当事人双方协商或由享有解除权的一方当事人提前终止合同效力。

3）营销环境发生变化。生产者在市场环境发生变化时，可能会发现自己原来所建立的分销渠道网络有缺陷，这时必须对成员进行调整。

（2）调整的内容。

为了适应多变的市场需求，确保渠道的畅通和高效率，对渠道进行必要的调整是必需的，其主要内容有：

1）增减个别中间商。企业在增加或剔除个别中间商时，既要考虑这些中间商对企业产品销量和利益的影响，又要考虑可能对企业整个销售渠道会产生什么影响。

2）增减某个分销渠道。在增加或剔除个别分销渠道时，首要的问题是对不同的分销渠道的运作效益和满足企业要求的程度进行评价，然后比较不同分销渠道的优劣，以剔除运行效果不佳的分销渠道，增加更有效的分销渠道。

3）改进整个分销渠道网络系统。即生产者对原有的分销体系、制度进行通盘调整。这是企业分销渠道改进中难度最大、风险最大的一项决策。因此，在采取这一策略时应进行详细的调研论证，使可能带来的风险损失降到最小。

任务总结

通过对渠道内容的学习，王刚等六人将学习的内容总结如下：

产品从生产者到消费者（或用户）的流通过程，是通过一定的渠道实现的。由于生产者同消费者（或用户）之间存在着时间、地点、数量和所有权等方面的差异和矛盾，只有克服这些差异和矛盾，才能在适当时间、适当地点，按适当数量和价格，把产品从生产者转移到消费者（或用户）手中。

分销渠道根据划分标准不同，可以分为直接渠道、间接渠道，长渠道、短渠道，宽渠道、窄渠道。

分销渠道在进行设计时要考虑多方面因素，如产品因素、市场因素、企业自身因素、环境因素、中间商因素。

企业在设计分销渠道时，要对可供选择的渠道方案进行评估，根据评估的结果选出最有利于实现企业长远目标的渠道方案。评估主要从三个方面进行：经济性标准、控制性标准、适应性标准。

分销渠道管理的实质就是要解决分销渠道中存在的矛盾冲突，提高分销渠道成员的满意度和积极性，促进渠道的协调性，提高分销的效率。

思考与练习

一、关键词汇

分销渠道　　　　分销渠道设计

二、简答题

1. 分销渠道的类型主要有哪些？
2. 长渠道、短渠道的优缺点各有哪些？
3. 影响渠道选择的产品因素有哪些？
4. 生产者选择中间商应注意哪些原则？

三、案例分析

戴尔公司的直销之道

尽管迈克·戴尔被誉为华尔街的赚钱机器，但他从来不被认为是一名技术先锋，其成功大半归结为给计算机业带来翻天覆地变化的“直销飓风”：越过零售商，将产品直接销售给终端用户。正如戴尔所言：“远离顾客无异于自取灭亡。还有许多这样的人——他们以为他们的顾客就是经销商！”

戴尔最爱说的一句话就是：“两点之间，直线最短。”

戴尔公司为何能独领风骚？其经验可归纳为以下5点：

（1）为客户提供“量体裁衣”式服务。

（2）采用零库存运行模式。

（3）速度最快，应用最新的零件技术，快速组装。

（4）销售渠道最短，消费者通过免费直拨电话定制。

（5）网络销售，80%的新客户都通过这一渠道购买戴尔的产品。

依靠直销模式，戴尔公司取得了巨大成功。

分析思考：

戴尔公司成功的原因是什么？

任务四　制定促销策略

任务引入

王刚计划公司在元旦正式开业，随着春节的临近，他们希望能够开展一系列促销活动宣传企业，增加企业的知名度，但此时他们又遇到了新的难题：第一，促销活动有哪些形式？第二，怎样的促销策略才适合自己？第三，怎样开展促销活动？

任务 1：根据王刚的需要，掌握促销组合的四种形式。

任务 2：在具体的营销活动中怎样采用适合的促销策略。

任务分析

促销决策是市场营销的一个重要内容。如何使工商企业生产或经营的产品信息传递给消费者，并有效地对消费者进行外部刺激，增强消费者的需求强度，影响消费者的购买决策过程，诱导消费者购买自己的产品，把潜在消费者转变为自己的现实消费者，是促销决策的目标。

知识链接

知识点 1：促销策略概述

1. 促销的概念和作用

（1）促销的概念。

促销是指企业通过各种有效的方式向目标市场传递有关企业及其产品（品牌）的信息，以启发、推动或创造目标市场对企业产品和服务的需求，并引起购买欲望和购买行为的一系列综合性活动。因此，促销的实质是企业与目标市场之间的信息沟通，促销的目的是诱发购买行为。

（2）促销的作用。

促销在企业经营中的重要性日益显现，其作用有以下几方面：1）提供信息，疏通渠道；2）诱导消费，扩大销售；3）突出特点，强化优势；4）提高声誉，稳定市场。

2. 促销方式

（1）广告宣传。

广告宣传是指工商企业通过一定的媒介物，公开而广泛地向社会介绍企业的营销形式和产品品种、规格、质量、性能、特点、使用方法及劳务信息的一种宣传方式。

（2）人员推销。

人员推销是一种既传统又现代的促销方式，它是指企业派出人员或委托推销人员向目标顾客对商品或服务进行介绍、推广宣传和销售。

（3）公共关系。

公共关系是指工商企业通过种种活动使社会各界公众了解本企业，以取得他们的信赖和好感，从而为企业创造一种良好的舆论环境和社会环境。

（4）营业推广。

营业推广是指工商企业在比较大的目标市场中，为刺激早期需求而采取的能够迅速产生鼓励作用、促进商品销售的一种措施。

3. 促销策略的选择

促销策略在形式上可以分为推式策略和拉式策略两种，如图 6－17 所示。

推式策略是指企业运用人员推销的方式，将产品推向市场，即从生产企业推向中间商，再由中间商推给消费者，故称人员推销策略。拉式策略是指企业运用非人员推销方式

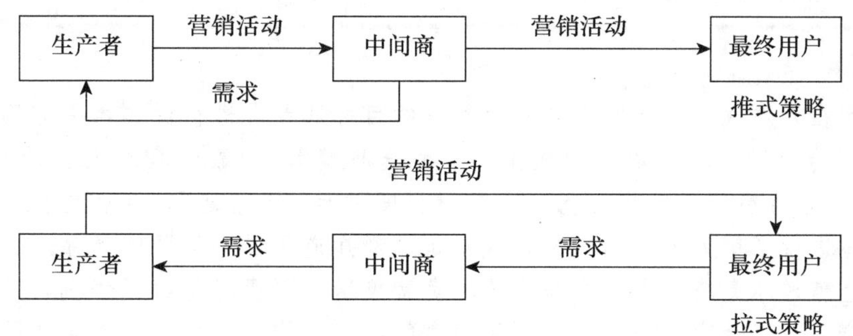

图 6－17　促销策略的主要形式

将消费者拉过来，使其对本企业的产品产生需求，以扩大销售，也称非人员推销策略。选择促销策略应该考虑以下几种因素：

（1）产品的性质。

一般来说，高技术的工业品偏向人员推销，而生活消费品，由于技术性较差、标准化程度高、市场面广、消费者人数多，宜于采用非人员促销。

（2）产品的市场生命周期。

1）产品的投入期：该时期企业的促销目标就是让消费者认识和了解产品，因此需要采用广告宣传，辅之以人员推销。

2）产品的成长期：该时期销售量迅速增长，企业的促销目标是进一步引起消费者的购买兴趣，激发其购买行为，因此应着重宣传产品特点，以改变消费者使用产品的习惯，逐渐对产品产生偏好。

3）产品的成熟期：该时期企业的促销目标主要是巩固老主顾，增加消费者对产品的信任感，保持市场占有率，因此，应尽可能多地运用公共关系宣传，以提高企业和产品的声誉。

4）产品的衰退期：该时期企业的促销目标主要是使一些老用户继续信任本企业的产品，坚持购买，因此，促销方式应以营业推广为主，辅之以公共关系和广告宣传。

（3）市场性质。

向小规模本地市场促销，应以人员推销为主；若是广泛的市场，如全国市场或全球市场，则应以广告和文字宣传为主。

市场比较集中，渠道短，销售力量强，产品需经过示范、退换的，应采用人员促销策略；产品销售分散，渠道多而长，产品差异性大，消费趋势已很明显，有必要快速告知消费者的，最好采用非人员促销策略。

消费品市场买主多而分散，主要用广告宣传和营业推广吸引顾客；生产资料市场的用户少而销售额却大得多，应以人员推销为主。

（4）促销费用。

一般情况下，广告宣传的费用较高，人员推销次之，营业推广花费较少，公共关系的费用最少。企业在选择促销方式时，要根据自身的资金状况，以能否支持某一促销方式的顺利进行为标准，同时，投入的促销费用要符合经济效益原则。

促销方式的选择，还应考虑不同类型的顾客购买时间、竞争环境等因素。

营销案例

伊利集团在开发武汉市场时，首先对武汉的目标消费者进行促销，一方面在报纸上开展公关广告宣传活动——“昭君回故里，伊利送真情”。内蒙古和湖北在历史上有渊源，这就是王昭君。“古有昭君千里出塞，今有伊利集团千里大赠送”，开展这样一个公关活动后，新闻媒体进行了铺天盖地的宣传，武汉市民都知道了伊利集团的产品。另一方面，免费向中小学生赠送冰激凌。通过广告宣传和免费赠送，消费者了解了伊利，开始去零售店购买伊利的产品。经销商在报纸上看到了伊利的广告宣传，又看到消费者在购买伊利的产品，就意识到销售机会来了，销售伊利集团产品的积极性大大提高。

知识点 2：广告宣传

1. 广告概述

（1）广告的概念。

广告（Advertising）一词源于拉丁语（Advertere），有“注意”“诱导”“大喊大叫”“广而告之”之意。广告作为一种传递信息的活动，是企业在促销中应用最广的促销方式。市场营销学中探讨的广告，是一种经济广告。也就是说，市场营销学中的广告是广告主以促进销售为目的，付出一定的费用，通过特定的媒体传播商品或劳务等有关经济信息的大众传播活动。

（2）广告的构成要素。

一个典型的广告活动由以下五个要素构成：

1）广告主：指发布广告的单位和个人。

2）广告媒体：指传递信息的载体。

3）广告费用：指广告主开展广告活动所需支付的各种费用，包括广告调研费、设计制作费、广告媒体费等。

4）广告受众：即接受广告信息的人。

5）广告信息：指广告的具体内容。

（3）广告的特点与作用。

广告的特点：1）传播面广；2）传递速度快；3）表现力强。

广告的作用：1）传递信息，沟通产需（最基本的作用）；2）创造需求，促进销售；3）树立形象，加强竞争；4）介绍知识，指导消费；5）树立企业信誉和产品形象；6）丰富生活，陶冶情操；7）为业务联系提供方便和支持。

2. 广告目标的确定

（1）告知性目标。

告知性目标又称开拓性目标、介绍性目标。广告的目的主要是向市场介绍新产品，使潜在顾客了解新产品，提高顾客对新产品的认知率。

（2）说服性目标。

说服性目标又称竞争性目标，即强调本企业产品的优势以及与竞争对手的明显差异，以确保顾客对产品有足够的关注和购买欲望，说服顾客购买本企业产品。

（3）产品销售目标。

以提高产品销量为目标。

(4) 提示性目标。

提示性目标又称提醒性目标，它的目的不是劝说顾客购买本企业产品，而是要让顾客保持对产品的记忆。

3. 广告媒体的选择

广告媒体的种类很多，不同类型的广告媒体有不同的特性。目前比较常用的广告媒体有报纸、杂志、广播、电视、互联网、户外广告、邮寄等。

不同广告媒体的市场覆盖面、市场反应程度、可信性等均有不同的特点，具体见表6-5。

表6-5 不同广告媒体的特点

广告媒体种类	覆盖面	反应程度	可信性	寿命	保存价值	信息量	制作费用	吸引力
报纸	广	好、快	好	较短	较好	大而全	较低	一般
杂志	较窄	差、慢	好	长	好	大而全	较低	好
广播	广	好、快	较好	很短	差	较小	低廉	较差
电视	广	好、快	好	很短	差	较小	很高	好
互联网	广	较快	较好	短	差	一般	高	一般
户外广告	较窄	较快	较差	较长	较好	较小	低	较好
邮寄	很窄	较慢	较差	较长	较好	大而全	高	一般

选择广告媒体应关注以下几点：(1) 产品的性质；(2) 消费者接触媒体的习惯；(3) 媒体的传播范围；(4) 媒体的影响力；(5) 媒体的费用。

4. 广告策略

广告策略是指实现、实施广告战略的各种具体手段与方法。常用的广告策略有以下几种。

(1) 象征广告策略。

这种广告策略主要是为了调动心理效应而制定的。企业借用一种东西、符号或人物来代表商品，以此种形式来塑造企业的形象，给予人们情感上的感染，唤起人们对产品质地、特点、效益的联想。由于把企业和产品的形象高度概括和集中在某一象征上，有益于记忆及扩大影响。

(2) 塑造企业形象广告策略。

这种广告策略适用于老厂、名厂的传统优质名牌产品，主要是强调企业规模及历史性，在消费者心目中树立领导者地位。

(3) 承诺式广告策略。

即企业为使其产品赢得用户的信赖而在广告中做出某种承诺。值得提出的是，承诺式广告的应用，在老产品与新产品上产生的感受力度和信任程度有所不同。承诺式广告策略的真谛是：所做出的承诺，必须确实能够达到。

(4) 情感广告策略。

情感广告策略的最佳表现手法是塑造消费者使用该产品后的欢乐气氛，通过表现消费者心理上的满足，使广告受众保持对该产品的好感。

(5) 资讯广告策略。

这主要是针对理智购买的消费者而采用的广告策略，以真实可信的手法，让消费者获得产品的资讯。

小知识

宝洁公司的海飞丝宣传的是“头屑去无踪，秀发更出众”，飘柔是“头发更飘、更柔”，潘婷则是“拥有健康，当然亮泽”。显然，这些广告都注重简明性，使广告受众能够在较短的时间理解广告主的传播意图，了解品牌个性，有利于提高广告传播效果。

（6）推荐式广告策略。

企业自卖自夸，未必能说服人。于是，就要采用第三者向消费者强调某商品或某企业的特征的推荐式广告策略，以取得消费者的信赖。专家权威的肯定、科研部门的鉴定、历史资料的印证、科学原理的论证等都是一种很有力的证言，可以产生“威信效应”，从而引导消费者的信任。在许多场合，人们产生购买动机，是因为接受了有威信的宣传。

（7）猜谜式广告策略。

即不直接说明是什么商品，而是将商品渐次地表现出来，让消费者怀着好奇加以猜测，然后一语道破。这种策略适用于尚未发售的商品。猜谜式广告策略看起来似乎延缓了广告内容的出台时间，其实却延长了人们对广告的感受时间。通过悬念的出现，使原来呈纷乱状态的顾客心理指向，在一定时间内围绕特定对象集中起来，为顾客接受广告内容创造了比较好的感受环境和心理准备。

营销案例

益达广告：酸甜苦辣，百味人生

“嘿，你的益达！”“不，是你的益达！”一段经典对白，早在几年前被人们熟知，这就是益达早期的广告。

“给我一个吻，可以不可以……”悠扬的歌声伴随着轰鸣的机车马达，益达就这么走进我们的生活中。一句“兄弟，加满”拉开了益达“酸甜苦辣”的缘起（见图 6-18）。缘分像杯烈酒，浓烈而回味无穷。

图 6-18 益达酸甜苦辣广告

益达广告的成功，并不只取决于一句“关爱牙齿，更关心你”，而是其丰富的广告内容，故事内容连起来就是一部微电影。及至今日，益达“微电影”第三季已经完结，广告充满人生哲理，苦尽甘来才能体会人生百味，耐人寻味。益达通过两个人的爱情故事，以及多年后女子学厨的历练，给人们呈现了人生的酸甜苦辣（见图6-19），百味人生却难于启口。

酸——辛酸是一种历练

甜——甜过了头是会腻的

苦——苦尽甘来……还是不来

辣——“嫩姜”的辣欠火候

图6-19 益达系列广告

5. 广告效果的测定

（1）广告传播效果的测定。

其内容一般包括以下几方面：

1）对广告注意度的测定。指各种广告媒体吸引人的程度和范围，主要测定读者比率、收听率、收看率、点击率等。

2）对广告记忆度的测定。指消费者对于广告的主要内容，如企业名称、产品名称、广告语等记忆度的测定，从中检查广告主题是否鲜明、突出。

3）对广告理解度的测定。指消费者对广告内容、形式理解度的测定，从中可以检查广告设计和制作中存在的问题并加以解决。

4）对购买动机形成的测定。了解广告与消费者购买动机形成之间的关系，进而研究广告在促销中的作用，为企业调整营销策略提供依据。

衡量广告传播效果主要利用以下指标：

1）接收率。接收率指接收某种媒体广告信息的人数占该媒体总人数的比率。接收率往往只是指接收信息的广度，为了全面评价广告传播效果，还应使用深度指标。

$$接收率=\frac{接收广告信息的人数}{接触该媒体的总人数}\times 100\%$$

2）认知率。认知率指接收到广告信息的人中，真正理解广告内容的人所占的比率，这一指标真正反映广告传播效果的深度。

$$认知率=\frac{理解广告内容的人数}{接收广告信息的人数}\times 100\%$$

（2）广告销售效果的测定。

广告传播效果不等于广告销售效果，传播效果良好不意味着就能提高销量。因此，越来越多的企业在关注广告传播效果的同时，开始关注广告对企业销售的直接促进作用。在对广告销售效果进行测定时，企业经常会将广告费用的增加与销售额的增加进行比较，其计算公式是：

$$广告效果比率=\frac{销售额增加率}{广告费用增加率}$$

知识点3：人员推销

1．人员推销概述

（1）人员推销的定义。

人员推销（Personal Selling）是指企业运用推销人员直接向顾客介绍、说服和解答工作，促使顾客了解、偏爱本企业的产品，进而采取购买行为的一种促销方式。

（2）人员推销的特点。

1）销售的针对性。与顾客直接沟通是人员推销的主要特征。由于是双方直接接触，有利于销售人员有针对性地做好沟通工作，消除消费者的各种疑虑，引导购买欲望。

2）销售的有效性。人员推销的又一特点是提供产品实证，销售人员通过展示产品、解答质疑、指导产品使用方法，使目标顾客能当面接触产品，从而确信产品的性能和特点，易于引发购买行为。

3）密切买卖双方关系。销售人员与消费者直接打交道，交往中会逐渐产生信任和理解，建立起良好的关系，容易培育出忠诚消费者，稳定企业销售业务。

4）信息传递的双向性。在推销过程中，销售人员一方面把企业信息及时、准确地传递给目标顾客；另一方面把市场信息、顾客（客户）的要求及意见、建议反馈给企业，为企业调整营销方针和政策提供依据。

人员推销的缺点主要表现在两个方面：一是支出较大，成本较高；二是对推销人员的要求较高。

（3）人员推销的任务。

1）顺利销售产品，扩大产品的市场占有率，提高产品知名度。企业经营的中心任务就是占领和开拓市场，而推销员正是围绕这一中心任务开展工作的。推销员的重要任务就是利用其“千里眼”和“顺风耳”，在复杂的市场中寻找新的、尚未满足的消费需求。他们不仅要说服顾客购买产品，沟通与老顾客的关系，而且还要善于培养和挖掘新顾客，并根据顾客的不同需求，实施不同的推销策略，不断扩大市场领域，促进企业生产的发展。

2）沟通信息。顾客可通过推销员了解公司的经营状况、经营目标、产品性能、用途、特点、使用、维修、价格等方面的信息。推销员也应及时了解顾客需求、需求特点和变化趋势，了解竞争对手的经营情况，了解顾客的购后感觉、意见和看法等，为公司制定有关政策、策略提供依据。

3）推销产品，满足顾客需要，实现产品价值转移。推销员在向顾客推销产品时，必须明确他推销的不是产品本身，而是隐藏在产品背后的对顾客的一种建议，即告诉顾客，通过购买产品，他能得到哪些方面的满足。

4）提供良好的服务。推销员在推销过程中，应积极向顾客提供多种服务，如业务咨询、技术咨询、信息咨询等。推销中的良好服务能够增强顾客对企业及其产品的好感和信赖。

2．人员推销的对象、形式和策略

（1）人员推销的对象。

1）向消费者推销。

2）向生产者推销。

3）向中间商推销。

（2）人员推销的基本形式。

1）上门推销。上门推销是最常见的人员推销形式，即由推销人员携带产品样品、说明书和订单等走访顾客，推销产品。这种推销形式可以针对顾客的需要提供有效的服务，方便顾客，故为顾客广泛认可和接受。

2）柜台推销。柜台推销又称门市，是指企业在适当地点设置固定门市，由营业员接待进入门市的顾客，进而推销产品。门市的营业员是广义的推销员。柜台推销与上门推销正好相反，它是等客上门式的推销方式。由于门市里的产品种类齐全，能满足顾客多方面的购买要求，为顾客提供较多的购买便利，并且可以保证产品完好无损，故顾客比较乐于接受这种方式。

3）会议推销。会议推销是指利用各种会议向与会人员宣传和介绍产品，开展推销活动。例如，在订货会、交易会、展览会、物资交流会等会议上推销产品。这种推销形式接触面广、推销集中，可以同时向多个推销对象推销产品，成交额较大，推销效果较好。

（3）人员推销的基本策略。

在人员推销活动中，一般采用以下三种基本策略：

1）试探性策略。试探性策略又称刺激-反应策略。就是在不了解客户需要的情况下，事先准备好要说的话，对客户进行试探；同时密切注意对方的反应，然后根据反应进行说明或宣传。

2）针对性策略。针对性策略又称配合-成交策略。这种策略的特点是事先基本了解客户某些方面的需要，然后有针对性地进行“说服”，当讲到“点子”上引起客户共鸣时，就有可能促成交易。

3）诱导性策略。诱导性策略又称诱发-满足策略。这是一种创造性推销，即首先设法引起客户需要，再说明自己所推销的这种服务或产品能较好地满足这种需要。这种策略要求推销人员有较高的推销技术，使客户在“不知不觉”中成交。

3．人员推销的步骤

一般来说，人员推销包括以下几个步骤。

（1）寻找顾客。

寻找顾客有很多种办法，如地毯式访问法、连锁介绍法、中心开花法、个人观察法、广告开拓法、市场咨询法、资料查阅法等。寻找顾客的目标是找到准顾客。准顾客是指一个既可以获益于某种推销的商品，又有能力购买这种商品的个人或组织。

（2）顾客资格审查。

两大公司各派一名推销员到某地去推销皮鞋，开拓新市场。到达目的地之后，两个推销员各自给总公司拍了一封电报，其中之一是："此地无市场，因为所有的人不穿鞋子"；另一个是："此地市场潜力很大，因为所有的人都没有鞋子可穿"。在对顾客进行资格审查时，着眼点不一样，结果就不一样。

（3）约见。

推销人员事先征得顾客同意后，即可约见顾客。

（4）接近。

常用的接近方法有以下几种。

1）产品接近法：推销人员直接利用推销的产品引起顾客注意。这种方法适用于本身有吸引力、轻巧、质地优良的商品。

2）利益接近法：利用商品的实惠引起顾客注意和兴趣。

3）问题接近法：推销人员来用提问或与顾客讨论问题的方式接近顾客。

4）馈赠接近法：推销人员利用赠品来引起顾客注意和兴趣。

推销人员接近顾客时，一定要信心十足，面带微笑。国外推销人员平时非常注意微笑训练，甚至有人发明了"G字微笑练习法"，即每天早晨起床后对着镜子念英文字母G，通过训练把微笑变成一件十分自然的事情。

（5）面谈。

面谈是整个推销过程的关键性环节。推销工作的一条黄金法则：不与顾客争吵。在面谈中顾客往往会提出各种各样的购买异议，这些异议可分为以下几点：

1）需求异议：顾客自以为不需要推销的商品。

2）财力异议：顾客自以为无钱购买推销品。

3）权力异议：决策权力异议，指顾客自以为无权购买推销品。

4）产品异议：指顾客自以为不应该购买推销品。

5）价格异议：指顾客自以为推销品价格过高。

另外，还有货源异议、推销人员异议、购买时间异议等。

推销人员应注意语言技巧，如加油站的工作人员与其说"您需要加多少油?"不如说"我为您把油加满吧!"饮食店招待员把"您喝点什么?"改为选择性问句"您是喝咖啡，还是果汁?"这样的问话使顾客感到难以完全拒绝。

在交易中促使顾客额外购买某些产品还是有可能的，但与问话很有关系，"您看一看，想买些什么?"这样的问话毫无意义，很多顾客会不假思索地回答"什么也不买"。

4. 人员推销的管理

（1）推销人员的素质。

1）态度热忱，勇于进取。

2）求知欲强，知识广博。

3）文明礼貌，善于表达。

4）富于应变，技巧娴熟。

营销案例

乔·吉拉德的销售秘诀

乔·吉拉德（见图 6－20）因售出 13 000 多辆汽车创造了商品销售最高纪录而被载入吉尼斯大全。他曾经连续 15 年成为世界上售出新汽车最多的人，其中 6 年平均售出汽车 1 300 辆。销售是需要智慧和策略的事业。在每位推销员的背后，都有自己独特的成功诀窍，那么，乔·吉拉德的推销业绩如此辉煌，他的秘诀是什么呢？

图 6－20　乔·吉拉德

一、250 定律：不得罪一个顾客

在每位顾客的背后，都大约站着 250 个人，这是与他关系比较亲近的人：同事、邻居、亲戚、朋友。

如果一个推销员在年初的一个星期里见到 50 个人，其中只要有两个顾客对他的态度感到不愉快，到了年底，由于连锁影响就可能有 5 000 个人不愿意和这个推销员打交道，他们知道一件事：不要跟这位推销员做生意。

这就是乔·吉拉德的 250 定律。由此，乔·吉拉德得出结论：在任何情况下，都不要得罪哪怕是一个顾客。

在乔·吉拉德的推销生涯中，他每天都将 250 定律牢记在心，抱定生意至上的态度，时刻控制着自己的情绪，不因顾客的刁难，或是不喜欢对方，或是自己心绪不佳等原因而怠慢顾客。乔·吉拉德说："你只要赶走一个顾客，就等于赶走了潜在的 250 个顾客。"

二、名片满天飞：向每一个人推销

每一个人都使用名片，但乔·吉拉德的做法与众不同：他到处递送名片，在餐馆就餐付账时，他要把名片夹在账单中；在运动场上，他把名片大把大把地抛向空中。名片漫天飞舞，就像雪花一样，散落在运动场的每一个角落。你可能对这种做法感到奇怪。但乔·吉拉德认为，这种做法帮他做成了一笔笔生意。

乔·吉拉德认为，每一位推销员都应设法让更多的人知道他是干什么的，销售的是什么商品。这样，当他们需要他的商品时，就会想到他。乔·吉拉德抛撒名片是一件非同寻常的事，人们不会忘记这种事。

当人们买汽车时，自然会想起那个抛撒名片的推销员，想起名片上的名字：乔·吉拉德。同时，要点还在于，有人就有顾客，如果你让他们知道你在哪里，你卖的是什么，你就有可能得到更多的生意机会。

三、建立顾客档案：更多地了解顾客

乔·吉拉德说："不论你推销的是什么东西，最有效的办法就是让顾客真心相信你喜欢他、关心他。"

如果顾客对你抱有好感，你成交的希望就增加了。要使顾客相信你喜欢他、关心他，那你就必须了解顾客，搜集顾客的各种有关资料。

乔·吉拉德中肯地指出："如果你想要把东西卖给某人，你就应该尽自己的力量去收集他与你的生意有关的情报……不论你推销的是什么东西。如果你每天肯花一点时间来了解自己的顾客，做好准备，铺平道路，那么，你就不愁没有自己的顾客。"

刚开始工作时，乔·吉拉德把搜集到的顾客资料写在纸上，塞进抽屉里。后来，有几次因为缺乏整理而忘记追踪某一位准顾客，他开始意识到自己动手建立顾客档案的重要性。他去文具店买了日记本和一个小小的卡片档案夹，把原来写在纸片上的资料全部做成记录，建立起他的顾客档案。

乔·吉拉德认为，推销员应该像一台机器，具有录音机和电脑的功能，在和顾客交往的过程中，将顾客所说的有用情况都记录下来，从中把握一些有用的材料。

乔·吉拉德说："在建立顾客档案时，你要记下有关顾客和潜在顾客的所有资料，他们的孩子、嗜好、学历、职务、成就、旅行过的地方、年龄、文化背景及其他任何与他们有关的事情，这些都是有用的推销情报。所有这些资料都可以帮助你接近顾客，使你能够有效地跟顾客讨论问题，谈论他们感兴趣的话题。有了这些材料，你就会知道他们喜欢什么，不喜欢什么，你可以让他们高谈阔论、兴高采烈、手舞足蹈……只要你有办法使顾客心情舒畅，他们不会让你大失所望。"

四、猎犬计划：让顾客帮助你寻找顾客

乔·吉拉德认为，干推销这一行，需要别人的帮助。乔·吉拉德的很多生意都是"猎犬"（那些会让别人到他那里买东西的顾客）帮助的结果。乔·吉拉德的一句名言就是："买过我汽车的顾客都会帮我推销。"

在生意成交之后，乔·吉拉德总是把一叠名片和猎犬计划的说明书交给顾客。说明书告诉顾客，如果他介绍别人来买车，成交之后，每辆车他会得到25美元的酬劳。

几天之后，乔·吉拉德会寄给顾客感谢卡和一叠名片。以后至少每年，顾客都会收到乔·吉拉德的一封附有猎犬计划的信件，提醒他乔·吉拉德的承诺仍然有效。如果乔·吉拉德发现顾客是一位领导人物，其他人会听他的话，那么，就会更加努力促成交易并设法让其成为猎犬。实施猎犬计划的关键是守信用——一定要付给顾客25美元。

五、推销产品的味道：让产品吸引顾客

每一种产品都有自己的味道，乔·吉拉德特别善于推销产品的味道。与"请勿触摸"的做法不同，乔·吉拉德在和顾客接触时总是想方设法让顾客先"闻一闻"新车的味道。

他让顾客坐进驾驶室，握住方向盘，自己触摸操作一番。

如果顾客住在附近，乔・吉拉德还会建议他把车开回家，让他在自己的太太、孩子面前炫耀一番，顾客会很快地被新车的“味道”陶醉了。根据乔・吉拉德的经验，凡是坐进驾驶室把车开上一段距离的顾客，没有不买他的车的。即使当时不买，不久后也会来买。新车的“味道”已深深地烙印在他们的脑海中，使他们难以忘怀。

乔・吉拉德认为，人们都喜欢自己来尝试、接触、操作，人们都有好奇心。不论你推销的是什么，都要想方设法展示你的商品，而且要记住，让顾客亲身参与，如果你能吸引住他们的感官，那么你就能掌握住他们的感情了。

六、诚实：推销的最佳策略

诚实，是推销的最佳策略，而且是唯一的策略。但绝对的诚实却是愚蠢的。推销容许谎言，这就是推销中的“善意谎言”原则，乔・吉拉德对此认识深刻。

诚为上策，这是你所能遵循的最佳策略。可是策略并非法律或规定，它只是你在工作中用来追求最大利益的工具。因此，诚实有一个程度的问题。

推销过程中有时需要说实话，一是一，二是二。说实话往往对推销员有好处，尤其是推销员所说的，顾客事后可以查证的事。

乔・吉拉德说：“任何一个头脑清醒的人都不会卖给顾客一辆六汽缸的车，而告诉对方他买的车有八个汽缸。顾客只要一掀开车盖，数数配电线，你就死定了。”

如果顾客和他的太太、孩子一起来看车，乔・吉拉德会对顾客说：“你这个小孩真可爱。”这个小孩也可能是有史以来最难看的小孩，但是如果要想赚到钱，就绝对不可以这么说。

乔・吉拉德善于把握诚实与奉承的关系。尽管顾客知道乔・吉拉德所说的不尽是真话，但他们还是喜欢听人拍马屁。少许几句赞美，可以使气氛变得更愉快，使顾客没有敌意，推销也就更容易成交。

七、每月一卡：真正的销售始于售后

乔・吉拉德有一句名言：“我相信推销活动真正的开始在成交之后，而不是之前。”推销是一个连续的过程，成交既是本次销售活动的结束，又是下次销售活动的开始。推销员在成交之后继续关心顾客，将会既赢得老顾客，又能吸引新顾客，使生意越做越大，客户越来越多。

乔・吉拉德每个月要给他的1万多名顾客寄去一张贺卡。一月份祝贺新年，二月份纪念华盛顿诞辰日……凡是在乔・吉拉德那里买了汽车的人，都收到了乔・吉拉德的贺卡，也就记住了乔・吉拉德。

正因为乔・吉拉德没有忘记自己的顾客，顾客才不会忘记乔・吉拉德。

（2）推销人员的甄选与培训。

企业甄选推销人员的基本标准主要有以下几种：一是感召力，即善于从顾客角度考虑问题，并使顾客接受自己；二是挑战力，即具有视各种疑义、拒绝或障碍为挑战的心理；三是自我驱动力，即具有完成销售任务的强烈愿望。

企业甄选推销人员的途径有两种：一是从企业内部选拔；二是从企业外部招聘。

培训推销人员的方法很多，常采用的方法有三种：一是讲授培训；二是模拟培训；三是实践培训。

(3) 推销人员的考核与评价。

1) 考评资料的收集：推销人员的销售工作报告、企业销售记录、顾客及社会公众的评价、企业内部员工的意见。

2) 考评标准的建立：常用的推销人员绩效考核指标主要有两类，即基于成果的考核和基于行为的考核。

3) 考评的方法：横向比较法和纵向比较法。

(4) 推销人员的奖励。

奖励推销人员的方式主要有单纯薪金制、单纯佣金制和混合奖励制三种。

1) 单纯薪金制。单纯薪金制又称固定薪金制，是指在一定时间内，无论推销人员的销售业绩是多少，都获得固定数额报酬的形式。具体说来就是"职务工资＋岗位工资＋工龄工资"。

2) 单纯佣金制。单纯佣金制是指与一定期间的销售业绩直接相关的报酬形式，即按销售基准的一定比率获得佣金。单纯佣金制的具体形式又有单一佣金和多重佣金（累退制和累进制）、直接佣金和预提佣金之分。

3) 混合奖励制。混合奖励制兼顾激励性和安全性的特点。当然，混合奖励制有效的关键在于薪金、佣金和分红的比率。一般来说，混合奖励中的薪金部分应大到足以吸引有潜力的推销人员；同时，佣金和分红部分大到足以刺激他们努力工作。

混合奖励的常用形式有：薪金＋佣金、薪金＋分红奖励、佣金＋分红奖励、薪金＋佣金＋分红奖励、薪金＋佣金＋分红奖励＋期权。

除了上述三种奖励形式以外，还有特别奖励，就是在正常奖励之外所给予的额外奖励，包括经济奖励和非经济奖励。非经济奖励包括给予荣誉、表扬记功、颁发奖章等。特别奖励的具体形式有业绩特别奖、销售竞赛奖等。

知识点 4：公共关系

1. 公共关系概述

(1) 公共关系的概念。

公共关系（Public Relations）又称公众关系，简称"公关"。按照美国公共关系协会的解释，"公共关系有助于组织（企业）和公众相适应"，包括设计用来推广或保护一个企业形象及其品牌产品的各种计划。也就是说，公共关系是指企业在市场营销活动中正确处理企业与社会公众的关系，以便树立品牌和企业的良好形象，从而促进产品销售的一种活动。

(2) 公共关系的特征。

1) 公共关系是一定社会组织与其相关的社会公众之间的相互关系。

2) 公共关系的目标是为企业广结良缘，在社会公众中创造良好的企业形象和声誉。

3) 公共关系的活动以真诚合作、平等互利、共同发展为基本原则。

4) 公共关系是一种信息沟通，是创造"人和"的艺术。

5) 公共关系是一种长期活动。

(3) 公共关系的对象。

公共关系工作的对象是公众。所谓公众，是指与工商企业经营管理活动发生直接或间接联系的社会组织和个人，包括顾客、供应厂商、新闻媒介单位、社区、上级主管部门、企业内部职工等。

（4）公共关系的原则。

1）真实性原则。追求真实是现代公共关系工作的基本原则。尤其是现代社会，信息及传媒手段空前发达，这使得任何组织都无法长期封锁消息、控制消息，以隐瞒真相、欺骗公众。正如美国前总统林肯所说，你可以在某一时刻欺骗所有人，也可以在所有时刻欺骗某些人，但你绝对不能在所有时刻欺骗所有人。真相总会被人知道。因此公共关系强调真实原则，要求公关人员实事求是地向公众提供真实信息，以取得公众的信任和理解。

2）平等互利原则。对于一个社会组织而言，当然应该追求自身利益的最大化，但很多组织在这一过程中却迷失了方向。有的为求得一时之利，却失去更多，有的甚至什么也没得到。造成这种现象的根本原因就在于：利益从来都是相互的，从来没有一厢情愿的利益。人们常说：与人方便就是与己方便。对社会组织而言，只有在互惠互利的情况下，才能真正达到自身利益的最大化。

组织的公共关系工作之所以有成效、之所以必要，恰恰在于它能协调各方的利益，通过公共关系，可以实现各方利益的最大化，这也是具备公关意识的组织和不具备公关意识的组织的最大区别。

3）整体一致原则。社会组织在开展公共关系活动时，要站在“社会”的高度，综合考虑活动可能产生的社会经济效益、社会生态效益及对社会精神文明建设的影响，使诸方面均符合公众的长期利益和根本利益。这种力求使诸因素效益一致的思想和做法即是公共关系工作整体一致原则的体现。

在社会文明不断发展的当今社会，越来越多的社会组织认识到坚持社会整体效益的重要性，在公共关系工作中主动贯彻整体一致思想，严格按整体一致原则办事，在社会上产生了积极影响。

4）全员公关原则。一个组织公关工作的开展，不仅要依靠专职公关机构和公关人员的不懈努力，而且有赖于组织各部门和全体员工的配合。组织的全体成员都要树立公共关系观念，都要关注并参与公共关系工作，都要为公共关系工作做出贡献。

2. 公共关系的活动方式

（1）宣传性公关。

宣传性公关是指通过各种传播媒介的宣传活动，达到建立良好公共关系网络目的的公共关系活动模式。其特点是主导性、时效性强，沟通面广，通过信息传播活动对内可以鼓舞士气，对外可以向社会公众宣传自己，形成有利于本组织的社会舆论。宣传性公关的主要活动方式有两种：一种是公关广告。其优点是企业有主动权，但掌握不好会有“自吹”之嫌。另一种是通过新闻报道、经验介绍、记者招待会等方式进行宣传。其优点是效果好，但局限性大，必须注意选择和抓住机会。

（2）征询性公关。

征询性公关是指以提供信息服务为主的公共关系模式。它通过舆论调查、民意测验、新闻监测等方式，了解并掌握有关信息和社会动态，为组织决策提供参考，保持组织与社会环境之间的动态平衡。

征询性公共关系具有长期性、复杂性和艰巨性的特点，需要日积月累、持之以恒，以及耐力和诚意，须设立专门的信息渠道，由专人负责。一旦取得了公众的配合，那么组织就会成为“千里眼”和“顺风耳”，就能够对民意和舆论的变动做出及时的反映。

（3）交际性公关。

交际性公关指不借助其他媒介，而只在人与人的交往中开展公关活动。其特点是无媒介的人际接触，具有直接性、灵活性和人情味，能使人际沟通进入“情感”层次，这对于巩固公众对组织的支持态度是十分重要的。

（4）服务性公关。

服务性公关指企业组织向社会公众提供的各种附加服务和优质服务的公共关系活动。其目的在于以实际行动使目标公众得到实惠。通过提高公众满意度，塑造良好的组织形象，争取公众的支持，增强组织的市场竞争力，促进组织的稳步发展。服务性公关的特点是依靠自身做好实际工作，其特别媒介是服务，而不是依靠宣传。所以，它基本上仍是人际直接传播形式，传播符号多种，人情味十足，反馈灵敏，调整迅速。

（5）赞助性公关。

赞助性公关指组织通过无偿地提供资金或物质对各种社会公益事业做出贡献，以提高社会声誉，树立良好社会形象的公关专题活动。赞助性公关既可以为社会公益事业的顺利发展提供保障，又可以为各类组织的不断发展创造和谐的社会环境。

3. 公共关系的工作程序

开展公共关系活动，其基本程序包括调查、策划、实施和评估四个步骤。

（1）公共关系调查。

公共关系调查是指社会组织通过运用科学方法，搜集公众对组织主体的评价资料，进而对主体公共关系状态进行客观分析的一种公共关系实务活动。公关调查作为公关工作程序的基础步骤和首要环节，对组织的整个公关活动具有重要意义。

（2）公共关系策划。

在完成了调查研究以后，公关活动就进入了制订计划阶段。这是公共关系工作中最富有创意的部分。公共关系策划可以分成战略策划和战术策划两个部分。战略策划指对组织整体形象的规划和设计，因为这个整体形象将会在相当长一段时间内连续使用，关系到组织的长远利益。而战术策划则是指对具体公共关系活动的策划与安排。制订公关计划，最根本的任务就是组织形象的战略策划。在每一次具体公关活动中，公关部门究竟要完成什么任务，首先取决于在计划阶段的形象设计。只有在此基础上，组织才能进一步策划具体的公关活动。换言之，离开了组织形象的战略策划，具体的公关活动就失去了灵魂，变成了一种效益低下的盲目投资，有时甚至会产生负面的效果。

（3）公共关系实施。

计划制订好之后，就进入了实施阶段。公共关系活动的性质非常复杂，以传播性活动为主。要获得理想的传播效果，需要正确选择传播渠道。

（4）公共关系评估。

公共关系工作程序的第四步就是对公共关系活动效果的总结评估。所谓总结评估，就是有关专家或机构依据科学的标准和方法，对公共关系的整体策划、准备过程、实施过程和实施效果进行测量、检查、评估和判断。

知识点5：营业推广

1. 营业推广概述

（1）营业推广的概念。

营业推广（Sales Promotion）又称销售促进，是指企业在短期内刺激消费者或中间商对某种或几种产品或服务产生大量购买的促销活动。

（2）营业推广的作用。

1）可以吸引消费者购买。这是营业推广的首要目的，尤其是在推出新产品或吸引新顾客方面。营业推广的刺激比较强，较易吸引顾客的注意力，使顾客在了解产品的基础上采取购买行为，也可能使顾客追求某些方面的优惠而使用产品。

2）可以奖励品牌忠实者。营业推广的很多手段，譬如销售奖励、赠券等通常都附带价格上的让步，其直接受惠者大多是经常使用本品牌产品的顾客，从而使他们更乐于购买和使用本企业产品，以巩固企业的市场占有率。

3）可以实现企业营销目标。营业推广实际上是企业让利于购买者，它可以使广告宣传的效果得到有力的增强，破坏消费者对其他企业产品的品牌忠诚度，从而达到销售本企业产品的目的。

（3）营业推广的不足。

1）影响面较小。它只是广告和人员销售的一种辅助促销方式。

2）刺激强烈，但时效较短。它是企业为制造声势获取快速反应的一种短暂促销方式。

3）顾客容易产生疑虑。过分渲染或长期频繁使用，容易使顾客对企业产生疑虑，反而对产品或价格的真实性产生怀疑。

2. 面向消费者的营业推广方式

（1）赠送促销。向消费者赠送样品或试用品。赠送样品是介绍新产品最有效的方法，缺点是费用高。样品可以选择在商店或闹市区散发，或在其他产品中附送，也可以公开广告赠送，或入户派送。

（2）折价券。折价券可以通过广告或直邮的方式发送。顾客在购买某种商品时，持折价券可以免付一定金额的钱。

（3）包装促销。以较优惠的价格提供组合包装和搭配包装的产品。

（4）抽奖促销。顾客购买一定的产品之后可获得抽奖券，凭券进行抽奖获得奖品或奖金。抽奖可以有各种形式。

（5）现场演示。企业派促销员在销售现场演示本企业的产品，向消费者介绍产品的特点、用途和使用方法等。

（6）联合促销。两个或者两个以上的企业合作展开营业推广活动，推销其产品或者服务，以扩大活动的影响力。

（7）参与促销。消费者通过参与各种促销活动，如技能竞赛、知识比赛等，能获取企业的奖励。

（8）会议促销。在各类展销会、博览会、业务洽谈会的现场进行产品介绍、推广和销售。

3. 面向中间商的营业推广方式

（1）批发回扣。企业为争取批发商或零售商多购进自己的产品，在某一时期内给经销本企业产品的批发商或零售商加大回扣比例。

（2）推广津贴。企业为促使中间商购进本企业产品并帮助企业推销产品，可以支付给中间商一定的推广津贴。

（3）销售竞赛。根据各个中间商销售本企业产品的实绩，分别给优胜者以不同的奖励，如现金奖、实物奖、度假奖等，以起到激励的作用。

（4）扶持零售商。生产商对零售商专柜的装潢予以资助，提供POP广告，以强化零售网络，促使销售额增加；可派遣厂方信息员或代培销售人员。生产商这样做的目的是提高零售商推销本企业产品的积极性和能力。

4. 面向内部员工的营业推广方式

主要是针对企业内部的销售人员，鼓励他们热情推销产品或处理某些老产品，或促使他们积极开拓新市场。一般可采用销售竞赛、培训、技术指导等形式。

5. 营业推广设计

（1）确定推广目标。

确定推广目标，就是要明确推广的对象是谁，要达到的目的是什么。只有知道推广的对象是谁，才能有针对性地制定具体的推广方案。

（2）选择推广工具。

营业推广的方式方法很多，如果使用不当，会适得其反。选择合适的推广工具是确保营业推广效果的关键因素。企业一般要根据目标对象的接受习惯和产品特点及目标市场状况等来综合分析选择推广工具。

（3）推广的配合安排。

营业推广要与广告推广、人员销售等营销方式整合起来，相互配合，共同使用，从而形成更大的营销推广声势，取得单项推广活动达不到的效果。

（4）确定推广时机。

营业推广的市场时机选择很重要，比如季节性产品、节日产品必须在季前节前做营业推广，否则就会错过时机。

（5）确定推广期限。

即营业推广活动持续时间的长短。推广期限要恰当，过长，消费者新鲜感丧失，会产生不信任感；过短，一些消费者还来不及接受营业推广的实惠。

任务总结

王刚的公司经过努力，终于确定了促销的方式，他们将其总结如下：

（1）促销是企业通过人员和非人员的方式，沟通企业与消费者之间的信息，引发、刺激消费者的消费欲望和兴趣，使其产生购买行为的活动。促销的实质是营销者与购买者之间的信息沟通。

（2）促销组合就是指企业根据其促销的需要，对人员推销、广告、销售促进（营业推广）、公共关系等促销方式进行适当的选择和综合编配。促销组合的策略有推式策略和拉式策略。

（3）人员推销是企业运用推销人员直接向顾客推销商品和劳务的一种促销活动。人员推销工作一般包括寻找顾客、顾客资格审查、约见、接近、面谈等步骤。

（4）广告是为了某种特定的需要，通过一定形式的媒体，并消耗一定的费用，公开而广泛地向公众传递信息的宣传手段。常见的广告策略有象征广告策略、塑造企业形象广告策略、承诺式广告策略、情感广告策略等。

（5）销售促进又称营业推广，指企业运用广告、人员推销、公共关系以外的各种短期诱因，在特定的市场范围内，刺激需求和鼓励购买的沟通活动。

思考与练习

一、关键词汇

广告　　　　公共关系　　　　人员推销　　　　营业推广

二、简答题

1. 简述“推式策略”与“拉式策略”的特点及适应的情况。
2. 企业公共关系有哪些作用？
3. 人员推销与非人员推销相比，其优点表现在哪些方面？
4. 简述营业推广的类型及每一类的具体形式。
5. 广告策略有哪些？

三、案例分析

案例一：蒙牛的促销策略

1999年，牛根生在呼和浩特创立了蒙牛乳业公司。然而，伊利这个中国乳制品霸主早已屹立在内蒙古这片神奇的大草原上。而且，内蒙古市场上还有光明、奈伦、骑士、蓝旗等有一定知名度的乳制品公司。从这个态势来看，仅是内蒙古的市场竞争就已经是硝烟弥漫了，就更不要提全国市场了。蒙牛要想在这激烈的竞争中生存、发展起来着实不是一件容易的事。然而，蒙牛却奇迹般地发展了起来，尽管它在发展过程中遇到了一些困难。

接下来，就让我们见证这个奇迹是怎样发生的。

蒙牛诞生于呼和浩特这个奶牛的摇篮，在创业之初，它的主要市场自然是在内蒙古。在内蒙古站稳脚跟之后，蒙牛立马就雄心壮志地向全国市场进军。然而，要想在全国市场名声大噪可不是一件容易的事。蒙牛在刚开始进入全国各大主要城市时，所采用的促销策略就有点操之过急、决策不当。

蒙牛刚进入上海时，采用“买就赠”活动来促销，但促销力度过大，几乎在原价值上折价25%，这完全与蒙牛中高档的品牌形象背道而驰。它的促销价位吸引了相当一部分非目标顾客群体，但当促销结束时他们又回到了属于自己的市场。从表面上看，销售量是暂时提高了，但从长远来看却意义不大。在进入重庆市场时，蒙牛未进行统一的促销活动，也未在当地媒体上发布过广告，更未搞过任何公关活动。面对这一系列的问题，牛根生和他的团队没有坐以待毙，而是积极地采取了一系列的措施，使蒙牛一跃成为当今乳制品行业的领头羊。

一、广告策略

广告的意思即“广而告之”，目的是让消费者了解商品信息并产生购买欲。好的广告必须抓住消费者的心理，符合广大目标群体的需要，以达到促进产品销售的目的。

蒙牛在这方面主要采取了以下措施。

1. 优美广告显特色

“来自大草原，香浓好感受”，“深深草原情，浓浓草原心”……这些都是人们耳熟能详的广告词。电视屏幕上蓝蓝的天空、乳白色的牛奶、绿绿的大草原，无不让人联想到蒙牛牛奶的天然、健康和营养。

2. 夺央视标王显雄心

2003 年 11 月，中央电视台一年一度的黄金段位广告招标大会在北京举行，全国 100 多家企业的负责人和代表在梅地亚宾馆展开较量。最终，蒙牛以 3.1 亿元的巨资夺得央视标王。蒙牛集团副总裁孙先红说：“央视代表着收视率加观众的信任，在传统的观念里，央视代表着中央政府的声音，权威性特别强。”这为蒙牛在全国范围的扩张开辟了一条康庄大道。

3.《超级女声》造势唱响全国

2005 年，蒙牛与湖南卫视联手打造的《2005 蒙牛酸酸乳超级女声》，使蒙牛在酸酸乳领域的销售量从 2004 年的 7 亿元人民币飙升至 30 亿元人民币。短短几年时间，蒙牛利用一次次的成功营销将自己推上了王者的宝座。

有数据显示，2004 年《超级女声》的收视率直逼中央五套的节目收视率。《超级女声》体现的想唱就唱、自我主张的时尚精神与蒙牛一直力图打造的时尚乳饮料的形象不谋而合。正是这种内在元素的契合促使蒙牛选择《超级女声》作为合作伙伴，以此为平台推广蒙牛酸酸乳。此次活动，蒙牛除了投入 1 400 万元人民币作为冠名费外，又投入了将近 8 000 万元的费用进行其他形式的推广。

首先，在歌曲营销方面，蒙牛找到了上一届《超级女声》的季军张含韵作为产品的形象代言人，制作了广告歌曲《酸酸甜甜就是我》，并且将其 MV 广告片和形象广告投放在电视、广播以及一、二线城市的灯箱和路牌上。《酸酸甜甜就是我》更借《超级女声》之势，成为各大音乐排行榜热门单曲。其次，在主市场促销方面，蒙牛也是精心策划一番。对于《超级女声》分赛场的选择，蒙牛挑选了郑州、杭州、长沙、成都、广州五个赛区。事实上，这五个赛区对于蒙牛酸酸乳的销售都有举足轻重的作用。另外，蒙牛在产品包装上也下了一番功夫，不但增加四种新口味，而且在 20 多亿包蒙牛酸酸乳外包装上都印上了“超级女声”的字样，背景颜色也选择了蓝色、黄色、紫色等明亮色调吸引消费者的眼球。同时，蒙牛设计开通了《超级女声》的网站，设计邀请参赛选手通过互联网与观众互动的环节。

二、巧用公关树形象

公共关系是指企业在市场营销活动中正确处理企业与社会公众的关系，以便树立企业和品牌的良好形象，从而促进销售的一种活动。蒙牛在公共关系这一块表现得非常出色。

1. 与伊利交好

在蒙牛创建之前，伊利早已是中国乳制品的一方霸主。面对同城兄弟如此强大的实力，蒙牛小心翼翼地避开同伊利的直接竞争，并在雪糕的包装上打出“为民族工业争气，向伊利学习”的口号。这句精妙的话麻痹了伊利，也麻痹了其他的竞争对手，使蒙牛获得了一个良好的发展空间。

2. 资助申奥

奥运会历来是商机无限，起步仅两年的蒙牛瞄准了这一千载难逢的时机，打算借助

“申奥”的东风为奥组委捐助1 000万元，打响在全国市场的第一炮。蒙牛当时的想法是：既然要借公益活动提升品牌，就必须抢占最佳资源，做中国“申奥”成功后的第一个捐款品牌，这样可以最大限度地提升品牌价值。经过慎重考虑，蒙牛将捐款日定在了2001年7月10日，此时“奥组委”即将成立，并且距离“申奥”成功的7月13日仅仅提前3天，正是万众瞩目、翘首以待的时候，蒙牛此时出招，可将传播效果最大化。

蒙牛当时想了一个恰到好处的捐款理由：内蒙古和林格尔盛乐经济园是蒙牛的大本营，在1999年蒙牛成立之初是一片荒地，是北京市西城区对口帮扶捐资100万元，启动了盛乐经济园区，可以说，蒙牛与盛乐经济园区是同步发展起来的，蒙牛正是借助这个渊源，喊出了“北京援我100万，我助北京1 000万”的口号。滴水之恩，涌泉相报！蒙牛在这个时候捐款，让人们感觉到了中华民族“知恩图报”的传统美德。

3. 抗击非典获取民心

2003年春天，“非典”肆虐，整个中华大地陷入了极度恐慌的境地。人们开始意识到健康的重要性，而牛奶作为增强体质的营养食品一下子成了紧俏货，北京的乳品市场抢购成风。如果此时提升牛奶价格，人们不会计较，对看重销售量和利润增长的乳品企业来说，这无疑是绝好的机会。蒙牛抓住了机会，但它不是提升价格，而是禁止经销商涨价，并且规定违者开除或者终止其经销权。

此举为蒙牛的长远发展奠定了良好的基础。“非典”事件让消费者对蒙牛品牌产生认同感。事后证明，蒙牛的品牌形象历经“非典”之后，确实得到了大幅度提升。

在“非典”时期，很多企业纷纷停下广告，因为再做投入也是徒劳无功的。而蒙牛不但没有撤下广告，反而加大投放量，增大了公益广告的力度，提醒大众关注健康。蒙牛于2003年4月21日，向国家卫生部率先捐款100万元，成为卫生部红榜上中国首家捐款抗击“非典”的企业，同时拉开了其他企业捐赠的序幕。此后，蒙牛陆续向全国30个城市的医务工作者和消费大众捐款900万元，捐奶300万。“非典”后期，蒙牛又发出了“向人民教师送健康”的倡议，向全国17个城市的125万名教师，每人赠送牛奶一箱，总价值达3 000万元。针对这一系列举动，蒙牛的解释是：“急大家之所急，想大家之所想”。这些举动将蒙牛品牌与消费大众紧密联系在一起。

4. 借助神五造势腾飞

2003年“神舟五号”飞船载人航天，这在我国发展史上是开天辟地的大事，是中国期盼已久的事情，国内外媒体都在竞相关注着“神五”。如果将“神五”与营销进行捆绑，并且将其垄断，无疑是一个绝佳的机会。谁率先拥有这个资源，谁就抢占了制高点，蒙牛又做到了。

首先，我国首批航天员候选者共14人，全部是万里挑一的空军精英，他们的身体无比珍贵。蒙牛牛奶是经过层层筛选才被确定为“中国航天员专用牛奶”的。其次，“神五”上天说明中国已经强大起来。因此，蒙牛将口号定为“蒙牛牛奶，强壮中国人”，既体现了蒙牛作为民族品牌为中国的航天事业尽心尽力的形象，又为蒙牛牛奶作为“航天员专用牛奶”做宣传。另一口号“举起你的右手，为中国喝彩”和“蒙牛牛奶，强壮中国人”的品牌宣言紧密结合，由此树立起一个具有民族内涵的品牌形象，从而提升蒙牛的品牌魅力，增大了品牌的知名度，升华了品牌的美誉度。

此次借势造势，不但给蒙牛注入了新的品牌内涵，同时向消费者传达了蒙牛产品品质值得信赖的品牌信息，等同于用航空食品的严格标准来证明蒙牛产品的健康和营养，有力地推动了终端销售。

三、利用渠道促销

现代企业开拓市场有两种方式：一种是巨量广告狂轰滥炸，终端促销蜻蜓点水；另一种是提倡广告和终端促销结合的深度行销。两种方式在不同市场效果不同，蒙牛选择的是后者，尽管会加大企业产品开拓成本。

牛根生团队把终端市场的反馈信息加以分析，根据各类终端的性质，对不同终端进行了相应的价值定位，量身打造渠道个性促销策略。

(1) 大卖场。大卖场商品品种齐、价格低、吸引力强，顾客不仅去大卖场的次数多，而且每次都是大量采购。蒙牛的促销策略是增加大卖场的生动化展示，包括扩大货架陈列面，做整箱堆头陈列；派驻促销兼理货员；举办免费品尝活动；在周日及节日期间举办买赠促销活动；整箱购买优惠；在适当时间做大卖场的上刊特价商品等。

(2) 连锁超市。连锁超市门店众多，信誉度较高。蒙牛的促销策略是理货为主，要让顾客看得见、买得到，其陈列标准相当严格。此外，蒙牛还选择居民居住集中的门店举办免费品尝活动，进行捆绑促销。

(3) 组建专卖店。与大多数生产企业一样，蒙牛在各地一般都通过当地经销商分销到超市、大卖场、便利店等。但是在终端为王的时代，超市、卖场的各种收费让经销商的日子并不好过。如果再被拖欠货款，经销商的利润就所剩无几。因而蒙牛不得不寻求营销渠道变革，借用品牌优势整合经销商资源，组建专卖店。

(4)“送奶到户”渠道。这种渠道的特点是服务性强，因而可以通过服务来锁定顾客，培养顾客忠诚度，并可以增加现金流。蒙牛向 1 000 所学校赠奶的活动，就为这个渠道的扩展打下了一定的基础。

分析思考：

试分析蒙牛在市场上成功的表现与其所运用的促销策略的关系。

案例二：高露洁的危机公关

2005 年 4 月 13 日，美国弗吉尼亚理工暨州立大学向新闻界介绍了该校教授彼特（Peter Vikesland）的研究成果：很多抗菌香皂中包含的抗菌化学成分三氯生，会和自来水中的氯发生反应，产生挥发性物质三氯甲烷，而三氯甲烷被美国环保署列为可能的人类致癌物。

2005 年 4 月 15 日，英国《旗帜晚报》记者马可·普里格根据彼特的观点写出了《牙膏癌症警告》一文。该文章的主题是“十几种超市出售的牙膏今天成为癌症警告的焦点”。并声称《旗帜晚报》调查发现，包括高露洁等品牌在内的数十种超市商品均含有三氯生，而玛莎百货正在撤出所有含三氯生的商品。在文章中，马可·普里格还提供了“专家说法”：世界自然基金（WWF）毒理学专家 Giles Watson 警告说，消费者如果不放心的话，最好的建议是避开含有这种化学物质的产品。

4 月 18 日，针对一些媒体关于高露洁牙膏可能含有致癌成分的报道，高露洁牙膏的生产商广州高露洁棕榄有限公司发表声明称：“高露洁全效牙膏已经由全球各相关权威机构审查与批准。”并表态：目前公司不会回收中国市场上的高露洁牙膏，必要的时候会给媒体一个答复。

4 月 19 日，彼特在接受相关媒体采访时说，许多媒体对他的观点纯属断章取义。他没有说，也没想给谁一个结论。他说，周五伦敦《旗帜晚报》说的英国玛莎超市把有些牙膏下架，显然是对他最近研究的过度反应。

随后，国家质检总局法规司有关负责人也表示，我国有相关规定，禁止化妆品中使用三氯生成分，但目前对牙膏产品中三氯生成分还没有明确的安全标准和检验标准。国家质检总局将密切关注此事。

虽然彼特对他的观点做了解释，但是高露洁有致癌嫌疑的消息让消费者恐慌。高露洁牙膏销量明显下降，甚至有人开始退货。许多网站发起了网上调查。“截至 20 日凌晨 0 时 15 分，共有 60 025 人参加了新浪网的网上调查，其中 54 118 人表示将不再购买高露洁牙膏，仅 5 907 人愿继续使用该产品。这说明，不少网民对高露洁的信任几乎降至冰点；88.4%的网民过去信任高露洁品牌，但是现在愿意使用该品牌牙膏的网民仅占 9.84%。”

4 月 21 日，《南方周末》发布《高露洁致癌事件调查：谁制造了牙膏信任危机》，称所谓“高露洁致癌事件”，其实是由于媒体信息传递失真而制造的一起“公共卫生危机”。

4 月 27 日，高露洁棕榄公司副总裁戴维德（David Wilcox）及亚太区总裁高仕亚等一行紧急赶到中国，召开新闻发布会，接受 150 多家新闻媒体的询问。高露洁对“牙膏致癌”传言正式对外界做出回应。高露洁在中国的制造商广州高露洁棕榄有限公司董事长方宝惠表示，“高露洁全效”牙膏是全世界经过最广泛测试和评估的牙膏，全世界超过 30 家独立的牙医协会都盖章认证了该品牌牙膏的安全性，消费者完全可以放心使用。在发布会现场，高露洁向记者出示了两大证据：一方面，戴维德等带来了彼特教授的澄清录音。彼特说，“媒体的错误报道和过度反应，造成了不必要的恐慌”，他的实验室研究根本没有涉及牙膏，或提出任何对高露洁牙膏使用安全性的担心。另一方面，高露洁展示了中华口腔医学会和中华预防医学会近期发表的声明，这两大机构确认：在中国所做的研究发现，高露洁全效牙膏的独特专利配方非常有效。

尽管如此，但是此前表示关注此事件的国家质检总局并未出席会议进行表态。

至此，高露洁事件落幕。

分析思考：

1. 高露洁对此次危机的应对策略，其成功之处表现在哪些方面？
2. 有没有不足之处？你认为怎样做会更好？

单元检测

一、单项选择题

1. 产品组合的长度是指企业所拥有的（　　）的数量。

A. 产品品种　　B. 产品项目　　C. 产品品牌　　D. 产品线

2. 企业经营产品线的条数称为产品组合的（　　）。

A. 长度　　B. 宽度　　C. 深度　　D. 密度

3. 企业推出新产品时采用高价格高促销的策略为（　　）。

A. 缓慢渗透　　B. 快速渗透　　C. 缓慢撇脂　　D. 快速撇脂

4. 人们购买制冷用空调主要是为了在夏天获得凉爽的空气，这属于产品整体概念中的（　　）。

A. 核心产品　　B. 有形产品　　C. 附加产品　　D. 直接产品

5. 产品改良、市场改良和营销组合改良等决策适用于产品生命周期的（　　）。

A. 投入期　B. 成长期　C. 成熟期　D. 衰退期

6. 在产品生命周期的（　　），企业应积极主动地扩大分销渠道，为日后产品的销售奠定良好的网络基础。

A. 投入期　B. 成熟期　C. 衰退期　D. 成长期

7. 若企业各个产品系列之间在生产技术、分销渠道及顾客等方面具有一致性，则称产品组合（　　）。

A. 比较深　B. 比较宽　C. 很广　D. 关联性强

8. 国内家电生产企业主要产品已进入产品生命周期的成熟期，它们选择的目标市场涵盖战略应当是（　　）。

A. 大量市场营销　B. 差异市场营销　C. 集中市场营销　D. 无差异市场营销

9. 一个家电企业生产 4 种电冰箱产品、8 种洗衣机产品、5 种空调产品，那么这个企业的产品线有（　　）。

A. 一条　B. 三条　C. 十七条　D. 八条

10. 可口可乐公司的老板说，假若他的公司一夜之间被付之一炬，他第二天就可以从国际银行贷款数十亿美元重新开始。他凭借的是（　　）。

A. 企业形象　B. 商标　C. 标准色　D. 品牌

11. 新产品采用撇脂定价法，不利的方面可能是（　　）。

A. 使竞争很快产生　B. 新产品的投资回收较慢

C. 不适应高收入阶层　D. 以上都是

12. 一个产品从进入市场到退出市场的全过程是（　　）。

A. 家庭寿命周期　B. 产品市场寿命周期

C. 产品自然寿命周期　D. 产品技术寿命周期

13. 在产品生命周期的投入期，企业的市场策略主要围绕价格水平和促销水平而进行选择。以低价格和低促销费用推出新产品的市场策略是（　　）。

A. 快速撇脂策略　B. 缓慢撇脂策略　C. 快速渗透策略　D. 缓慢渗透策略

14. 假定某品牌微波炉单价由 800 元降至 600 元，销量由 1 万台增至 1.5 万台，则说明该产品的需求价格弹性为（　　）。

A. 无弹性　B. 缺乏弹性　C. 富有弹性　D. 单元弹性

15. 企业产品定价的最终目的是（　　）。

A. 获得最大利润　B. 使顾客满意　C. 符合政策要求　D. 价格具有竞争力

16. 企业把创新产品的价格定得较低、以吸引大量顾客、提高市场占有率，这种定价策略称为（　　）。

A. 撇脂定价　B. 渗透定价　C. 目标定价　D. 加成定价

17. 中国服装设计师李艳萍设计的女士服装以典雅、高贵享誉中外，在国际市场上，一件“李艳萍”牌中式旗袍售价高达 1 000 美元，这种定价策略属于（　　）。

A. 声望定价　B. 基点定价　C. 招徕定价　D. 需求导向定价

18. 在完全竞争情况下，企业只能采取（　　）定价法。

A. 成本加成　B. 随行就市　C. 拍卖　D. 边际成本

19. 按照顾客一次购买总量或订购量而给予折扣的方法是（　　）。

A. 现金折扣　　B. 累计折扣　　C. 非累计折扣　　D. 数量折扣

20. 中国电信规定每日 21:00—24:00 拨打国内长途电话按半价收费。这种定价策略属于（　　）。

A. 成本加成策略　B. 差别定价策略　C. 心理定价策略　D. 组合定价策略

21. 企业将产品通过自己设置的商店卖给消费者，通常称此营销行为是（　　）。

A. 批发销售　　B. 间接销售　　C. 直接销售　　D. 寄售

22. 生产者—批发商—零售商—消费者称为（　　）。

A. 一阶渠道　　B. 二阶渠道　　C. 三阶渠道　　D. 四阶渠道

23. 确定各层次配置同类型中间商数目属于（　　）的决策。

A. 直接渠道与间接渠道　　B. 长渠道与短渠道

C. 宽渠道与窄渠道　　D. 单渠道与多渠道

24. 企业在纵向上配置不同类型中间商层次数属于（　　）的决策。

A. 直接渠道与间接渠道　　B. 长渠道与短渠道

C. 宽渠道与窄渠道　　D. 单渠道与多渠道

25. 某企业的主要产品是香皂和洗衣粉，该企业最适合采取（　　）。

A. 选择分销策略　B. 独家分销策略　C. 人员推销策略　D. 密集分销策略

26. 渠道长度是指产品从生产领域流转到消费领域过程中所经过的（　　）的数量。

A. 渠道类型　　B. 同类型中间商　C. 储运服务商　　D. 不同类型中间商

27. 产品单价高、体积大而笨重，可考虑的渠道是（　　）。

A. 短而宽　　B. 短而窄　　C. 长而宽　　D. 长而窄

28. 促销的实质是（　　）。

A. 扩大销售　　B. 占领市场　　C. 信息沟通　　D. 参与竞争

29. 不同广告媒体所需费用是有差别的，其中最昂贵的是（　　）。

A. 报纸　　B. 电视　　C. 广播　　D. 杂志

30. 儿童智力玩具一般宜选择（　　）作为广告媒介。

A. 报纸　　B. 广播　　C. 电视　　D. 杂志

31. POP 广告是指（　　）。

A. 产品广告　　B. 促销广告　　C. 价格广告　　D. 售点广告

32. 企业业务员在闹市向消费者免费赠送样品的促销方式属于（　　）。

A. 广告　　B. 人员推销　　C. 营业推广　　D. 公共关系

二、多项选择题

1. 整体产品包括（　　）。

A. 核心层　B. 形式层　C. 延伸层　D. 实体层　E. 包装层

2. 企业在产品投入期采取缓慢渗透策略的条件是（　　）。

A. 消费者对价格很敏感　　B. 产品已广为人知

C. 竞争者容易进入　　D. 市场规模小

E. 企业促销能力弱

3. 企业产品组合的要素是（　　）。

A. 广度
B. 高度
C. 深度
D. 密度
E. 长度

4. 品牌延伸的做法有（　　）。
A. 相向延伸
B. 向上延伸
C. 向下延伸
D. 双向延伸
E. 向内延伸

5. 企业在产品投入期采用快速撇脂策略的条件是（　　）。
A. 产品鲜为人知
B. 市场规模和容量都较小
C. 消费者对价格不敏感
D. 企业欲树立产品高质高价的形象
E. 竞争者容易进入该市场

6. 下列属于成熟期特点的是（　　）。
A. 消费者对产品不熟悉，广告促销费较高
B. 销售额迅速增长
C. 市场需求趋向饱和，销售量和利润达到最高点
D. 竞争最为激烈

7. 需求可能缺乏弹性的条件是（　　）。
A. 市场上没有替代品
B. 购买者对较高价格不在意
C. 购买者改变购买习惯较慢
D. 市场上没有竞争者

8. 企业根据市场环境对原有产品价格调整的策略有（　　）。
A. 主动降价
B. 主动提价
C. 被动降价
D. 被动提价
E. 稳定价格

9. 企业定价一般的导向有（　　）。
A. 成本导向
B. 供给导向
C. 需求导向
D. 收入导向
E. 竞争导向

10. 心理定价策略主要有（　　）。
A. 尾数定价
B. 廉价
C. 整数定价
D. 声望定价
E. 招徕定价

11. 撇脂定价策略的优点是有利于（　　）。
A. 了解市场反应
B. 取得丰厚的利润
C. 迅速打开销路
D. 维护和提高产品质量与信誉
E. 取得价格调整的主动权

12. 针对消费者的折扣定价策略有（　　）。
A. 现金折扣
B. 功能折扣
C. 季节折扣
D. 数量折扣
E. 实物折扣

13. 下列商品中，适宜选择短渠道分销的有（　　）。

A. 鲜活商品　　B. 建筑材料

C. 机器设备　　D. 日用百货

E. 通用材料

14. 当企业生产经营的是（　　）的产品时，宜采用短渠道分销。

A. 单价高　　B. 耐久性强

C. 技术性强　　D. 市场集中

E. 潜在顾客多

15. 制约分销渠道决策的主要因素有（　　）。

A. 商品条件　　B. 自然条件

C. 经济条件　　D. 市场条件

E. 企业条件

16. 当企业生产经营的是（　　）的产品时，宜采用长渠道分销。

A. 单价低　　B. 耐久性强

C. 技术性强　　D. 市场集中

E. 潜在顾客多

17. 适合密集性分销的产品是（　　）。

A. 便利品　　B. 选购品

C. 标准件　　D. 精选品

E. 特殊品

18. 营业推广的形式包括（　　）。

A. 商品降价　　B. 散发宣传材料

C. 免费使用产品　　D. 有奖销售

E. 现场展示产品

19. 促销组合包含的策略有（　　）。

A. 人员推销　　B. 广告促销

C. 让价竞销　　D. 营业推广

E. 公共关系

20. 营业推广以（　　）为对象。

A. 消费者或用户　　B. 中间商

C. 制造商　　D. 供应商

E. 推销人员

21. 被称为四大广告媒体的是（　　）

A. 广播　　B. 电视

C. 互联网　　D. 报纸

E. 杂志

三、判断题

1. 包装属于整体产品概念中的附加产品。（　　）

2. 产品质量是整体产品的核心。（　　）

3. 售前服务、售后服务属于整体产品的重要组成部分。（ ）
4. 品牌仅在一定时间和地域受法律保护。（ ）
5. 商标是经注册，取得专用权的品牌。（ ）
6. 企业为保护其合法权益，所有商品都应使用品牌。（ ）
7. 产品的生命周期一般用销售量和利润额的变化率来衡量。（ ）
8. 某商品销售增长率大于 10%时说明其进入成熟期。（ ）
9. 儿童“六一”礼品袋将不同的玩具、学习用品放在其中，就是附赠品包装。（ ）
10. 商品的市场寿命周期和商品的使用周期是同一回事。（ ）
11. 产品的市场寿命周期有多种表现形态。（ ）
12. 平均变动成本随产销量正向变化。（ ）
13. 平均固定成本随产销量反向变化。（ ）
14. 企业以追求最大利润为目标时应采取高位定价策略。（ ）
15. 生活资料中的必需品缺乏需求弹性。（ ）
16. 当价格上升导致销售收入增加时表明该产品富有弹性。（ ）
17. 需求弹性大的产品，价格与销售收入反向变化。（ ）
18. 替代品越多、替代程度越强的产品需求弹性越大。（ ）
19. 需求导向定价首先确定零售价。（ ）
20. 投标定价是卖方引导买方竞争成交的一种定价方法。（ ）
21. 现金折扣是卖方给买方的现款回扣。（ ）
22. 交易折扣是企业在交易过程中给消费者的价格折让。（ ）
23. 当企业以公开技术大量生产新产品时应采用渗透定价策略。（ ）
24. 商流是指商品所有权的转移。（ ）
25. 分销渠道是产品从生产领域向消费领域实体流转所经通道。（ ）
26. 销售渠道的起点是批发，终点是零售。（ ）
27. 中间商的介入增加了渠道环节，因而增加了社会商品流通中的交易次数。（ ）
28. 间接渠道是消费品销售的主渠道。（ ）
29. 某企业选择本地市场为目标市场，相应采用短渠道策略。（ ）
30. 价值高、体积大的产品宜采用短渠道策略。（ ）
31. 企业有意控制渠道时宜采用窄渠道策略。（ ）
32. 便利品通常采用密集性分销策略。（ ）
33. 独家分销渠道策略适用于选购品的销售。（ ）
34. 对消费品的促销多采用拉式策略。（ ）
35. 推式策略适用于用户多而广、需求总量大的产品促销。（ ）

实战演练

一、训练目标

1. 使学生掌握制定市场营销战术的方法和内容。

2. 培养学生制定市场营销战术的能力。

二、内容与要求

给小组构建的企业及其产品制定市场营销战术。

三、组织与实施评价

1. 以项目团队为学习小组，选出项目负责人。
2. 建立沟通协调机制，团队成员共同参与、协作完成任务。
3. 各项目团队根据实训内容进行讨论。
4. 各项目团队提交实训报告，并根据报告进行评估。

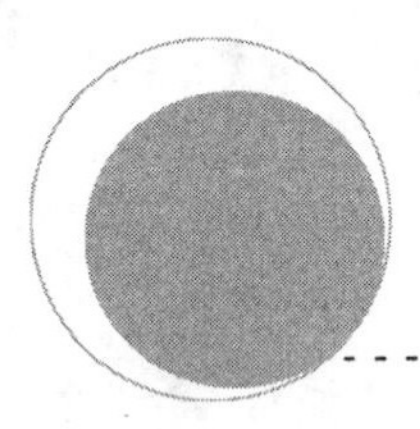

参考文献

[1] 菲利普·科特勒. 营销管理 [M]. 卢泰宏，高辉，译. 北京：中国人民大学出版社，2009.

[2] 菲利普·科特勒，加里·阿姆斯特朗. 营销导论 [M]. 俞利军，译. 北京：华夏出版社，2003.

[3] 菲利普·科特勒，等. 市场营销管理（亚洲版）[M]. 北京：中国人民大学出版社，2004.

[4] 菲利普·科特勒，加里·阿姆斯特朗. 市场营销：原理与实践 [M]. 楼尊，译. 16 版. 北京：中国人民大学出版社，2015.

[5] 昂德希尔. 顾客为什么购买：新时代的零售业圣经 [M]. 刘尚焱，译. 北京：中信出版社，2004.

[6] 迈克尔·波特. 竞争优势 [M]. 陈小悦，译. 北京：华夏出版社，2001 .

[7] 威廉姆 G. 齐克芒德. 有效的市场营销 [M]. 桑蕾，译. 北京：机械工业出版社，2003 .

[8] 郭国庆. 市场营销学通论 [M]. 北京：中国人民大学出版社，2004 .

[9] 乔·吉拉德. 怎样赢销 [M]. 贾子达，杜嫦娟，译. 北京：当代中国出版社，2008.

[10] 孟昭春. 成交高于一切：大客户销售十八招 [M]. 北京：机械工业出版社，2007.

[11] 张兵. 销售中的心理学诡计 [M]. 北京：化学工业出版社，2009.

[12] 柏唯良. 细节营销 [M]. 卢泰宏，朱宇，译. 北京：机械工业出版社，2009.

[13] 毕思勇. 市场营销 [M]. 北京：高等教育出版社，2017.

[14] 孙晓燕. 市场营销 [M]. 北京：高等教育出版社，2015.

[15] 王蕾，周梅华. 如何建设一个成功品牌 [J]. 领导科学，2014.

[16] 王蕾，周梅华. 品牌内涵的多维阐释 [J]. 商业时代，2006.

[17] 王蕾. 品牌仅仅是一个名称？——从王老吉与加多宝的商标之争说起 [J]. 经营与管理，2014.

图书在版编目（CIP）数据

新编市场营销实务/王蕾主编. —北京：中国人民大学出版社，2018.8
ISBN 978-7-300-25989-5

Ⅰ.①新… Ⅱ.①王… Ⅲ.①市场营销学 Ⅳ.①F713.50

中国版本图书馆 CIP 数据核字（2018）第 155909 号

新编市场营销实务
主　审　惠俊艳
主　编　王　蕾
副主编　（以姓氏笔画为序）
　　　　王玉卓　张　策　张平平　周环宇　郭　荣　戴冬情
参　编　苏　佳　史新艳
Xinbian Shichang Yingxiao Shiwu

出版发行　中国人民大学出版社
社　　址　北京中关村大街 31 号　　　　**邮政编码**　100080
电　　话　010－62511242（总编室）　　010－62511770（质管部）
　　　　　　010－82501766（邮购部）　　010－62514148（门市部）
　　　　　　010－62515195（发行公司）　010－62515275（盗版举报）
网　　址　http://www.crup.com.cn
　　　　　　http://www.ttrnet.com(人大教研网)
经　　销　新华书店
印　　刷　山东百润本色印刷有限公司
规　　格　185 mm×260 mm　16 开本　　**版　　次**　2018 年 8 月第 1 版
印　　张　14.75　　　　　　　　　　**印　　次**　2020 年 7 月第 2 次印刷
字　　数　352 000　　　　　　　　　**定　　价**　38.00 元
